中国房地产杰出人物志

《10年100人》

中经联盟　编著

上

100 Elites in China Real Estate Industry
(2008–2018)

人民交通出版社股份有限公司
China Communications Press Co.,Ltd.

图书在版编目(CIP)数据

中国房地产杰出人物志《10年100人》/ 中经联盟编著. — 北京 : 人民交通出版社股份有限公司, 2018.12

ISBN 978-7-114-15139-2

Ⅰ.①中… Ⅱ. ①中… Ⅲ. ①房地产业－企业家－列传－中国 Ⅳ. ①K825.38

中国版本图书馆CIP数据核字（2018）第253985号

书　　名：中国房地产杰出人物志《10年100人》（上）
著 作 者：中经联盟
监　　制：邵　江
主　　编：陈云峰
特约编辑：姜　敏　许雅君　高　上　吴玥宛
责任编辑：吴　迪
责任校对：刘　芹
责任印制：张　凯
营　　销：张龙定　童　亮　刘楚馨　陈力维
文字编辑：杜鹏岳
出　　版：人民交通出版社股份有限公司
地　　址：（100011）北京市朝阳区安定门外外馆斜街3号
网　　址：http://www.ccpress.com.cn
销售电话：（010）59636983
总 经 销：北京有容书邦文化传媒有限公司
经　　销：各地新华书店
印　　刷：北京印匠彩色印刷有限公司
开　　本：787×1092　1/16
印　　张：14.25
字　　数：315千
版　　次：2018年12月　第1版
印　　次：2018年12月　第1次印刷
书　　号：ISBN 978-7-114-15139-2
定　　价：268.00元（上、下册）

与"十"俱进 10th China Real Estate ManagersUnion 大道当燃

中经联盟

定位于主体是开发商的社群组织。成立于2008年，注册会员总数近3000人，其中包括开发商集团公司董事长、总裁、总经理96位，开发商副总裁级别以上常务理事会员581位，担任俱乐部或专委会主席副主席职务的执委会成员285位，秘书处工作人员109位，下设28个专业委员会和俱乐部，囊括了中国房地产领域TOP200房企的近70%从业者、50%开发商企业。

成立10年来，始终定位于"公益公信、专业团体、学习园地、交流平台、友情家园、人才宝库"，致力于打造5大平台---事业平台、健康平台、资本平台、舆论平台、人才平台，房地产从业者都以能够加入中经联盟为荣，国内主流房地产企业的董事长、总经理、副总经理、总监、乃至经理，品牌商家，知名学者、投融资机构成为联盟的主力人群。

作为中国房地产业行业最具影响力的主流社团之一，中经联盟始终推动着行业发展和进步，充满着正能量！高举公益、公信、专业、健康的大旗，以丰富多彩的活动，搭建了有价值的行业平台，以"走正道、聚好人、做好事"享誉业内！

中经联盟

序言一

中经联盟成立之初，就邀请我去参加活动，那时我感觉这个组织虽然很热闹，但可能活不长。那时所有民间的行业组织都面临着重重的困难，要想既拥有社会的影响力，又能解决行业中的问题，还能发展下去，确实需要一点创新创业的精神。

一晃十年过去了，中经联盟这个组织不但依然存在，并且在不断地发展壮大中成长。在中国2008年的起落之后的十年，恰恰是各种不同的调控政策反复出台的变革十年，能有新的一代又一代的地产人在这十年的风雨之中不断涌现和展露风采，确实是件令人振奋的事。这个组织显然有其特色和不凡之处。

这十年中我参加过他们的许多次活动，令我感受最深的则是在他们的年会上，许多热心关注于环保公益事业的企业家们，踊跃地冲上舞台来认购我代言的节水小米，当上了“地主”，并且承诺年年为社会公益作出贡献。

在这些活动中我也结识了许多年轻的新朋友，他们大多都出现在这本书的记忆之中，也有许多我虽不相识但也略有耳闻的新秀。虽然我已退出这个行业多年，但仍关注着行业的发展，更高兴看到有更多优秀的领军人物在这个行业中出现和成长。

新时代的市场经济，给了职业经理人发展的机会，但并非所有的职业都能一帆风顺地成长，总会面对许多的变化和各种的压力，尤其是一个国家政策多变的行业，更会面对各种各样的风险与竞争。不但要与市场中的变化对抗，有时也要和合作伙伴变成竞争的对手，更要审时度势地让企业效益与人生价值同步增长。这就更需要行业组织的帮助，或许这种组织会伴随市场的风风雨雨，为你带来一把伞、一件衣，与你一同渡过难关，度过难忘的岁月。

当一个行业组织能为行业的发展带来抗压的能力和前瞻的视野时，这个行业组织就会获得更多的关注和发展的支撑，也在合作共赢中走得更远，攀得更高，活得更长！

我谨祝福中经联盟有更好的未来！

任志强

2018年10月16日

序言二

中经联盟自2008年成立，聚集了一大批在中国房地产快速发展时期成长起来的职业经理人。我2013年参加中经联盟年会时，这个群体的活力、人情味、对未来的抱负和激情，都给我留下了深刻印象。

转眼10年过去，这个联盟组织不仅依然保持着活跃、影响力，而且扮演着积极推动房地产行业转型的重要角色。

看到如此多的同行者和优秀的后辈都在参与这座城市的发展与完善，我们更应该感谢这个时代赋予地产人的责任感与历史使命。

中国经历了改革开放40年来的波澜壮阔，我很开心能够看到这本书里所展现的地产人的风采与正能量。这里面的每一位都是行业的骄傲、时代的精英。

我们深爱这片土地，因为每一座高楼的拔地而起都充盈着地产人的心血与愿景。

与时代同呼吸，我们怀揣感恩。下一个40年，我们还要保持着好奇心和梦想，为着我们的梦想，继续大道前行。

王石，于耶路撒冷

2018年11月

序言三

2008年，我和陈顺、陈梁、王哲、周毕文等经常在媒体举办的各种论坛上见面，活动结束就各奔东西了。如此往复几次后见面，我问："为什么，我们不能有一个自己的平台呢？这样可以常见面。"于是，25名常务理事共同发起，中经联盟诞生了，那是2008年11月8日。

转眼到了2018年，中经联盟已经成立10年了，注册会员超过1116人，常务理事572名，下设28个专委会和俱乐部，而且发展到了天津、上海、武汉、郑州等省市。

公信、公益的定位，互帮互助的气场、丰富多彩的活动，深受业内开发商老总们的喜爱。这背后，大家办联盟的理念、三权分立的机制、轮值主席的制度，都使得中经联盟有别于其他社会组织，不仅坚持了下来，而且凝聚力很强，一年比一年发展得好。

5年有小庆，10年要大庆！

为了纪念不平凡的10年历程，联盟秘书处报请轮值主席孔鹏，不仅拍摄了一部微电影《10年之后》，更是评选和定向邀约了100位联盟会员，出了一本珍贵的书，名字是中国房地产杰出人物志《10年100人》，简称"百杰"，全面展示会员风采，共同感恩这个伟大的时代。

中经联盟年会，也将于12月23日，在中国大饭店召开，500名业内老总，齐聚一堂，群贤毕至，群雄必至。这将是含金量最高的开发商老总人数最多的一次聚会，是中国房地产经理人自己的节日。

10年间，联盟充分发挥平台的力量，干事业、交朋友，不仅助力于会员的事业，更是关注会员朋友的找工作、锻炼身体的需求。给予每一个会员个体足够的关心，特别是帮助需要的人，尽快完成职业转换期，不仅锦上添花，更是雪中送炭。在中经联盟平台上，10年间成就了无数的人，成全了无数的事。据不完全统计，2017年联盟大小活动举办了147场。活动带来了活力，让平台效果彰显。

会员增加了，服务难度加大了。今年年会前，孔鹏主席特别要求中经联盟服务平台APP3.0要上线，以科技的力量，为会员提供更及时、更满意的服务，链接更多的人、信息、资源。

我最欣慰的是：业内人士都这么评价中经联盟："走正道、聚好人、做好事。"

前10年，联盟一直在注重量的发展，未来10年，联盟更应该致力于服务质量的提高，做精、做专、做贴身服务，使得平台更有特色与活力。

“链接、赋能、合作、共享”，让我们不忘初心，与善良为友，与优秀同行！

我们应该感恩房地产行业，我们是幸福的。赶上了中国房地产发展最快的10年，不仅见证，而且亲历，这足以让我们自豪一生。

谢谢有你！

中经联盟秘书长、优铺董事长　陈云峰

2018年11月于北京

目录

李晓林

全国人大代表、中经联盟荣誉主席、林达集团董事局主席

富而思进的慈善企业家

作者：中经联盟特约记者　林振兴

一件简单的POLO衬衫、白色西裤，眼前的李晓林精神矍铄，说起话来铿锵有力，笑起来不失亲和，在他脸上很难看到岁月洗礼的痕迹。聊起他的创业经历，谈起对地产行业的见解，聊起扶贫的往事，李晓林的独到之处和锋芒慢慢显露。

如果一定要把企业家和儒者区分开来，那么他更像是后者。

初入商海

20世纪50年代出生的李晓林经历了那个时代三件大事件——“三年自然灾害、上山下乡、辞职下海”，生活的经历造就了他坚忍不拔的品质，造就了这位企业界的布道者。

1969年，刚满16岁的李晓林到黑龙江生产建设兵团插队，一干就是6年。至今回忆起来，李晓林始终认为那段值得回味的经历培养了他吃苦耐劳的精神，使他坦然应对各种挫折。

20世纪80年代中期，李晓林义无反顾地辞掉了中国人民银行的铁饭碗投身商海。最初的本钱，就是自己平时积攒的2000多元钱。拿着这全部的家底，李晓林在电缆、注射器、彩电生意中赚到了人生的第一桶金。1987年初，他把目光瞄准了北京房地产市场，创立林达集团。

1990年以来，他先后收购、兼并、合资了北京益童食品厂、北京东风电视机厂、北京补花二厂、北京煤炭四厂、北京地质仪器厂这5个大中型企业，并且成功地开发了西直门公寓、紫玉饭店、幸福公寓，林达大厦，牡丹园公寓，林达海渔广场等房地产项目。仅十余年，他便在房地产界异军突起。

如今的林达集团，不但成为北京知名房地产企业之一，而且已发展成一个多元化、综合性实业企业集团，涉及房地产业、旅游文化、科技环保、风险投资四大产业。截止2017年末，仅在北京地区的投资已超过200亿元。

李晓林用30年的时间，创造了从2000元到百亿元的财富神话。他将自己成功的诀窍总结为14个字——“有时为，有时不为，有所求，有所不求”。

位于哈尔滨利民开发区的林达外语城项目，足以看出李晓林对第二故乡的深情。2017年4

月，哈尔滨林达外语城项目开工，总投资约30亿元，占地面积约500亩，预计于2018年11月交付使用。

与其他旅游文化项目不同，林达外语城是北方首家以外语教育、旅游为特色的“外语城”。以马赛克艺术为主题，围绕文化教育、旅游观光、影视传媒、商业体验四大支柱产业，以九大时尚主题秀场、200间五星级维景国际大酒店及200个商业实体项目为主要建设内容，共设置英国区、德国区、法国区、意大利区、西班牙区、荷兰区、俄罗斯区、摩洛哥区、亚洲区9个区域，还原了30个世界著名街区及场景。

李晓林十分欣赏美国城市规划大师沙里宁的一句话，并将其作为林达外语城的标语：“城市是一本书，从中可以看出它的文化抱负、读出它的文化追求。”

继哈尔滨“外语城”之后，江苏南通、成都等城市会陆续在全国建立起10个林达外语城，让两亿的中国学生能真切体验到外语的生活环境。他不仅是在打造自己的产业，也想为城市发展打造一张文化、旅游、教育的新名片。

企业家的大爱情怀

在地产行业中，李晓林和刘晓光、孟晓苏在业内并称为“三晓”，他们分别是民企、国企和央企的代表人物，拥有“地产界思想者”的美誉。其中，李晓林担任了三届全国政协委员，给党中央国务院提了100多条提案。中经联盟成立10周年之际，众多关于房地产领域的建议和提案，通过他被呈交上去。

当一个人被冠以企业家的名号时，不仅是做好了手中企业，更是担起了肩上的那份社会责任。李晓林曾说过，富了以后的人分为三类：守财藏富；极尽挥霍；富而思进。而他多年来的投身公益则验证了他属于后者。

李晓林热衷公益，这是在他年幼时就嵌在骨子里的信念，源于母亲的熏陶。家住北京钱粮胡同四合院的他，父亲是一名高级技术人员，母亲在家照顾他们兄弟四人。在他的记忆中，母亲经常帮助四合院里的邻居，谁家孩子生病，谁家缺这少那，母亲总是最先伸出援手。

李晓林一直认为，母亲的言传身教对他一生的影响至关重要，“我母亲是一位大家闺秀，她做了许多的善事，曾帮助一百多个农村的青年人到北京就业。”为了纪念母亲，他在林达外语城建立了“母爱广场”，希望将母亲“帮助别人，快乐自己”的理念传递下去。

1996年，在那个很多人还在为成为“万元户”而努力的年代，他为修缮京城名刹嵩祝寺捐资550多万元，那算是他投身慈善事业的肇始。当时，北京市政府专门给他颁发了保护文物古迹的功德钟。

从捐款重建嵩祝寺至今，李晓林的公益慈善路一走就是二十二年。时任全国人大常委会副委员长的陈昌智评价他：“李晓林先生作为优秀的企业家和慈善家，怀着对国家和人民的深厚情谊，实业报国，致富思源，为中国慈善事业画上浓墨重彩的一笔，为中国脱贫攻坚战作出了突出的贡献。”

随着林达集团的发展壮大，公益也成为李晓林人生的关键词。除了北京林达投资集团主席的身份，他还是中华骨髓博爱基金发起人，中华思源工程扶贫基金会发起人并任副理事长兼秘书长。2003 年初，李晓林倡议发起并带领民建 12 位会员企业家捐资 225 万元，设立了中华骨髓博爱基金。此后，他一直致力于推进白血病患者的治疗和中华骨髓库的建设。

2005 年，在中国非公有制经济发展论坛上，以李晓林为首的 15 位民建会员发起了“思源工程”，号召更多的企业家加入扶贫队伍中来。随后，他倡议设立“中华思源工程扶贫基金会”，十一年间捐了三千三百多辆救护车。

由于他长期扶贫、关心西部，他跑遍了几乎所有的西部省份。李晓林曾赶赴一个年均收入不到 600 元的贫困村进行捐助活动，他了解情况后在那里建立了林达思源小学。当他乘车离开时，看到在扬尘中拼命追赶他车的孩童，他忍不住红了眼眶。在以后的日子中，这个在商海浮沉中仍能泰然处之的中年男人总被这一幕触动到内心最柔软的地方，他愿意为更多的人提供改变命运的机会。

他善于将钱花在刀刃上。于他而言，值得花钱的地方并不只局限在集团发展上，二十多年来，在慈善事业上，他也是大手笔投入，共为教育、文化、扶贫等公益慈善事业捐款捐物五千多万元。2008 年，他被民政部授予“中华慈善奖”，接过从胡锦涛主席手中授予的奖杯，这也是他上百个荣誉奖杯中最为珍藏的。

如今，他又把慈善的目光聚焦到“三农”，关注农产品问题。2018 年 8 月，在他的倡议下，国家商务部电商司，中华思源工程扶贫基金会、阿里巴巴等 18 家单位联合在京发起成立中国电商扶贫联盟，李晓林被任命为主席。

中国电商扶贫联盟将致力于挖掘贫困地区优质农特产品，帮助其打造品牌，促进产销对接，助推贫困地区农特产品生产与加工的转型升级，以此带动贫困地区脱贫致富，首批帮扶对象覆盖全国 340 个贫困县。

不是红墙里长大，却在海里翻腾出了一番自己的天地。李晓林用手中的泥土盖出了广厦千间，并一直饮水思源，回馈社会。

任志强

原华远地产董事长

从企业家到公益人的双面人生

作者：中经联盟特约记者　李红梅　邓雨楠

按照约定时间，任志强准时来到采访现场。

他手握金属壳的保温杯，见开窗风略大，立即换了一件厚点的夹克外套，取下眼镜放在桌子一角，拿起桌上为他准备的咖啡，加了糖边搅拌边思考我们的提问。对于我们的寒暄，他只是调侃地说道："每人都去买任小米啊。"随后他又一如既往地严肃起来。

两个小时的采访时间一晃而过，我与北京市华远地产股份有限公司原董事长、阿拉善 SEE 生态协会第五任会长任志强的聊天意犹未尽。他外表冷酷，不苟言笑，思维清晰，言语犀利，依然敢于向现实和权威开炮，如今虽满头银发，也仍然心口如一，气场强大。

"房地产市场冷？想什么呢！你们去看看房企今年的销售额比去年还高。"任志强直接怼回楼市遇冷的话题，这就是大家熟悉的"任大炮"。从退休前的企业管理人到退休后一心一意的公益人，他的双面人生才刚刚进入一个新阶段。"公益还有好多事要做，我把这一件事做好就很不错了。"

做企业：大胆突破敢啃"硬骨头"

回顾自己的职业生涯，任志强感慨颇多。他谈到带领华远集团创下的多个第一时依然十分自豪。

"办法总比困难多。"作为一名企业管理者，任志强敢啃"硬骨头"。谈及前半生奋斗历程中最有成就感的事，带领华远赴港上市，成功推动中国制度改革便是其中之一。

任志强回忆，华远集团当时在香港上市时，香港还没有回归，中英两国间的法律有很大差别。在任志强看来，带领企业不断摸着石头过河的过程中，突破了原有的法律障碍和政策限制，同时，企业的创新也对中国制度改革起到了推动作用。

"在改革的过程中我们是急先锋。但是我们不能突破法律的界限，只能逐步地去拱，逐步地推动改革。"任志强说，当时合资法都写上了投资总额、合作年限，但华远通过多方努力终于突破了，成为中国第一家中外合资的股份制公司。

谈及房地产职业经理人，任志强认真地予以纠正，“国企有一部分是企业管理人，只能对市场化运营的部分称为职业经理人。”他认为对自己而言，不仅是做房地产，集团公司还有多元化业务，比如资本运作也让他印象深刻。

华远集团成立之初，企业的注册资金是从区联社这个集体所有制企业借的 20 万元，任志强入职华远后，连本带息全部偿还，当时公司顶着全民所有制的“帽子”，却没有全民的资本注入。有不少人提议华远集团可以实行私有化，但任志强坚持注册为全民所有制企业，随后通过说服政府减税、退税的方式向公司注入国有资本，逐步将华远集团变为名真言顺的国有企业。

当问及改革突破过程中遇到的困难时，任志强对当时的官僚主义直言不讳。“刚开始成立公司时，我们与相关部门提前约好时间点见面，但当天我在办公室外等了四个小时，这种情况也不是一两次了。”

任志强认为，这种困难伴随着改革开放 40 年的历程。这 40 年，中国房地产业从“野蛮生长”逐步走向成熟。对于人类历史来说，40 年不过是弹指一挥间，但对于中国城市建设和经济发展而言，却有着深远的影响。

在采访过程中，任志强对于热点问题也是有问必答。

说到楼市遇冷，任志强急了:“想什么呢！今年房企的销售额和销售面积都挺高的，比去年还多。”

对于房价走势，任志强摆摆手，“不谈房价，需要就买。”

“户籍制度和土地制度问题不从根本上解决，我们很难建立一套长效机制。”任志强认为现在不具备征收空置税的条件，因为土地制度和户籍制度改革还没到位，空置的依据很难界定。

做公益:自愿奉献没有尽头

如今，年逾 60 的任志强早已卸下企业的重担，却依然保持每天 9 点到公司正常上班的习惯。对于媒体甚至大众而言，他退而不隐，而是将大部分精力和时间投入公益事业中，乐此不疲。

任志强似乎很享受当前以公益为主的退休生活。

“这和退休前的工作不同，做公益是自愿的，它是一种自我奉献，要付出时间和金钱。”任志强说，公益活动往往没有时间限制。一个月会去 5 ～ 8 个城市，一个城市可能只待两天时间，通常是早上 6 点到晚上 10 点，十几个小时都投身于公益活动中。

2004 年前后，北京沙尘暴肆虐，以刘晓光为首的企业家组成了公益环保组织阿拉善 SEE 基金会，为改善阿拉善地区的自然环境，对沙漠进行绿化种植、节水等项目改造。任志强作为第五任会长，与他的团队一起找到了一种采用以色列滴灌技术浇灌的小米。谈起“任小米”，他犀利的神态瞬间充满温柔。

“这个组织是刘晓光建议和发起的。大多数人一开始以为做公益只是投钱，时间长了后人们慢慢发现，这是一个很好的公益环保活动，然后大家纷纷自觉加入，这是一个学习和演化的过程。”任志强表示，社会公益的发展要依靠企业家群体的力量来推动。

任志强认为，企业家的唯一职能就是创造社会财富，但在过去若干年的人类历史上，大部分的财富积累是靠掠夺大自然形成的，与此同时自然环境也遭到破坏，这必然受到大自然报复。好在有一群企业家已觉醒，阿拉善SEE所倡导的绿色供应链和绿色金融就是要对破坏环境的行为说不。

“我希望所有人都能共同参与公益事业。如果还有人不参与就一定会造成环境破坏。”任志强说，环境保护是一个严峻的问题，还有很长的路要走。“我觉得我能把一件事做好就不错了，这件事还需要很多人用很长时间共同努力才能实现。”

任志强的公益目标远远没有达到，对他来说，所有的动力来源于对未来更美好的期待。公益让任志强的退休人生变得更加温情。

做管理：阅读提升必不可少

“你要像我一样读书，你一定比我强。”这是任志强自我提升的重要方式，也是他认为一个企业管理者应该要坚持做的事情。

任志强认为，在企业中，不应因人设岗，而应因事设岗，同时需要相应的定编、定岗、定职责等一系列配套制度。制定合理的淘汰机制，用激励制度奖励先进，用淘汰制度制约落后，形成双向流动，才能调动每个员工的积极性。针对不同岗位的工作人员，则需要运用不同的管理方法。

针对人员的管理，任志强将管理理念归结为三大点：道治、儒治、法治。即对高层采用“无为而治”的道家思想管理；对中层采用“人之初，性本善”的儒家思想管理；对下层则采用“人之初，性本恶”的法家思想管理。

在企业管理方面，任志强视野开阔。对于提升自己的方式，他回答得很简单：读书。他是地产圈里最喜欢阅读的人之一，每天坚持至少6万字阅读，飞机上大部分时间也用来读书，这个习惯保持至今。

在任志强看来，读书可以丰富知识、开阔眼界、改变人生格局以及建立独立思考的能力。

“因为我读过很多书，才能对房地产进行分析，那都是站在巨人肩膀上的成果，你不看当然不知道。”任志强说。

率真敢言，让人对任志强又爱又恨。他不介意别人是叫他“任大炮”还是“江湖大哥”，也不介意自己是否得罪了谁，一如既往坚定的是对房地产的信心以及做公益的决心。

从企业家到公益人，任志强逐步实现自己对人生的理解和追求，他正在用自己的方式诠释双面人生。

孔　鹏

中经联盟现任轮值主席、旭辉(控股)集团副总裁、北京区域事业部总裁

百战归来,不惑仍少年

作者:中经联盟特约记者　张晓兰

采访孔鹏,是在一个夏日的午后。处女座的孔鹏,回答睿智而又富于洞察。或许,这一切都来源于他的心态:外松内敛,活泼严肃。他讲述了一路走来重要的人生节点,每段过往,尽管轻描淡写,但在其言语中,却积蓄了人生的沉淀。如今,走进"四十不惑"的岁月,他开始思索更多行动背后的深度和厚度,我们有理由相信,历尽千帆,孔鹏归来仍是少年。

割舍不断的"清华"情结

孔鹏,1976年出生于北京,毕业于清华大学建筑学院。于孔鹏而言,他感恩自己曾经的努力,让其在青葱年华,拥有"清华"这一标签。

清华对清华人来说,到底意味着什么?是名校、学识、友情,抑或其他?时至今日,孔鹏依然会思考这一问题。对此,他的答案是:更高的期待和标准。而这也意味着,从他走出校门那刻起,为了不愧对这样的标签,他10年、20年如一日地坚持,并葆有一种向上的人生姿态。

这一姿态背后的逻辑在于,孔鹏坚信,时代变迁下,学校所学的知识,可能是有限的,但最重要的是所学到的方法、长期保持学习的能力,这才是最重要的。只有不断吸取新鲜知识,思想、才学、智慧,才会永不枯竭、永不陈旧。

聚沙成塔,与其说是时间的痕迹,不如说是铭刻在生命中的标记。在孔鹏看来,所有的努力,都需要一大基石,那便是方向的准确性,而这基于孔鹏对清华校训的感悟。

清华校训有曰:"自强不息,厚德载物",还有一句话:"独立之精神,自由之思想"。其中"独立之精神、自由之思想",在孔鹏看来,更为难能可贵,也让其终生受益。尤其站在"四十不惑"的人生节点,他读懂了这句话背后更深层次的厚重感与责任感,也让他对人生、对世界,对内心有了更多地思考与探究。

2015年,在孔鹏的牵头下,旭辉联手清华大学建筑学院、土木学院以及社科学院等共同成立可持续住区研究中心,将"效率"和"健康"的可持续发展理念作为重点,带领地产行业探索高房价时代的未来人居。截至目前,该研究中心汇集了30余位国内外专家,涵盖22个研究课题,很多

研究成果在项目上得以落地。

可以说，对孔鹏而言，早年清华的求索阶段，给他的人生铺上了应有的蓝底色，恰如大海、天空的颜色，代表着沉稳而又积极、自信的人生姿态。如今，千帆过尽，离开校园20多年后的他，即便已成为地产界的一方“诸侯”，但仍葆有一颗初心。但凡有机会，他还会通过演讲、授课等方式为学校做点事。他谦逊地说，有些经历、阅历，对年轻人未必有用，但“听过和没听过会有所不同，听过再去经历，可能会比较快地领悟。”

四十不惑　书写不一样的卷轴

生活多波澜，不同的年龄，有不同的状态，正直、灵性、豁达、淡然，各有千秋。在孔鹏眼里，人生的每一个阶段，都要努力写好每一笔，无愧于内心、无悔于年华。

孔鹏曾说过，我们处在一个无迹可寻的时代，也注定这是一个不平凡的时代。时间退回至1978年，中国进入改革开放的历史新时期，这一年，孔鹏刚出生不久。1998年7月3日，国务院颁发了《关于进一步深化城镇住房制度改革加快住房建设的通知》，随之，“市场化”成为住房建设的主题词。这一年，孔鹏即将离开学校走向社会。

正所谓时势造英雄，时代造就了一代人的特点。时至今日，40年间，房地产从萌芽阶段到野蛮成长再到逐步成熟。孔鹏恰巧赶上中国经济、房地产快速发展的大潮，他坦言，意气风发的年轻人，总希望做时代的弄潮儿。清华大学建筑学院毕业后，孔鹏即投入到蓬勃发展的中国房地产行业中，曾先后在多家知名房企担任高管职位。毕业至三十而立的年华，他跟普通年轻人一样，追求更为具体、明确的目标，比如职位、薪水、事业，也为之付出了诸多努力。

谈及这一段人生历程，孔鹏虽轻描淡写，但在其言语中，多次强调了计划、自律的重要性。

事实上，人生就像马拉松，获胜的关键不在于瞬间的爆发，而在于途中的坚持。他说，若想要取得一个好的结果，必然有一个过程，而这个过程，离不开计划。

从少年时的青春拼争，经过时间的涤荡和打磨，如今的孔鹏，走入了“四十不惑”的岁月，对人生的上篇，心中已坦然。而对于未来，心境也越发清朗，他亦越来越明了：该如何去思考，如何去行动。他说，正考虑通过一些合适的契机，构建一些更有意义、更有价值的内容，来反哺行业乃至整个社会，“通过自己，影响更多的人，创造更大的价值。”

思考的深度决定着人生的厚度。可以说，从年少时的知识求索阶段，到三十而立目标引领的追梦者，再到四十不惑时思索生命的广度与厚度。一路走来，不变的是，不论何时何地，他都秉承着同样的人文情怀。

“教练”的职责　与职业经理人的进退

身为旭辉集团副总裁、北京区域事业部总裁的孔鹏，在旭辉北京的工作中，和领导者、掌舵人这类词汇相比，他更愿意别人形容他是团队的教练员。

2013年，孔鹏加入旭辉集团，负责北京区域事业部。在他的带领下，旭辉北京的规模从二十几亿提升到百亿。同时，孔鹏在业内开创性地打造了“微销宝”和“旭财宝”等一系列具备创新性思维的地产支付平台，在短期内将旭辉北京区域事业部推向一个高峰。

如今的他，已从当年的队长蜕变为教练员的角色，不仅担负着培养团队、创造更大价值的任务，更重要的是，为整个团队的胜负负责，“比赛中决胜负，结局如何很多时候与队员无关，责任在于教练，必须对结果担主要责任。”

孔鹏坦言，在旭辉北京的五年中，他每天都会面临很多难题，但他依然以一颗平和的心来面对，“人要适应新的环境与方向，难题永远也不会结束，关键在于以什么心态去看待”。或许，正是因为这一心态，保证了他在从容面对竞争的同时，又能审慎思考。

尤其是过去的一年，面对骤然加剧的政策调控，他及时调整北京旭辉的发展战略、产品线以及城市布局，并带领北京旭辉走出北京，拓展周边市场。

尽管经历了艰难的一年，但相比其他职业经理人，从孔鹏的脸上却看不到业绩压力导致的焦虑感。实际上，已过不惑之年的他，看起来要比实际年龄年轻很多。“经营组织、企业，实则每天就在解决难题，那是你的价值。”他说，重要的是在解决难题的过程中，能让组织、团队变得更强，也给社会、行业创造更大价值。

下一步，他希望运用平台，能做更多有意义的事。他强调一个好的组织的重要性：可以“加杠杆”给社会创造更多价值，而他选择当职业经理人，就是在给社会创造价值与个人收获之间，取得平衡点。

孔鹏说，职业经理人是社会的中坚力量，即在社会利益、公众利益、企业利益中，职业经理人是中间的平衡器、放大器以及稳定器。而选择当职业经理人，必须学会独立思考，有所为，有所不为，“考虑客户和用户利益外，还需要思考对人、对城市带来的影响。”孔鹏说。

耿　梅

中经联盟现任轮值副主席、平安不动产北方区域董事总经理

登"峰"者

作者:中经联盟特约记者　王迪

"一场来自'非洲之巅'的呼唤,让我猝不及防地踏上了征程。乞力马扎罗的登峰之旅,犹如人生一次新的洗礼,让大自然之外的一切都变得如此渺小。在暴雨冰雹、狂风大雪中,每天超过8小时以上的攀爬,只为接近那海拔5756米的目标。一次次的高原反应让我告诉自己,乞力马扎罗在用自己的方式迎接我们的到来。乞力马扎罗,我来了,不是为了征服,而是为了感动。"

这段文字,是2015年耿梅初次登上非洲最高峰之后写下的。

纵然三年已过,她至今还对当时热血沸腾的感受记忆犹新。也正是那时,这一极限运动成了她快节奏工作之外,历年必备的运动项目之一。

财经作家吴晓波说过,"全世界各国的企业家群体中,最爱爬山的一族就是中国的企业家。"

对于登峰,仁者见仁,智者见智。在耿梅看来,登峰看似和工作没有关系,却是相通的。"当登上雪山,回头俯瞰之时,看到的都是美丽的风景,此时你已经想不到曾经所受到的艰辛,我们的职业生涯也是一样。"

从白雪皑皑的未知山巅回归到正装革履、高周转与快节奏的房地产领域,对于现任平安不动产北方区域董事总经理、中经联盟现任轮值副主席的耿梅来说,人生与职场也是一次又一次不断"登峰"的过程。

20世纪90年代,大批在政府机构、科研院所的知识分子受邓小平南巡讲话的影响,纷纷主动下海创业,开放、改变、包容成为部分年轻人解锁就业的另外一种心态。

1995年,耿梅辞去了国家旅游局国际饭店团委工作,进入尚处于萌芽生长时期的房地产行业,开启了未知、新奇而又极具挑战性的职业之旅。

那时的她,肯定没有想到这个当初并非炙手可热的行业,会在之后的岁月里蓬勃发展,成为伴随大国崛起、国民经济赖以生存的支柱产业,而她会身处跌宕起伏的行业发展浪潮20多年。

离开原本熟悉了六年的工作环境,进入一个未知的领域,意味着需要打破之前固有的思维,更需要有极强的适应能力。这个地地道道的北京女孩,骨子里有着北京人特有的坚持、倔强、肯干,女性的细腻、睿智也在她的身上表现得淋漓尽致。

出身于书香世家的她，有一种天然适应环境的能力。纵然面对的情况是，当时的北京写字楼开发还处于探索阶段，一切设计、建设、施工、管理、销售都需要学习香港及西方，她依旧能摸索到有效工作的方式，幸运地参与了北京最早的一批写字楼大厦的开发建设，运营管理。

她多次前往美国、日本参观学习建筑、商业运营的方式；在国内，学习同行先进的行业经验与产品模式。耿梅又参与沈阳、长春、广州、昆明、三亚等诸多城市的住宅、写字楼、城市综合体的开发与管理，行业的整体感知进一步提高。

命运的车轮滚滚向前，只有预见者才能成功把握良机。对于个人而言，在这其中扮演重要“催化”作用的是广阔的视野和果断的选择。

1998 年房改政策加速了房地产行业的飞跃式变革，这让房地产行业迎来了前所未有的黄金十年。依靠资产价格的升值、积极开疆拓土的地产开发商及房屋的持有者拥有了一段快速的造富期。当地产业还沉醉在城市化的春风中，2012 年行业白银时代被首次提出，这预示着行业洗牌时代的来临。

也正是那一年，耿梅辞去了华瀚集团的工作，加入中国平安旗下的平安不动产，成为北方区域董事总经理。

如今，“早上还在上海，下午可能已在太原”，“行李永远都在办公室”成了耿梅平日工作最为简洁而恰当的概述，而她早已对高频率、高压力的工作习以为常。

曾经对新闻记者行业怀有一腔热忱，而命运却在兜兜转转之中让她与房地产行业邂逅。作为最早一批进入房地产行业的职业经理人，伴随行业风云变幻 20 年，她对这份职业一直抱有真诚与热情，感受着自身的成长、历练、蜕变，并见证着房地产行业的波峰与波谷。

回顾房地产发展史，在耿梅的印象中，2008 年是其职业生涯中难以忘怀的年份。

当金融危机以猝不及防之势席卷全球，中国的房地产行业也受到前所未有的重创。耿梅回忆称，“那时的大家都忧心忡忡，到底是放弃还是坚守，所有房地产从业者都在对市场进行预测，天天一宿一宿地开会，研究对策。好在坚守胜过了一切。”

在微信上，耿梅选择了这样一张照片作为头像：干练的黑色短发、身穿绿色长裙，坐于红色的椅子上，头微微上扬，眼睛 45 度望向前方，在全黑的背景下，光打在她的身上，格外亮眼、醒目。一位独立、自主、坚强的地产女性形象跃然于屏幕之上。

除去“工作狂”的一面，耿梅也有十分细腻的一面，她是一位母亲，更是一位妻子。加入与自身信仰、观念比较契合的中经联盟，则使她结交了行业内优秀的职业经理人，并能够快速掌握行业的信息。闲暇时，她还是中经联盟月亮会的成员——这个集结着北京知名地产女性的公益组织，让她能够从优秀的女性同行中汲取营养。

“乐此不疲地忙着，这是一种完美，一种财富，一种快乐，也是一种幸福……”

“生活不只是眼前的苟且，还有诗和远方的田野。”耿梅享受着这两种状态给予自己的精神享受。

近几年，在成功登顶非洲最高峰乞力马扎罗山之后，耿梅又完成了穿越腾格里沙漠三天之旅、内蒙古草原三天徒步之行、阿尔卑斯山北环和南环全线登峰等多次挑战。

跋涉、攀登、险境、抉择、超出局限……登峰等极限拓展运动，成了她排解工作压力的一种方式，也磨炼了她的意志。

“高原反应、体力、极寒失温、滑坠……任何一点松懈都会让攀登者葬身于雪山之上”，登峰时，往往需要面对高危险系数、高死亡概率及救援难度大等风险。博弈、抉择之间，勇毅成为除标准化训练之外，登山者必备的素质。

这与当下的市场环境极为相似，政策趋严让市场变幻莫测，调控未知却有纵向深化的可能。在房地产行业进入深水区，新的市场环境正在倒逼房企及从业者适应全新的游戏规则。

面对当下市场，房地产从业者应该如何应对？

对此，耿梅用登峰的经历予以回答：“在登峰时，由于不了解，你会恐惧。此时，不能着急，要稳定心绪，循序渐进，最重要的是坚持。”

“雨雪做伴，原以为会豪情万丈，征服一切，终敌不过大自然的沁润，在山峰雪野中内心却会变得无比柔软。”

张　鹏

中经联盟现任轮值主席、当代置业执行董事兼总裁

少年初心未改

作者：中经联盟特约记者　李叶

初秋的北京街头已略有寒意，东直门万国城MOMA的会客厅内却仍保持着令人舒适的温度。

“让你们久等了。”未见其人，先闻其声，刚刚结束上一个会议的张鹏赶到会客厅门口时说道。实际上，此时距约定的采访时间还有10分钟。落座片刻，他询问起笔者对万国城MOMA的感受，言语之中掩盖不住的是对项目的骄傲和对反馈的期待。

作为地产界中颇具传奇色彩的人物，张鹏的工作经历早已广为人知，从记者到房企员工到人力资源总监再到总裁，在不少记者的笔下，他是一个“逆袭”代表。亲民、霸气、审慎、思维敏捷这些特征也是关于他的文章中出现的高频词汇，谈话间，张鹏则更多地展示出他的坦诚、有趣和对行业的一份赤子之心。

归来仍是少年

“愿你阅尽千帆，归来仍是少年。”是时下文青间热衷的祝福，当人们踏遍千山万水，经历过困难，是否还能坚守内心最本真的东西？

时钟拨回20年前，23岁的张鹏大学刚毕业便来到北京从事起媒体工作，那时的他也许并没想过有一天会肩负起一个企业的责任。

回忆起一路走来的经历，张鹏说，“媒体从业经历让我记忆犹新，家中书柜还放着一米多厚我发表过的文章。”

来到2000年，一个偶然的机会，在采访中他结识了当代置业董事长张雷，当时便被张雷关于绿色地产的情怀所感染。“18年前他就提出未来地产的主题是可持续发展和养老，这在当时是非常超前的思考方式。”这次采访成为张鹏从记者向房企员工转行的契机。

在中国经济蓬勃发展的千禧之年，国内最早的一批房企开启了商业版图的扩张，碧桂园走出顺德，顺驰冲出天津，万达试水商业地产……刚刚起步的当代置业却确定了持之以恒地走绿色地产的道路，张鹏则于次年正式加入当代置业。

时代的进程在他身后敲响了振聋发聩的大钟。

20年过去，无数身份的转变，也让他的心态发生了不小的变化。“逐步从为自己奋斗，变成为团队奋斗，为企业使命、社会责任而奋斗。”而20年前那个被绿色地产所吸引的少年的初心没有改变，他说，“绿色地产是融入当代置业人骨子里的东西，我们会坚持不遗余力地做这件事。”

在此前的多次采访中，张鹏也强调“坚持比选择重要。”

这份坚持有了回应，随着环境恶化，大家对健康有了迫切的需求，政府倡导绿色地产，许多房企也加入到绿色地产发展的浪潮中，而此时的当代在许多技术方面已经处于领先。

“逍遥派”房企

在市场上众多房企之中，当代置业不是最主流的一个，但是足够特别。如果把房企按照武侠小说中的门派对号入座，这家特别的房企极像特立独行，又有着自己坚持的“逍遥派”。

当今房企行业是国内核心的行业，许多大房企在用人的标准上大多贯彻了两个条件，一、名牌学校，或是985或C9；二、大比例是有相当家庭背景的。而张鹏却表示，当代置业在这方面秉承的是“不拘一格降人才”的选用方式，并不会强调名校和家庭背景。

他认为，最合适的人，就是最优秀的人。

当代置业企业内部也有着自己的用人标准，张鹏称之为“三是（是、势、事）人才”。第一个“是”，强调是否认同公司的企业文化、核心价值观、绿色事业。

“逍遥派”当代置业还有一条“奇怪的原则”：公司高管不允许打高尔夫。“一是比较奢侈；二是比较花时间。这样一来就容易滋生出一些腐败，对此不认同的高管就不在选用范围内了。”

第二个“势”是“趋势”的“势”。强调要有“自燃自愈”的能力，“自燃”就是自己点燃自己，让自己主动做事。“自愈”则是面对挫折时抗压和愈合能力。

第三个“事”，是“事情”的“事”，考验的是专业能力，以及是否能“今日事今日毕”的能力。

而他的任务是，“要把这样一批年轻人都带出来。”除此之外，怎么把团队带好，怎么形成领导力？怎么让团队更专注于目标，专注于做事？这需要分享，需要跟不同的管理者去探讨。令他自豪的是，当代置业的中高层管理者非常稳定，这缘于对企业文化的认同。

“地产太浮躁”

张鹏认为，地产行业仍是当前最有前景，也最能够实现价值，最能发挥想象力的行业。

同时，他也毫不讳言地表示，地产行业太浮躁。大家只比规模，看销售额，而不看背后的建筑文化、建筑理想。大多数地产商把建筑文化、建筑理想当作销售环节的一部分，而不是企业使命的一部分。

他说，如果当代置业把绿色作为销售的一部分，它并不取巧。因为不是所有的业主和客户对绿色都那么认可，但是他们对装修很认可、对园林很认可、对大平层很认可、对地段很认可。

在浮躁的地产圈里想要走出自己的道，靠的不是出奇制胜，而是始终坚持。“最困难是抉择，解决办法是坚持。”

2013 年当代置业上市，打开了资本市场，张鹏也意识到规模虽不是当代唯一的追求，却是企业发展非常重要的因素之一。所以从 2013 年开始一直到今年，当代置业每年都保持复合增长率 45% 以上。

对此，张鹏表示，很多人追求短时间内高速的增长，让业绩打着滚地往上翻。但是当代置业的发展要求的是稳健、有质量。因为，超高速的增长会给企业在管理、融资、资本上带来隐患。所以当代置业将销售额定在 45% 左右的增长。现金利润、资产负债和企业发展速度保持三角平衡，始终都处于一个比较稳定的状态。

随着政策变化，当下很多房企都在谋求转型，多元化发展，当代置业也布局了养老、教育等诸多领域。

但是张鹏不愿意用“多元化”一词来解读，如果一定要给它个定义，他认为应该叫作同心多元化，因为它要基于地产开发。无论是买是租，地产是跟每个人都切身相关的。在原来，地产商服务好坏不影响人们购买，以后将不再是这样，一切要基于客户的需求，开发商要把服务、场景、运营做好。很多地产商开始叫自己美好生活服务商，场景提供商、服务提供商，当代置业就叫作“全生命周期生活家园运营商”。

刘 肖

中经联盟第10任轮值主席、万科集团高级副总裁

世界的时钟在中国，刘肖的另一面

作者：中经联盟特约记者 高上

身为万科集团高级副总裁、北方区域首席执行官的刘肖公务繁忙，毫不夸张地说，他的时间甚至是以“分钟”来支配的。但为了支持联盟工作，他还是抽出了宝贵的1小时接见了我们，来接受联盟的采访和微电影拍摄。11点10分，刘肖在结束了上一轮会议之后匆匆赶到工作人员提前布置好的会议室。

刘肖上一次出现在中经联盟的场合还是9周年年会现场，最近这阶段，他一直低调行事，鲜少发声，这次更是拒绝了所有媒体的采访，表示只接受联盟的独家访问。一晃已经10个月过去了，他没变，还是那个内敛沉稳的刘肖。

因毛大庆结缘中经联盟

在2015年年底的一场中经联盟主席团会议上，大家共同推选2016年候任轮值主席，第5任轮值主席毛大庆否决了其他提名，并建议推选刘肖上任，刘肖由于刚到北京时间不久，对环境不太熟，有些推辞之意，当时毛大庆历数了中经联盟的多方优势之后，发言说：“刘肖是北方区域首席执行官，接我的班，需要尽快融入北京的房地产行业，刘肖需要中经联盟；万科是中国房地产界的领头羊，由万科的区首担任主席，代表了联盟的视角和高度，中经联盟需要万科、需要刘肖。”之后主席团成员逐一表态，一致通过了刘肖的提名。

刘肖2017年正式成为中经联盟第10任轮值主席，掌舵中经联盟，引领联盟发展风向标。

刘肖和毛大庆，谁是谁的前任？

提及过去10年的从业经历，刘肖表示自己加入万科至今正好已经进入了第10个年头。在万科工作已久的他做过企业内部的多个岗位，2009年负责集团的战略投资，2010年负责集团营销，2011年担任万科资金部总经理，之后担任万科商业部总经理一职，提到这儿，刘肖打趣道：“我是万科集团商业部第一任总经理，毛大庆是第二任，这么一算，他还是我的后任呢。”

从杭州万科，再到如今的万科北方区域，他认为，自己每次到新岗位任职、有了新挑战的时候，自身在能力上都有了更大的提升。他用一句话总结了这10年的从业经历：有辛苦、有紧张，但更多的是成长和贡献。

刘肖有一套职业生涯巅峰体验三要素：1、自己要有成长；2、对组织要有贡献；3、享受自己的工作。这三要素是刘肖对团队成员工作要求的标准。

工作和生活是相互融合的关系

在刘肖看来，工作与生活之中不存在“平衡”的关系，两者之间是互相融合、密不可分的，刘肖说：“一旦将工作与生活变成两个对立面，会造成工作多了觉得生活不够、生活多了觉得对工作有负罪感的局面，其实，工作是生活的一部分，生活也是工作的一部分。”

别看刘肖工作忙，但他在飞机上的时候并不主张工作：“在飞机上工作，特别消耗脑细胞。”因此，他会利用在飞机上的时间看书，而不是一直忙于工作。

爱好竟然是看科幻小说？！

刘肖表示自己最大的兴趣便是看书和运动，他喜欢读科幻小说和自成一体理论思考方面的书籍，并且推荐大家看《人类简史》《未来简史》《今日简史》《伟大的中国工业革命》。不管工作多忙，刘肖永远会保证自己每周至少运动2到3次，在运动方面，踢足球和打乒乓球是他的最爱，不过随着年龄的增长，刘肖会适当地减少剧烈运动，避免受伤。

阳光和健康是未来的关键词

和我想象中的答案大不相同，在问到刘肖对未来的期许时，刘肖的愿望很简单：希望自己能够保持一个阳光健康的心态，保持一颗年轻的心，始终能够内心强大地去面对事情，始终能够有很多好友在身边。

在刘肖眼中，人生的很多道路都是一段行程，回顾过去，经历过的事情存在着不少偶然因素，他觉得人生道路就像爬山一样，当你一步一步向前爬，爬到半山坡的时候，回首观望，又有很多发生过的事情是自己选择的结果。他始终觉得，身心健康、舒适开心便是自己最满意的状态。

谦卑和敬畏是哈佛经历的关键词

众所周知，刘肖毕业于哈佛商学院，这段求学历程给刘肖的人生带来了重要的影响。在哈佛学习阶段的刘肖认识了来自各行各业、各有所长的老师、同学，这使他始终抱有一颗谦卑、敬畏之心。他说：“哈佛商学院非常重视对价值观的塑造。在我之前的教育经历里，经常会遇到决策的取舍模型，希望你用理性的分析去找到答案，但是通常不会深入到价值观的层面。而在哈佛，最经常碰到的问题是，每做一个决策时，首先探究你为什么会有这样的立场，这个立场背后的原因是什么，这代表着你有什么样的价值观。因此，对我而言，哈佛的学习是探寻自己内心的过程。”

刘肖的谦卑和敬畏体现在他的一言一行，在结束微电影拍摄工作后，刘肖坚持要亲自送陈云峰秘书长下楼并上车，从这些细节更是可以看出刘肖待人真诚有礼，满怀谦卑恭敬之心。

刘肖轻描淡写地用“简单”二字概括了自己的从业经历，只因为他仅仅在麦肯锡和万科两家公司工作过。哈佛毕业后，刘肖毅然决然选择回国，他说在他读书的年代，也就是2006到2008年之间，应该是在美留学生选择留下还是回国的拐点：此前的留学生，倾向于留在美国，美国社会环境在很多方面具有优势，生活水平高、环境质量好、商业模式成熟等等；而他这一代的留美学生，越来越多选择回国发展，因为他们意识到，一个发展中的社会，具有无穷的能力以及可能性。刘肖说：“相较于眼见的安稳与成熟，我更为看重机会和变化的可能。”

对于万科创新板块的期许

刘肖直言万科处在一个非常难的行业中，虽然这个行业鱼龙混杂又有很多潜规则，但他表示：我希望万科不仅要做到业务好，更重要的是，万科应在行业中逐渐建立起包括质量、交付、环保、施工工艺等标准，要为行业带来正能量。

对于万科的养老板块，刘肖表示，希望在万科的努力之下能够形成一些成功的养老地产模式，他说：“行业如今需要的是样板，而不是推广”。

寄希望于联盟未来

在刘肖办公室的书架上摆放着一张他与旭辉集团副总裁孔鹏、陈云峰秘书长三个人的合影，这是刘肖在中经联盟担任主席时，由万科与联盟合办的公益活动现场，当时还是候任轮值主席的孔鹏以28000元人民币的价格拍下了自闭症儿童的画作，在这个做公益、献爱心、具有重要意义的时刻，三人留下了宝贵的合影。

在被问及联盟10周年之际，对于联盟发展有着何种期许的时候，刘肖说：“联盟在陈云峰秘书长和各个轮值主席的带领下，不断地开枝散叶，从城市上的拓展到专委会的增加，核心团体的凝聚力越来越强，我觉得这对于当今的形势来说是极为不易的。”当今时期正是房地产行业进入大调整的关键时刻，各大房企面临着转型与发展，而刘肖作为中经联盟第10任轮值主席，他希望中经联盟这个平台能够为行业发展作出更多有意义的贡献：“希望中经联盟可以促进房地产行业的发展，为行业带来力量，为行业从业人员视角的提升作出更多有意义的事情。”刘肖强调，中经联盟一定不要做“主席俱乐部”，要以社会为重心，为社会作出越来越多有益的贡献。

其实早在刘肖主席上任之初，就对中经联盟陈云峰秘书长提出了对联盟发展的建议：①制定行业标准；②交流分享、共同探讨行业转型创新新模式；③践行公益、发挥平台的力量。

这也是中经联盟一直努力在做的事情。

高一轩

北京市政协委员、中经联盟第 9 任轮值主席、京投发展总裁

轨道物业的探路者和领路人

作者：中经联盟特约记者　李红梅　邓雨楠

最近一段时间，高一轩都在无锡、西安、济南、成都等不同城市之间跑动，和地方政府、地方轨道交通集团的人见面会谈。约了几次时间，都因故没能成行，终于在 9 月 20 日上午得以匆忙一见。正式访谈前，他看了一下手表，计算下一个赶往延庆的行程最晚出发时间。

目标清晰，严谨自律，见面聊天又很随和，这是典型的新时代地产职业经理人。1981 年生于北京的高一轩一直是"别人眼中的孩子"，35 岁那年，他正式成为京投发展（原京投银泰）的总裁和副董事长，年纪轻轻任职高位，又是一个雷厉风行的领导者。

京投发展在十年前，开始尝试"在地铁车辆基地上盖房子"，成为中国内地"第一个吃螃蟹的人"。在地王遍地的时代，作为 80 后的京投发展总裁高一轩凭借轨道交通车辆基地开发领域的独特优势，率领团队走出了一条集约化、差异化的发展新路。有人称他"中国 TOD 先生"，他也很坚定地沿着 TOD 这条路往前走。

企业管理严格但服务价值至上

高一轩表示，以前公司更多地集中在怎么把产品做好，现在更多是想怎么更好地为客户做产品，提供服务。他不讳言对工作要求高，管理严格，但在严格管理的企业氛围中，京投发展强调服务至上，将企业服务作为价值的重要体现。

在高一轩看来，企业与人一样，有着生命的不同阶段。

"你小时候是扛不起 30 公斤杠铃的，要等你到了人生的某个阶段，才能承载这个重量，对于管理也是一样的。"高一轩认为，企业管理的目标，永远是提升效率，节约成本，促进目标更好达成，让股东和团队都能够更好地分享企业发展的利益。

谈到企业管理严格，高一轩笑了，他认为用企业文化去中和管理中"不讲人情"的一面，即所谓的严格部分，是很好的方式。他希望企业保持一个管理相对严格，但企业文化又相对包容的状态。

企业文化能够持续到今天，不是凭空创造出来的，而是在企业成立之初开始萌芽，并随企

业发展深深植根到血液里，通过提炼和日常的引导，它变得更加明确。文化就是“文”的规范+“化”的融入，它像润滑剂一样，通过文化导向来规范制度流程指引部分不能解决的问题。

对企业文化的理解和执行要落地，京投发展的客研工作组通过科技手段，深入挖掘客户需求，并将它们翻译成空间产品和空间服务，这种态度贯穿在企业全流程管理中，融入企业的血液里，时刻为客户服务。

“我们思考的角度首先是客户，而不是技术难度、管理难度、人才瓶颈等，将怎样最好地服务客户作为一切工作的出发点。看似目标远大，但如果真的养成这样的习惯，锻炼这种工作能力，会使整个企业的管理导向受益无穷。”

以客户需求为中心的 TOD 智慧生态圈的打造，不仅为京投发展提供了难得的机会，同时它也是高一轩工作十年中最有成就感的一件事。“在股东支持下，我和我的员工共同开创了一个新的商业模式，打开了一个新的大门。”高一轩说。

自身能力和实干精神很重要

“我认为房地产行业在不断迭代，不断发展产品，场景营造也在不断改变，所以这个行业没有尽头。”房地产市场变化波折起伏，但高一轩对市场前景仍然充满信心。

2018 年市场的调控较以往更严格，市场中增加了共有产权房、限价商品房、共有租赁住房等，看似今年的土地供应量在增加，但内容已经发生了变化。高一轩认为房地产调控是常态，提醒我们地产行业存在的方式和实现价值的方式需要改变。中国的城市化进程进入目前阶段，各城市都在争夺人口，打长期战，特别是年轻人口将是未来城市化胜负的关键。

“市场变化的来临不是什么坏事，我也不认为中国的房地产自此就进入了一个黑暗的时代，它仍然是国民经济的重要组成部分，仍然是实现人们美好生活愿景的重要途径。”高一轩说，“没有人会认为自己住的房子就是自己的终极目标，一辈子不换房。”这也是房地产行业发展的方向和动力。

谈及技术革新对地产行业产生的影响，高一轩认为整个行业都在最大限度地往客户需求一端转变，“谁能更快更好地理解出客户需求、提供相应的产品和服务，谁就能够在下一个阶段里掌握相对的先机。”他表示，跟上时代也是为了更好地服务客户，京投发展进行了一些新的尝试，比如通过移动终端的控制让小空间里展现出不同的生活场景，提升同一空间不同生活场景的使用效率，这是用科技改变生活的重要体现。为此，京投发展投资了以分时复用科技系统为主要商业模式的必革家，并在北京公园悦府项目和无锡公园悦府项目上与必革家展开合作，引入可变家具和智能家居，切实从客户的实际需求出发，为业主提供多样化的居住空间选择，从而实现了公寓产品的精细化升级。他认为在企业管理中必须要做到精细化、规范化，要有更多思考和铺垫。

地产圈更迭换代，以高一轩为代表的 80 后高管们纷纷崛起，为地产行业灌输新鲜血液，焕发生机。在他看来，70 后没有退出历史舞台，90 后蜂拥而至。80 后不再是年轻群体的代名词，而是一个在夹缝中生存的群体。

对此，高一轩对年轻的管理人分享了自己对于行业的三点工作经验：一是扮演好自身定位。市场会变得越来越细分，无论如何都要找到自己符合趋势的核心竞争能力，并持续下去；二是要锻炼自己观全局、看本质的能力；三是要有实干精神，不能空谈。

他表示，公司内部有人会说他严格，事实上每个人在工作中处于什么位置，起到什么作用，他都会想得很透，盯得很死，这样员工才能清楚自己在干什么。在工作中自身能力和实干精神很重要。

安于工作和家庭两角色的切换

对于平衡工作和生活，高一轩说这是个难题。

女儿的出生给他带来了莫大的惊喜，初为人父的高一轩，看到襁褓中的女儿，不由得感慨生命的传承和奇妙。

“我每周一至周五争取有两天时间陪她吃晚饭。两天时间对于家人来说很少，但同行却说很奢侈。”他说看到女儿不断成长，会让他的观念变得更完整，心态变得更平衡，这就是家庭给高一轩带来的独立于工作之外的成就感。

“我觉得应该让家庭给你带来幸福感和获得感，让工作给你带来幸福感和成就感，找到这两种感觉，找到各自的价值，才能平衡好工作和生活。”

市场是最好的老师。高一轩谈到提升自己的两个方式。一是在工作中不断学习，向同行业学习、向市场学习、向业主学习。二是对于理论知识和新的趋势要进行碎片化的学习。请行业内的先驱，包括跨界精英来给企业做分享，保证自己虽然不能用大量时间系统学习，但始终能跟得上趋势。

歌德曾说过，人不是生来就拥有一切，而是靠他从学习中所得到的一切来造就自己。毫无疑问，高一轩就是这种精神的践行者。

中经联盟第八任轮值主席陈肖然先生执掌联盟大旗

陈肖然

中经联盟第8任轮值主席、原北京城建三投资集团董事长

一个乐于助人、充满魅力的人

作者:中经联盟特约记者　梁笑梅

陈肖然出生于河南省信阳市潢川县,从小家庭环境不太富裕的他,就立志要走出大山走向大城市。

他从小有当兵的梦想,喜欢军人身上雷厉风行、永不服输的那股劲儿。正如他喜欢的书籍和电影一样,都是偏谍战和军事类的。

他也是一个非常努力拼搏的人,1992年来到北京,最初从施工工程开始着手。接着开始创办公司,把它从20人的规模发展成了一家中型企业,成功将它从一家建筑公司转型为一家地产公司,多元化发展,还涉足物联网、传媒、新能源,这家公司也就是北京城建三投资集团有限公司。

陈肖然在事业上取得了不小成就。但他不忘记回报他人和社会,总是义不容辞地去帮助他人。

2015年的8月,由于司机疲劳驾驶导致追尾,一场车祸带走了陈肖然的生命。中经联盟秘书长陈云峰感慨:"我现在依然相信陈总活着,依然在我身边浮动着笑容,依然在身边诉说有困难就找他。在联盟成立的第10年,联盟最具代表的100个人物里,最不应该缺席的就是陈肖然主席,他永远活在我的心中。"

引以为傲的事业

北京城建三投资集团是一家以基建业务为主业的公司。一个偶然的契机,陈肖然嗅到了房地产开发的商机。

这还得从他和中经联盟的结缘说起。陈肖然的公司当时在昌平拿了一块地,建筑面积只有三万平方米,陈肖然找到了陈云峰和业内的两个专家,谈论了设计方案,给产品做定位,去现场进行了实探。起初,产品定价为7000元/平方米,但正赶上2007年北京房价暴涨的时机,该产品以1.8万元/平方米出售,该项目当时就赚了3～4亿元。这是陈肖然挣到的房地产开发上的第一桶金。第一个项目取得成功后,之后的马驹桥项目也顺风顺水,陈肖然仍然委托陈云峰找了业

内几个专家做了项目定位。第三个项目就是金山岭长城脚下的“长城河谷”项目。

多年以来，经陈肖然之手打造的项目不少，而位于河北省承德市滦平县金山岭长城脚下的“长城河谷”是他最引以为傲的项目。它是北京城建三投资集团有限公司与滦平县政府、国家物联网产业技术创新战略联盟、联合建设运营一个首期规划总面积为15平方千米的物联网技术创新示范城镇。

陈云峰回忆，陈肖然对金山岭项目特别自豪，这是在河北拿到的一个山地，这个地块背靠着长城，坐北朝南，他们在地块的南边挖了一个人工湖，靠山面水，一下就有了灵气。陈肖然指着金山岭项目自豪地对着陈云峰说，“这是我的创造，沿着山路十几千米我都要把它做成度假用的小木屋，可以接待北京周边度假休闲的人，周边十几个村子都已经谈好了。”

在陈肖然的计划中，金山岭项目地开发后，会作为一个龙头去开发整个区域，给这个区域几十个村庄的上万村民带来经济收入。

这个项目倾注了陈肖然的很多心血。按照他的计划，将把长城河谷构架成中国第一家物联网社区，主要是商业住宅，引进北京医院，构建精英学校，受众为北京人旅游养老地区，在此基础开发旅游项目。“长城河谷”位于滦平县境内，除世界著名的金山岭长城旅游景区外，还拥有潮河、白草洼、碧霞山、转山湖以及清朝行宫遗址等多个自然文化景区。依托出色的自然地理环境，滦平的发展规划立足于建设一个宜养、宜学、宜居、宜游的旅居型郊城。

陈肖然的履历也非常亮眼。他是北京城建三投资集团董事长、北京城建远东建设投资集团执行总裁，同时担任中国民主促进会中央联络委员会委员、中国国际贸易促进会副理事长、国家物联网产业技术创新战略联盟副理事长、北京青年商会副会长、中经联盟第8任轮值主席、河北省青年企业家协会副会长，2011年荣获环球华商年度人物贡献奖。

乐于助人、充满魅力

尽管肩负多重身份，但在他妻子和孩子的眼里，他就是一个普通的丈夫和父亲。

星座学上说，双鱼座一个比较浪漫的星座。陈肖然确实是一个浪漫的人，妻子曹映说：“老陈在家里还珍藏着我们领结婚证时候的工本费发票。”

陈肖然每天工作都很忙，但都会抽出时间来陪家人和孩子。他会陪孩子去买宠物，带着孩子一起去郊游。就连家里的琐事他也会亲自参与，例如换灯泡、做饭洗碗。

在公司，他给员工的印象是比较严格的，工作上一丝不苟。下班后，他又是平易近人的，忙的时候会和同事们一起吃盒饭或者吃食堂，同事如果有困难，他会尽力想办法帮助他们解决。“他就是一个愿意奉献的人，心里想的全是别人。”妻子曹映评价道。

在陈云峰的眼中，陈肖然永远都在事业上打拼，对朋友义气冲天、乐于助人，是一个充满魅力的人。

2008年，中经联盟成立时只有一个专职人员，甚至没有办公地点。陈肖然办公所在地，就成了中经联盟第一个专门的办公地点。陈云峰回想起当时的中经联盟，陈肖然不仅为中经联盟提供办公室、会议室，甚至免费提供一日三餐。

还有一个不得不提到的故事。中经联盟年会的召开还和陈肖然的支持和赞助分不开。从2009年开始，中经联盟历届的年会都在中国大饭店召开，陈云峰考虑到经费问题有所犹豫，但细心的陈肖然知道情况后告诉陈云峰，“中经联盟作为这么好的行业组织，只有选择人民大会堂或者中国大饭店召开，才能彰显这个组织的高度和伟大。”陈肖然给联盟拿出了50万元费用做赞助。由于人民大会堂的时间限制，陈肖然安排专人把年会地址定在了中国大饭店，之后这个地方也成了中经联盟终身年会地址。

陈云峰记得在2009～2010年两年时间里去中国大饭店参加年会的人还是比较少的，是陈肖然毅然决然选了中国大饭店，陈肖然的想法是中经联盟的定位是要站在全行业的高度去开好这个会，事实上，之后中经联盟的发展也没让陈肖然失望，每当说到这些陈云峰都会眼含热泪。

“一个人和另外一个人或一个组织的交情，不是用一两件事，一两句话说清楚的，那都是岁月的积累和沉淀。”陈云峰感慨道。

陈肖然不仅帮助了中经联盟的年会，而且中经联盟很多成员没有工作，他便要求他们到其公司去上班。甚至不管是哪个成员的家里遇到困难，还是哪个成员的公司经营遇到了资金短缺，他都会倾力相助。“像陈肖然这样讲义气有情怀的企业家是比较少见的，他把中经联盟的事情都当作自己的事情。”提到陈肖然，陈云峰都是那种柔情和怀念。

“他永远都是我的好兄弟，他永远都是中经联盟的好主席”，陈云峰秘书长在陈肖然追悼会上曾经这样致辞。

“他是一个称职的丈夫、慈祥的父亲、受人尊敬的企业领导，我会在心里永远怀念他。”妻子曹映眼里泛着泪光。

宋 垚

中经联盟第7任轮值主席、龙湖集团副总裁

宋垚的“简”与“繁”

作者:中经联盟特约记者　王迪

面对镜头时,宋垚有一种天然的适应能力,不论是角度、动作,还是神情、着装都恰如其分,给人一种拍摄时尚杂志封面的既视感。

与应对连续不断的闪光灯相似,宋垚的B面是承受高压与快节奏的房企高管,并伴随行业沉浮25载。如今,她在公众视野中的标签是龙湖集团副总裁、中经联盟第7任轮值主席。

作为龙湖集团公共事务与法务的分管负责人,宋垚正应对行业转型之变,探索全新的管理模式,以适应角色的转变。由于日程紧凑,借此出差武汉归来的间隙,9月14日,在中经联盟办公楼处,记者见到了风尘仆仆的宋垚。而就在采访开始之前,按照规定好的行程,她刚刚面试了一位体系内的高管。

高效、忙碌是印刻在这位地产女老总身上鲜明的烙印。作为亲历者,在回溯波澜壮阔的行业更迭时,她字字珠玑,尽显职业经理人专业与理性的一面,而面对职业更换、职场搏击,叱咤商海的她又尽显女性的细腻与感性。

面对繁杂的工作及生活,她有自己的一套“简”式人生哲学。她说:“直接、真诚、坦诚……繁杂的事情简单化,目标可能会更加明确、清晰。”

“现任”与“前任”

有人说,一个人的来路,决定了他的去处。

细数宋垚的职业生涯,三家企业、三个老板在她的人生中扮演了举足轻重的角色。在一个半小时的采访过程中,宋垚不止一次地提到了“感恩”。

1993年,改革春风吹遍华夏大地,躁动与兴奋在全国范围内蔓延,“天之骄子”们纷纷打破铁饭碗,下海经商,一幅“创世纪”的场景在全国范围内如荼上演。

这一年,首位台商政协委员黄紫玉在成功促进两岸贸易后,开始涉足地产领域,斥资一亿美元打造当年北京市重要的对外招商项目——“紫玉山庄”。

那一年,宋垚辞去了政府的工作,加入由黄紫玉创立的北京紫玉山庄房地产开发有限公司,并担任董事长助理一职。这在当时看来十分冒险，因为那时的房地产行业还是一个新兴领域。

如果将时间维度定格，聚焦于空间的坐标，更能发现奥妙。彼时，刚刚掘金澳大利亚房地产的许荣茂，瞄准了福建武夷山投资开发旅游度假区，世茂浩浩荡荡的全国资本扩张与布局拉开大幕。与此同时，千里之外的重庆，吴亚军刚刚辞去报社记者的工作，下海经商，一家叫“龙湖”的企业正从构思走向现实。

那时的宋垚肯定没有想到：7 年之后，她会受到前一位企业家的垂青，自此开启世茂 16 年的一线房地产历练；而在 23 年之后她又会与后一位企业家产生交集，成为龙湖公共事务与法务领域内的全线负责人。

世事变迁，有人会改变潮水的方向，有人会淹没于茫茫大海。

业内有一种说法，在中国的别墅市场，再也找不出第二个女人像黄紫玉这样，闻名遐迩，却又天马行空，高不可及。宋垚称，作为女企业家，黄紫玉将女性职业形象梳理得十分健康，独立、个性、追求事业、这都潜移默化地影响了她最初的行业感知。

一切靠专业说话，是宋垚多年来形成的职业化形象，而当时一入行董事长助理的工作让她能够跟随老板参与全链条的业务，这练就了她宏观的视野与立足高位思考问题的能力。

如果说黄紫玉给予宋垚的是引领，而许荣茂，这位同为福建人的儒雅商人则让她的事业拥有更为广阔的空间及自由度。

提起世茂，对于许荣茂、许薇薇、许世坛三位老板，宋垚更多提及的词汇是“感谢”。“16 年，人生最美好的青春岁月都在那里度过，很多美好的回忆和时光，一直铭记在心。”

2000 年，宋垚加入世茂集团，担任董事长助理。随后又相继担任世茂集团华北区域总裁、世茂股份北方区域总裁、世茂集团副总裁等多个职位。

进入千禧之年，房地产市场迎来了出乎意料的高速发展，伴随而来的是改善型需求的喷薄欲出。在中国大陆首创房地产“滨江模式”之后，世茂在京相继打造了御景园、紫竹花园、世茂奥临花园等豪宅样板及城市综合体，而这些标杆产品皆由宋垚操盘完成。在天津、济南、青岛、沈阳等城市宋垚更是为世茂开疆拓土，带领团队打造了诸如济南世茂国际广场、天津茂悦府、青岛茂悦府等诸多项目。

项目操盘一把手，需要的不仅仅是思维的转变，还需要专业的行业素养及承压能力，从开发、建设、运营、销售，所有的端口都要有条不紊地推进，并扛下所有的压力和难题。

以前瞻性视角拿下与新加坡政府合作的中新生态城项目；与鲁能谈判 16 个小时拿下工三土地；通宵谈判 26 小时拿下北京世茂大厦项目；将世茂奥林花园引入奥森板块，进而改变北京豪宅东部独大的格局……这都汇成了宋垚在世茂集团的“高光”时刻。

在宋垚看来，任何时候一个企业要想生存得好，最重要的是战略先行，战术只是手段；没有正确的战略及方向，战术也无计可施。

2016 年，当房地产告别疯狂跑马圈地的发展模式，“新常态”时期的房地产面临业务重构，企业选择路径自此分化。当恒大试水多元化版图，万达励精图治轻资产转型，世茂在服务上也开始集中发力。站在行业十字路口，宋垚选择作别世茂，进入龙湖。

“好市场”与“坏市场”

在房企同台竞技进入“下半场”之时，规模与效益往往是博弈关系，在2018年前三季度，18家企业步入千亿房企阵营，扩围之势再增速，而龙湖集团以1490亿元的销售额位列行业第九位。

“龙湖会如何处理企业的规模与安全效益之间的关系？”记者问。

宋垚称：“企业活着最重要，活着活着可能就活成一个伟大的企业，如果盲目地冒进、高负债扩张，非健康式的发展，在政策调控趋紧的状态下经受不住冲击就会有问题。龙湖是一个非常稳健的公司，内部有一条铁律，根据负债率控制拿地额度，保持稳健的资产负债表。”

在房地产野蛮生长的黄金时代里，市场的迅猛膨胀和感性化的公众心态，给了中国房地产企业家们尽情挥洒的想象空间，所有人竭力奔跑，蓝图被一次次放大。与之形成鲜明对比的是，伴随着近年来政策调控的收紧，唱衰之声、乐天派此起彼伏。

对于当下的房地产市场，宋垚以行业亲历者的视角予以概括：“最好的市场也有失败者，最不好的市场也有佼佼者。思考谋划在前，稳健行事。”

参与北京、天津、济南、青岛、沈阳等多地的高端项目开发，让宋垚熟知赢得市场青睐的产品打造过程及关键点。“一方面，开发商要尊重城市，尊重它的购买者。因地制宜、因城市而动，尊重土地历史的沉淀。这种回馈自然会引起相互的共鸣。”

当回溯房地产的发展历程，宋垚则表示，诸如产业精细化、产品的人性化、人员素质的提高、优秀行业标杆企业的崛起等构成了房改20年来最大的变化。

世事变迁，万象更替。在男女平等的当今社会，女性拥有财富和地位，别人尚且会发挥最大的想象力，更不要说在房地产野蛮生长时期，女性想要在商海中求得生存，更加不易。

垚，古代同“尧”，意为山高的样子。这与在面对强节点、强周期的工作时，宋垚所体现的韧劲、乐观、向上的特质十分契合。

工作之余，宋垚喜欢阅读、散步、旅行、听音乐，有时候会发发朋友圈，记录生命的感悟与生活的认知，或文艺、或淡然，或恬适，这成为她缓解及调节高周转及快节奏工作压力的一种方式。

踩上时代的节拍，激荡在时代的潮流中，如今的宋垚事业再上台阶，而回到时间的原点，她赤诚的内心或许还如同那个刚刚从中国政法大学毕业的大学生一般。纵然世事变迁，唯初心未改。

王　军

中经联盟第6任轮值主席、伟光江通文化旅游投资有限公司总裁

王军的笑傲江湖

作者：中经联盟特约记者　苗雪艳

在波诡云谲的房地产大江湖时代，王军绝对算是当年的一个风云人物。从1993年涉足房地产，2002年起任职中海地产集团、地区公司、区域公司各层级高管，2007年携手中国首富国美电器董事长黄光裕任鹏润地产总裁……王军一路北上，厦门海沧大桥桥头、苏州金鸡湖、上海顾村等区域都有王军的故事，甚至因为王军的到来还带动了这些区域的发展乃至整个城市的升级换代。

回忆起当初的叱咤风云，王军的回应霸气十足，"每一个过程都很有成就感，很多城市因为我们而改变。你们这个年纪可能不知道，那时在行业里还是很轰动的，可以用震动二字来形容。"世界因我而不同，让城市更中国，从来都是王军的思维境界。

面对流金岁月，他淡然道出两个字——不悔！

头部得意之作"中建大厦"

1997年，在组织支持下，中建体系内成立了一家房地产公司，王军是唯一的管理者，也是唯一的决策者。俗话说，初生牛犊不怕虎，王军毫不犹豫地接下了第一个项目，也是他的头一部得意之作——中建大厦。

如今，大厦所在位置已是车水马龙，可当初却是人烟稀少，王军成了第一个吃螃蟹的人。"大厦名字响，代表中建形象，不能做砸。"身负重任的王军开始投入大量精力，每次行动只为求得极致。

为实现外观的大方得体，中建大厦立面最终采用石材加以装饰。石材分为湿贴与干挂两种方式，后者成本高，前者虽经济，但易返浆、脱落。"有没有一种贴法既经济，又牢固且不返浆？"好动脑的王军开始思考，并向领域专家与工匠师傅不断请教。

反复思索下，他竟研究出一套结合了湿贴与干挂二者优势，规避二者不足的"王式贴法"：把石材四角锯出凹槽，槽中埋钢丝，再用同样的石材废料加以固定。之后，对石材进行防腐处理，将所有毛细孔堵住、灌浆。一来，它解决了不同材料热膨胀系数不同从而导致脱落的问题；二来，

“浆 + 钢丝”的组合实现了双层加固。当然，王军想出来的好点子远不止这些，用他的话说，“几天都讲不完。”

落成后的中建大厦吸引着厦门“候鸟一族”纷纷在此安家，多家地产公司见此情景纷纷进驻，在周边地带兴建项目。如今，中建大厦依旧靓丽地矗立在那里，厦门自此留下了王军的印记。

破解苏州困局

2002 年，中建系统最优企业中海海外集团将目光瞄准了内地市场，组建国内地产总部——中海地产集团。王军成为其中一员，参与中海地产的营销工作。

成立之初，中海地产迅速扩张，仅用两年多时间，就成功进驻了十四五个城市。长春、南京、深圳、成都、宁波……每执行一个项目，从设计到实操，仅用半年，便得以初步呈现。王军带着队伍，浩浩荡荡，迈着大步，一路向前。

2004 年 5 月，中海在苏州高价拿地，准备大干一番。哪想两天后，上届政府突然开始进行首次房地产调控政策，苏州市场急剧冷缩。有人说，苏州将成为中海内地进军路上的滑铁卢，王军临危受命来到苏州。

面对困局，如何破题？思路清晰的王军决定从产品定位上找到突破口。在竞争异常激烈、常规需求已被满足的现状下，他选择另辟蹊径——将目标客群定位在了正处于事业上升期的主流新贵。

客群定位完毕后如何执行？经过大量调研与分析，王军决定将环境心理学与环境氛围学知识点注入项目。于是，他提出：主人坐在沙发客厅向窗外望时，视线中不能出现遮挡，并要求房屋单位面积内拥有最充足的自然景观与阳光接触面积。最终，竣工后的房间实现了 70% 视线无遮挡，通过对房间高宽比的调整，保障了房间的通透性与敞亮性。

几项突破性设计可谓史无前例，每一项尝试，都足以钓起消费者的购买欲望。果然，在江苏地产冰冻时期，该项目实现大逆转，迅速售罄。这个奇迹，就是苏州著名的“湖滨壹号”。

王军坦言，从最初的摸索，到后来的规范化、流程化，每一步都凝聚着自己的心血。几经探索，中海苏州公司在苏州地产圈迅速壮大，遥遥领先。

稳住鹏润输血国美

王军决定离开中海，是因为黄光裕的出现。那时，国美房产业务已走过十载。

入职鹏润后，王军迅速提出集成地产商的概念，简单说来，就是借助国美强大的家电行业影响力做集成成品住宅。

然而，就在他大刀阔斧，进行战略部署时，国美电器突遇重创，黄光裕被逮捕，资金链一夜断裂，他失去了汇报对象，时间戛然而止。

“急火攻心，一夜之间上下嘴唇窜起整片大泡，团队的人说，从没见我急到那个程度。所有的人都看着你，指望着你把手里的摊子撑起来。”他的使命，是稳住鹏润地产，并向国美电器“输血”，把最难的关口挺过去。

迈过那个关口，王军用了整整一年。2009 年 9 月，公司逐步恢复元气，步入正轨。

积极投身城镇化创业

王军做了一个判断，传统房地产行业将越走越窄。他考虑到了个人的转型，包括对未来地产行业道路的探索。就这样，王军毅然投身于城镇化的创业中。

北京青龙湖国际文化会都项目是王军团队探索城镇开发的第一个实践项目，这个项目承担着成为“中国城镇化发展示范样板”的史诗般任务，备受中国乃至世界相关产业机构关注。

王军谈道：“青龙湖项目的第一要素是以人为本，就地城镇化，将农民的资源变为资产，再转换为资本，同时解决就业问题，有效将农村人口城镇化，做到城乡一体化。”

在此基础上，通过践行“生态凝合、智慧聚合、产城融合”理念，确立以文化创意、医健康养、休闲旅游、科技创新四大产业进行重点打造，形成一个新型的产城一体化的世界级城镇化样板。

如今，在 3 年耗资 100 亿元的建设中，青龙湖项目已然有条不紊地完成了新型城镇化的基础建设。可喜的是，在整体硬件提升的同时，也吸引了众多国际组织及高端养老等相关产业的入驻。

其中，最有影响力与意义的当属联合国青年创新奖评奖基地和颁奖基地的永久性“落户”，这与王军对商机的敏锐嗅觉与出众的谈判能力不无关系，“在 2013 年，联合国讨论下一个千年计划，就是解决青年问题，通过鼓励创新，然后创业进而拉动就业，与我国的战略不谋而合。”

在此判断下，王军带领团队与联合国商榷，“中国的创新能力确实与欧美地区差距甚大，但我们的制造业是世界各国无法比拟的，同时，中国的天使基金等资本优势明显，我们完全可以配合及扶持获奖者将创新落实到产品。”这个理念打动了联合国，可以说是一个双赢的局面。

国内首个乐高主题乐园也被王军团队签约引入了北京青龙湖。

向文旅发起新挑战

难能可贵的是，王军还在不断向人生发出挑战。如今，他的聚焦点在文旅地产。

王军介绍，早在 20 年前，伟光汇通已经开始尝试文旅特色小镇的开发，已探索出一条以文旅产业驱动新型城镇化的可持续发展之路，在国内的文旅领域企业中走在前列。

伟光汇通每做一个项目之前，都要深入了解当地的人文、历史、习俗、生活方式，每个文旅小镇的建筑也都汲取当地建筑的精髓，在这个研究过程中提炼升华，找到现代人群最感兴趣的文化特质，为游客营造富于独特人文价值的魅力空间，为城市嵌入更多历史文化记忆，为历史呈现更多独具特色的城市，传承当地历史文脉，让城市更本土，更具中国特色。

对于文旅的未来，王军认为，这片新蓝海刚刚出现，这个领域也才刚刚起步，“至少还可以做 20 年，可以干到我退休喽！”

毛大庆

中经联盟第5任轮值主席、优客工场、共享际创始人兼董事长

一拳打破人生天花板

作者：中经联盟特约记者　王若君

“爱好马拉松运动，截至2018年9月，已经完成全程马拉松88个。”

在毛大庆的个人微信公众号的末尾，他这样介绍自己，并且，他还持续刷新着“全程马拉松”的完成次数。

毛大庆今年49岁了，他身形矫健，语速飞快，思维敏捷，与部分同龄人“中年油腻大叔”的形象相去甚远。

从被迫走上跑道到完成人生第88个全程马拉松，毛大庆有哪些鲜为人知的故事？从凯德到万科，再到创办优客工场，“从0到1”不断披荆斩棘的毛大庆，又是如何步步打破人生天花板？

“人生是一场马拉松”

2017年12月，在某场脱口秀的舞台上，毛大庆第一次面对镜头，述说自己用奔跑对抗抑郁症的过往和感悟，演讲的主题是《人生是一场马拉松》。

2013年，毛大庆被确诊为中度抑郁症患者。医生一口气开了6种药，并嘱咐，吃到好的时候可以停一停，如有反复，要吃更多。面对这些从未见过、潜藏着可怕副作用的药物，他陷入了前所未有的巨大恐慌——“难道43岁开始就要与药物为伴了？”

最终，为了保证睡眠，他只吃了其中一种可以让他睡觉的药。至暗时刻，恰逢万科推进全民体育运动。在运动教练的催促下，一开始，他是被迫走上跑道的，800米、1千米、2千米……5千米。

“完成5千米的那天晚上，回到家里就像过年，感觉人生突然进入了一个新的状态和境界”毛大庆说。

就这样从5千米、10千米到21千米的半程马拉松，毛大庆用奔跑对抗着抑郁症，不断寻找新的突破。在参加跑步训练半年后，他偷偷报名了一个香港的半程马拉松，没有事先告知任何人，地点也选在了香港——对于第一次参加半程马拉松活动，他内心既期待又有一丝隐忧。

事实证明，他的担忧是多余的。在这次马拉松的后半程，身边跑着一个长须飘飘的跑者，那是来自印度的辛格，当时世界上年龄最高的马拉松跑者，已经 104 岁了。在震撼和钦佩之余，毛大庆完成了人生中的第一个半马。

逐渐走上长跑之路后，即使在北京零下 16 度的清晨，毛大庆也会坚持每个周末去奥林匹克森林公园“刷圈”。“凌晨 4 点多，在漫布星星的寂静寒冬里，享受着听自己的心跳，第一次感觉自律的美妙。”毛大庆如此描述冬日里跑步的美妙体验。

2015 年，毛大庆带着 13 岁的女儿去北极打卡马拉松，“在那样艰苦、能感受死亡危险的环境里，她一往无前地在前面奔跑，我很骄傲，也很激动。”在毛大庆看来，人，就是要敢于在粗糙的环境中打磨自己，不然很难适应飞速变革的时代。

2016 年，毛大庆给自己设立了完成人生第 50 场马拉松的小目标。意外比明天先来，在一次滑雪过程中，他从雪道上翻了下来，膝关节的四组韧带有两组严重撕裂，右腿多处肌肉萎缩。

抑郁症的所有症状也滚滚而来，这次，医生给他开了 8 种药。于他而言，这可谓是变本加厉的双重打击。

这一次，他同样没有向疾病低头。静养 40 多天后，就开始忍着疼痛，尝试快走、小跑，并每天坚持在游泳池里快走 2 小时。

还能重新走上跑道吗？毛大庆又偷偷报了一个远在首尔的全程马拉松比赛，42.195 千米，用时 5 小时 18 分钟。

“这是我跑得最烂的一次，却是我人生里跑得最好的一次步，是我真正意义上的首马。”毛大庆说。一位同行跑者的另一种说法或许更为贴切——“你这是一拳打破人生天花板”。

敢于“从 0 到 1”的过程主义者

毛大庆一拳打破的不仅是体能上的天花板，更是那个心存畏惧的自己，地产职业经理人、马拉松爱好者、创新驱动者……毛大庆总是在尝试各种可能。

他形容自己是纯粹的过程主义者，不为自己设定宏大的目标。没有经历过的事会想去经历，一旦确认要做一件事，就会“卯死了干，起码让我自己能接受”。

事实的确如此，如果把时间线拉得更长一些：

毛大庆 1995 年进入凯德，从无到有参与创办了北京凯德置地；

2009 年加入万科，将北京万科从年销售额 40 亿做到 200 亿；

2015 年创办优客工场，3 年融资 12 轮，目前估值已超 18 亿美元。

2002 年，33 岁的毛大庆带着 3000 美元现金，从上海空降到北京，在王府井附近一个宾馆的地下室里，作为首席代表开始筹办凯德置地在北京的第一个办事处。作为第一个员工，一切从零开始，从注册外商投资企业代表处、银行开户、外汇的结汇、设立一家公司，一个一个把员工招进来组成项目班子。

2009年，毛大庆离开工作了14年的凯德，加入万科。毛大庆的加盟6年间，北京万科顺利进入三环、商业地产项目交出不错的成绩单、年销售额也实现了从40亿到200亿的飞跃。

“如果没有万科6年的冒险，至今还在凯德置地，人生会失去很多色彩，怎么建新城？怎么建四中？怎么能和王石一起工作？ 在万科最好的时候，突然放弃副总裁的职位，又去创业了，冒多大风险？太多人劝我不要做。但我没有动摇过。”

创办优客工场的时候，毛大庆46岁，已近半百天命之年。为什么中年创业？

在毛大庆看来，辞职创业，心态完全归零，是一场从0到1的美妙过程。

多年的地产职业经理人生涯，让他更早嗅到了机会的味道。这个社会越来越多元化，年轻人对于消费的体验的要求越来越不一样，这要求着房地产的产品能够承载多元化的丰富多彩的、新兴的年轻人他们要的东西，符合他们未来社交、工作、学习的东西。

毛大庆认为在消费升级的背景下，肯定孵化出一批在内容创新，运营创新，特别是我们说在社交、交流这些方面，互动式这样的创新领域，就会出现一帮人，这就变成了一种新兴的房地产的一个表达，具体体现为“联合办公”等形式。

下一个十年，毛大庆对自己有着这样的期待？

“即使你一手创办的品牌取得了巨大的商业成功，即使你跑过了全世界几百个马拉松……那些只是结果罢了，结果一出，一切转瞬，即刻归零。”在《写给未来的自己》中，毛大庆写道。

“因为上天的眷顾，你还健康地活着。而因此，活着，你就必须绽放。”

陈 顺

中经联盟第4任轮值主席、润物控股有限公司董事长

平静如水 厚重如山

作者：中经联盟特约记者 袁秀丽

在见到陈顺之前，就对他在2008年奥运会担任火炬传递手时拍的照片印象深刻，当时他任中体产业集团股份有限公司副总裁。至今，在他微博、朋友圈里的头像仍是这张照片。

在陈顺自豪地手持火炬背后，则是“平静如水，厚重如山”，这也是很多人对陈顺的评价。

陈顺是曾经的地产人，虽然已不再从事房地产行业，但仍是地产圈内的人，在这里多年积淀的情谊，让他离不开这个圈子。但是，这些年一直未变的是，陈顺对于体育的热爱。在他的朋友圈里，有关体育的内容占到绝对优势，所以总会令人恍惚地认为，这是一个体育界的朋友。

“有事找陈顺儿”

陈顺“为人儒雅、谦和、真诚、大气、豪爽、追求完美，总在用德影响着周围的人，也总能用通俗的话语让人明白深刻的道理。”“润物细无声”的顺哥永远是那个默默助人为乐的好大哥。“圈内很多人都知道‘有事找陈顺儿’，他的乐于助人不仅帮助了他人，也感染了周围的很多朋友。”全联房地产商会创会会长聂梅生一语道破了陈顺的为人。

原万年基业建设投资有限公司总经理黄玺庆2008年在其博客里讲了一件陈顺帮助他的事并且说：“陈顺在如此繁忙的工作中，还能把朋友的一件小事情挂在心上，如果没有一点儿发自本质的善良东西做支撑，是不可能做到的。”

靠谱的顺总

“有事找陈顺”已然为他默默贴上了“好大哥”“好兄弟”“好朋友”“好同学”的标签，然而我们知道这个“好人陈顺”不只是单单的“好”，而是一种靠谱。无论是之前的中体公司还是现在的润物控股，又或是在中经联盟，只要你问一下顺总怎么样，所有人都会伸出一个大拇指，然后说道：“顺总靠谱！”确实，一个领导不一定需要一个好人来做，但必须是一个靠谱的人来做。他能急员工之所急，想员工之所想；他能在你百愁莫展之时给你指点一二，他能在你困难重重之际给

你家人般的关怀；这就是靠谱的顺总。

有一个名词叫作“闭环思路”，而它的含义正好可以被“靠谱的顺总”解释得淋漓尽致。

真诚的陈顺

陈顺很愿意交朋友，他的朋友越来越多，手机上通讯录联系人有2400人。他说：“朋友多，快乐多”。他对朋友都很真诚，和朋友一起吃饭，总是不声不响地去买单。前几年有人和他开玩笑，随意抽查了几个人，他都能大概说出电话号码。

真诚必须有一颗诚心，用诚心对待每一个交往的人。你有难处时，陈顺总能及时替你分担；你有痛苦时，陈顺也能同你沟通交心，同感你的痛苦。今年三月，一个同学得了绝症，陈顺跑前跑后，为其联系医院、找专家，把同学的事儿当成了自己的事儿，每日惦记着、着急着。这就是真诚的陈顺，一个交心的陈顺。

9月23日，陈顺刚刚过完55岁生日，他生在天秤座的第一天，兼顾处女座追求完美的性格和天秤座追求平衡的性格。

在陈顺身上，“热情、正直、义气”这样的标签始终相伴。而他自己的信条也是：以德为邻，以邻为荣。

忠诚的陈顺

陈顺是一个有着三十三年党龄的老党员，作为丰台区两届政协委员，不断地为党为国家效忠。说到这点，陈顺脸上充满了自豪的神情，可以想象他是一个多么热爱自己的党，多么热爱自己国家的人。

无论是当年在北京市人事局，还是在中体产业、润物控股，在每一个岗位上，陈顺都兢兢业业，忠诚于单位赋予他的每份责任，忠诚于单位赋予他的每份权力。

“体育让城市更健康”

陈顺是个老北京人，他在朋友圈里晒出的，不是炸酱面，就是包子、炒肝；不是新街口、鼓楼，就是一条条胡同，但是更多还是体育行业内的新闻，所以总会令人恍惚地认为，这是一个体育界的朋友。

“北京第29届奥运会闭幕，距今天十年啊！”2018年8月24日，陈顺在朋友圈里这样写道。2008年奥运会一直令陈顺难忘，当年陈顺担任火炬传递手。他很庆幸自己当时的号码是66号，正迎合了他名字中的“顺”字。

陈顺说：“当时是在西安传递，只跑了38米，原来说是200米，但为了让更多的人参与，缩短了距离。”

当年，陈顺作为火炬传递手在接受媒体采访时表示："每一位火炬手都把参与火炬传递的活动看成是一件既非常神圣又很荣耀的事情。所有传递火炬者心中都有八个字：点燃激情，传递梦想。"

时至今天，陈顺仍记着2008年奥运会的每一个纪念日。

南非前总统纳尔逊·曼德拉曾说过："体育有改变世界的力量。它能鼓舞人心。它能团结人们，它的力量无可取代。"陈顺非常赞同这一观点，他认为体育很神奇，体育崇尚健康快乐的生活，体育可以让城市更健康。

体育运动也是陈顺生活中最大的爱好。多年来，他一直坚持打羽毛球。他更庆幸自己15年的工作经历一直与体育"沾边"，也就是在国家体育总局控股的上市公司做副总裁，"这是一件令我快乐的事"，他说。

1997年，在北京市政府机关工作了十年的陈顺，进入中体产业股份有限公司筹备组参与公司上市工作，随后作为总经理助理一直负责公司的人事工作，2000年，陈顺正式转战房地产行业，出任北京奥林匹克置业投资有限公司副总经理，2005年，出任北京中体奥林匹克花园总经理。2006年3月被聘任为中体产业集团股份有限公司副总裁。

"聚好人、走正道，做好事"

2012年11月8日，陈顺离开中体，离开了房地产行业。他清楚地记得这一天。在从事房地产行业的十几年间，他凭借卓越的领导力和严谨务实的工作作风，多次获得中国房地产年度贡献人物、北京楼市十大影响力人物、最具有推动力创新人物等多项荣誉称号。

陈顺说在房地产行业工作是件有趣的事，看着业主一家家温馨的生活，很有成就感。

"楼品如人品，一个楼盘的品质在很大程度上取决于这个楼盘开发商和操盘手的品行，好人品才有好楼品。"陈顺曾这样表示。早在2002年陈顺总裁就率先提出了责任地产的开发理念，一直在倡导：地产开发，责在利先。

为了不辜负这份责任，陈顺则以勤奋报之。几乎每个周六、周日，他不是在售楼处，就是在售楼处的路上，不仅关注自己开发的项目，更是积极关注市场新盘，学习新产品、新理念、新营销……因为勤奋，他对当年楼市的每个新盘，都能说得头头是道。

如今，虽然离开房地产行业，但通过中经联盟，陈顺仍和房地产行业紧密相连。

作为中经联盟的创始人之一，陈顺曾任第四任轮值主席。他认为中经联盟这十年是非常辉煌的十年，正赶上房地产及经济快速发展的时候。业内给予中经联盟很高的评价，认为其是一个"聚好人、走正道，做好事"的组织。

陈顺认为，未来的中经联盟一定越来越好，不仅是成员数量上巩固，更是从量到质，为成员提供更多信息帮助，得到社会认可、业内尊重、成员更有归属感。

张春华

中经联盟第3任轮值主席、柒壹资本创始合伙人兼董事长

那个永远热情洋溢的白衣少年郎

作者：中经联盟特约记者　陈晨

“我是白羊座，俗称傻白甜。”伴随着爽朗的笑声，这个穿着白衬衣牛仔裤、留着利落发型、戴着斯文眼镜、头发些许灰白的儒雅男人，突然迸发出这个年龄段少有的少年气，让我们暂时忘记了他是一个纵横投资“战场”数十年的企业董事长，更像是见到了一位坦荡热情、温暖备至的好友，莫名多了几分亲近感。这是在柒壹资本南通办公室与中经联盟第三任轮值主席张春华的初次见面。

1971年，张春华出生于江苏省南通市。柒壹资本回到南通设立公司，一方面是遵循了企业区域聚焦长三角城市群的战略规划，另一方面，更是源于张春华的家乡情怀。

“过段时间，我的中学母校栟茶中学要举办90周年校庆了。”张春华说起这件事情，脸上浮现出喜悦和自豪的神情：“校领导和老师们也邀请我回去看看。”作为一个长期征战沙场的投资界将军，平日里他背负着太多的责任与压力，而回到故土的他，似乎脱下了战场上的那身铠甲，几许柔情裹挟在返乡发展事业的坚定里，宛如多年前的那个翩翩少年。

2001年底，张春华迎来了自己事业上的第一个转折点——被复星集团委派北上，开拓集团在北方区域的事业版图。那时候，刚刚而立之年的张春华对于整个地产圈来说还稍显稚嫩，开拓之路更是充满了未知的困难，但当他再次回忆起那段经历，他笑着说，“人生没有回头路，既然跨出了这一步，也就没有后退的理由了。”

从上海调派到北京，张春华首先要适应的是海派文化与北方文化的差异。同时，对他来说，急需攻克的一个难点，就是如何在当时体制尚未规范的市场环境中完成使命，为复星谋得北方市场的发展空间。北上的十多年中，张春华遇到了形形色色的人，他学会了分辨那些所谓机会的真伪，学会了对城市群、经济周期等方面的专业分析，终于在“野蛮生长”的市场中，为集团抓住了机遇、带来高额投资收益。

在复星任职时，当时集团“双轮驱动”的多元化发展方向，让张春华在专注地产行业的同时，也接触到了很多其他行业，探索出不少非地产投资的逻辑，逐步形成自己的投资风格和投资体系。这些宝贵的积累对他后来创办柒壹资本起到了重要的助推作用。离开复星集团之后的张春华，创立了柒壹资本，开始涉足更广泛领域的投资，作出了跨界的尝试。面对一个未知的新世界，

他依然是那个有着十二分热情的白羊座。

张春华说，无论是在复星打拼的十四年，还是如今创立柒壹资本，他一直都在做一个开创者。对于复星而言，他为集团开拓了北方市场，完成了集团北上的战略布局；对于柒壹资本而言，他担任着创始人的角色，带领着团队从无到有，从有到强，逐步成长为中国领先的产业生态投资管理及创新地产投资集团。

说起柒壹资本这个名字的由来，张春华打趣道，“因为团队中好几个伙伴都是1971年出生，于是我们就起了这么个简单粗暴的名字。”名字起因尽管简单，但我们不难看出，这几位70后合伙人已经将个人和这份事业融为一体。就像在我们问到张春华个人爱好时，他说，“我最大的兴趣爱好就是工作”。

目前，柒壹资本的核心业务包括产业投资及创新地产投资，产业投资重点关注消费升级、医疗健康、科技创新、装备制造、节能环保、文化创意等领域的投资机会；创新地产投资按照“区域聚焦、产业聚焦、伙伴聚焦”的投资原则，重点布局长三角及京津冀城市群，打造科创综合体、商业综合体、田园综合体及体育综合体四大类别产品。这几年，行业内有名的链家集团、安馨养老等都是柒壹资本成功的投资案例。张春华说，几年前市场上有个概念，叫作“独角兽”企业，指的是估值在10亿美元以上、创办时间相对较短的成长型公司。由于这些企业的内在发展潜力巨大，又能够对城市经济发展升级起到重要作用，于是这些企业便成为投资界关注的焦点。链家集团和安馨养老就是这一类非常有前景的公司。张春华希望通过柒壹资本的投资，帮助这些企业更快发展，同时也让柒壹资本与被投企业一起成长。安馨养老致力于成为中国适老化改造的领导者，通过对居家环境的改造及辅助器具的安装，能够预防和减少老年人居家养老过程中遇到的一系列问题，例如造成老年人意外死亡的最大因素——摔倒。对于人口老龄化严重的中国而言，这样的投资不仅具有经济效益，更具有重大的社会效益。张春华认为，将公益与投资结合，会具有更长远的价值和意义，这也是柒壹资本一直秉持的理念。在这一方面，张春华一直在思考，针对2015年中央城市工作会议提出的“加快推进老旧小区改造”及《中共中央国务院关于进一步加强城市规划建设管理工作的若干意见》“实施城市修补和有机更新”的要求，他做了大量行之有效的工作，例如在各级政府的支持下，给老旧小区加装电梯，解救“高空囚徒”，给老年人的晚年生活提供多一点便利。这些案例，都是柒壹资本身体力行公益事业、践行社会责任的印证。

谈到现在中国投资经济的大环境，张春华如数家珍。他认为，目前经济正处在转型升级的阶段，大家关注的地产行业也正在进入所谓的“下半场”，所以经济的发展应该更加侧重于高质量层面，从原来的追求数量转变为现在的追求质量。聚焦城市产业升级，聚焦科技创新，这是中央所关注的发展方向，也是企业应该及时作出的战略调整。柒壹资本在这方面，可以说是行业的先行者，“区域聚焦、产业聚焦、伙伴聚焦”的投资原则，有的放矢，抓住经济市场调整深化带来的新契机，实现柒壹资本“焕新城市梦想”的企业愿景。

作为投资界名副其实的“常胜将军”，在面对无数涌入的后辈人才时，张春华语重心长地说了六个字——切莫急功近利。张春华发现，现在很多年轻创业者的创业方向，仍然只流于经济形式、商业模式上的创新，没有达到科技创新这样的更高层级。随着经济环境的不断发展完善，很多行业的市场规则在进一步规范化，环保督察、去杠杆、社保和税收方面的改革、中美贸易战等，导致很多中小企业的生存环境日益艰难，年轻的创业者们要如何坚守、带领企业存活发展，是对新一代年轻人最大的考验。环境已然如此，年轻创业者们唯有稳扎稳打，踏实前行才是最好的出路，切不可产生走捷径的念头。

未来之所以迷人，是因为它包含了太多的未知，对未来保持热情，才能创造出更多的可能。张春华，一个无惧跨界、勇于创新的人，一个对未来充满十二分热情的人，一定能为中国的投资市场带来更多的精彩。

陈　梁

中经联盟第1任轮值主席、中投合伙资本董事长

和他的“资本朋友圈”

作者：中经联盟特约记者　林振兴

白衬衫、深色西装，干练的装束凸显出陈梁沉稳的气质。从创立中投合众资本起，他离资本圈越来越近，却未曾与地产圈疏远，依然是朋友眼中最为仗义的中经联盟首任轮值主席。

大学期间，陈梁主修的专业是艺术设计和企业管理，却对金融格外感兴趣。毕业后，他顺理成章进入到国内一家大型的贸易公司。一个很偶然的机会，他进入到商业地产领域，担任副总裁。

2003年，他操盘国内最大的一个商业地产综合体，约70万平方米，主要负责开业前的商业规划、招商营销和开业以后的商业运营、物业管理等领导工作。招商之初，为了说服客户成为入驻商家，接受商场定位的经营理念，陈梁带着团队到国内外的上千家企业进行洽谈。那些年，他平均每年都要飞一百来次，平均两三天换一个城市，成为众多航空公司的钻石会员。

此后，陈梁又从商业地产板块转向了住宅地产领域，先后在中弘地产和华业地产任职，具体负责房地产营销策划管理工作。进入地产行业多年，陈梁坦言最为自豪的是2005年获得中国百名最优秀房地产经理人的荣誉。

而此时，地产行业正在蜕变，房地产企业“金融化”的趋势愈加明显，已成为不可违逆的大势。陈梁显然在2008年就嗅到地产金融化的气息，他曾未雨绸缪提出行业未来会走向资本化的论断。

忧患意识，风向的把握，冒险而又要可控的性格，这些因素的多重叠加是促使陈梁能急流勇退的因素。但不惑之年的临近也是他急于想改变的动力，陈梁感受到强烈的中年危机，四十不惑方知惑，他开始深刻思考四十岁后的人生。

顺应时势，在具备一定市场成熟的条件下，他创立了中投合众资本，开始专注于投资具备可以快速成长为行业独角兽类型创业公司的早中期股权。

创业伊始，陈梁压力倍增，经常整宿都难以入眠，公司如何生存成为他最大的挑战。“人前荣光，人后落泪”的感悟只有创业者才能感同身受，但他自始至终都未曾后悔过。

与传统房地产金融主要服务于住宅开发及自持型物业运营不同，目前房地产金融服务开始广泛渗透于长短租公寓、共享办公、养老地产、特色小镇等新型地产业务中。

陈梁笃定未来房地产的主战场是在城市更新和存量资产盘活方面。2015年以来，他连续投资了毛大庆创办的优客工场和共享际的天使轮，并领投了优客工场的A轮和A+轮融资。为更好地了解优客工场的商业逻辑，他连续几个月，每天都和毛大庆保持微信或电话沟通。

翻看陈梁的朋友圈，出现次数最为频繁的就是“优客工场”，作为优客工场、共享际的主要投资人，他也是毛大庆的挚友。正如毛大庆所言，“我们从一生的哥们到一生的合作伙伴，关系得到了升华。”

2018年10月17日，优客工场与方糖小镇就并购事宜签署了相应协议，优客工场将按约定逐步完成对方糖小镇北京、上海26个共享办公空间的全面合并。随着方糖小镇的加入，优客工场将成为国内共享办公领域的超级IP。

“眼光准、动作快、出价高、看中一个好项目会投出大额重注”，是陈梁最大的特质。他有自己独到的生意经，遵循四个铁律，一看模式创新性投入，二看市场想象空间，三看团队构成，四看资本市场对项目的评价。

他还有一个稍带“个人情绪”的投资理念——不懂不投，不熟不投。陈梁在“懂”和“熟”这两个度上把控得炉火纯青，更加坚定他对投资项目的理解。

在中经联盟8周年年会的舞台上，陈梁宣布投资陈云峰的优铺网。他至今还能回忆起第一次跟陈见面是在新华社主办的一个房地产高峰论坛上，当时他俩都是与会的主要嘉宾。

从投资毛大庆创立优客工场和共享际，到投资陈云峰创立优铺，陈梁再次验证了两件事：一、高管创业更靠谱；二、中经联盟是地产高管创业的互助平台。

从房地产转型到金融业，陈梁已成为有多个成功投资项目的职业投资人，他坦言，“投资的这几家公司，少的现在也有几倍的浮盈，多的有上百倍，还没有一家公司在我面前消失。”近几年，他还玩起了跨界，投资黄渤、小沈阳、宋佳等主演的多部电影电视剧。

陈梁对电影有特殊情怀。早在20世纪80年代中期，国内刚上映李连杰主演的《少林寺》，他就接连看了七遍。他对国外的电影也颇有研究，梅尔吉布森主演的《勇敢的心》是他最为喜爱的佳作。

现在，他刻意减少飞行的次数，每天坚持傍晚在朝阳公园慢跑5-10千米，更多时间是陪伴家人看场电影。他毫不夸张地说，“整个朝阳区最优质的六七家电影院，我都有会员卡，大概一周能看两三部电影。”

他被业界众多好朋友誉为“房地产行业走出来的最成功投资人”。当然，陈梁还有一个最为特殊的身份，就是中经联盟首任轮值主席。正是因为他一身义气，好交好为，做事雷厉风行，也甘愿做贡献。2008年，他被推选成为首任轮值主席。

陈梁以“星星之火，可以燎原”之志，带领中经联盟在成立之初走上新高度，打造了四大平台：人才平台，集聚行业里最优秀的人；资本平台，为会员单位提供金融资本投资方面的服务；舆论平台，引导正确的行业言论导向；健康平台，关注地产人的身体状况。

一晃10年过去了，中经联盟从最初的创始人25人、务理事78人，发展到现在的3000多人，下设 28 个专业委员会和俱乐部，囊括了中国房地产领域 TOP200 房企的近 70% 从业者。走正道、聚好人、做好事一直是业内对中经联盟的评价。作为一个非盈利性组织，它以开发商为主体，定位是专业团体、学习园地、交流平台、友情家园、人才宝库。

作为元老级人物，在中经联盟十周年之际，陈梁面对镜头，把对中经联盟最深的祝福融为一句话，“祝行业和中经联盟未来走好每一步，越来越好！”

陈云峰

中经联盟秘书长、优铺董事长

打造中国商业地产互联网平台

作者:中经联盟特约记者　林振兴

还有不到百天,中经联盟十周年庆典就要在中国大饭店如期举行。

这三个月来,陈云峰在他创立的优铺网业务快速增长的同时,开始紧锣密鼓筹备中经联盟年会,仅有一个周末在家陪孩子。采访当天,他正在公司敲定毛大庆和任志强的档期,“庆庆哥”和“地产界大炮”的同场碰撞,足以给人留下无尽的想象空间。满负荷的工作让他脸上稍显疲惫,但在访谈过程中他一如往常那般平和谦逊、笑容可掬。

从京城地产的顶级操盘手,到中经联盟的秘书长,再到优铺网的创始人,是身份的华丽蜕变,也是职场生涯的完美升华。无论身份如何切换,不变的是陈云峰性格使然的江湖义气。

(一)京城地产操盘手的诞生

陈云峰的职业生涯充满了传奇色彩,他在任国美电器肱骨大臣时期就创下赫赫战功。1999年,他进入只有北京4家小门店的个体户“国美电器”,参与并见证了国美从仅有的几千万营业额到1600亿资产的过程, 5年走过天津、上海、北京、香港、邢台5座城市,又五年操盘国美旗下所有房地产项目,被黄光裕亲自称赞“很懂营销”,成为国美5虎上将之一。

2004年底,黄光裕委托给他一个重任,分管国美的房地产板块。在当年国家宏观调控、行业一片“萎缩”的状况下,国美从电器行业初涉地产行业时,外界的目光以质疑居多。作为门外汉的他,经过半年的磨砺,从前期手续到工程建设、招标设计、尾声的物业运营与移交,一步步重新开始学习。

在业界,一直流传着陈云峰“像卖家电一样卖房子”的故事,始于2005年。他入行的第一个项目——国美第一城,位于东四环周边的荒凉郊区,是一个传统的库房区,考察项目时往往经历“晴天一身土,雨天一身泥”。

在这样的条件下,陈云峰打造120余人营销团队,把零售行业的经营机制带进房地产开发,以低价微利的营销策略满足大众消费需求,亲自操盘100万平方米的国美第一城,创下了10个月销售31亿元的营销记录,一举夺得了2005年京城单盘项目的销售冠军。他本人也完成了从

“家电营销”到“地产营销”的完美转身。

紧接着，陈云峰又开始挑战“明天第一城”，仅三个月时间连开三期，共销售了2500多套，实现回款9亿多元，再现了国美第一城的销售奇迹，这也让他赢得了“北京业内的顶级操盘手”的美誉，谈及这些，他总结了房地产行业三个最重要的特点，“政策性，一个房地产项目要盖154个公章，得到批准才能进入施工和销售状态；市场性，需要合理定价和确定户型；专业性，有各种专业术语和业务流程。”

2009年，他含泪告别了“多事之秋”的黄光裕控股的鹏润房地产，主持上市公司华业地产（600240）全国的营销与前期土地储备和手续。次年，他潜心于城市综合体的投资与开发，在北京、深圳、长春、大连等地操盘多个50万平方米以上的大型项目，战绩斐然。

通州的新北京中心是在他印象中最具挑战的项目，300米的超高层双地铁项目，占地5万平方米，涵盖甲A级的写字楼。为了掌握超高层业态的布局，了解不同群体的工作生活需求，他考察了北京银泰、上海嘉里中心和台湾101大厦。

值得一提的是：凭着对政策敏锐的嗅觉，他充分理解公司战略发展意图，2009年亲自出手拿地，101万平方米的华业新北京中心项目大放异彩，为上市公司赢得了10年的稳定投资回报，这个项目从1万元起步，到今天突破7万元单价，充分享受了通州作为北京城市副中心的政策红利。

陈云峰一次次地“跨越”，从零售业到地产业、从住宅到商业地产、从传统的协议出让到土地一级开发整理、从简单的商铺销售到复杂的城市综合体开发。他丰富的实践经验、敏锐的市场嗅觉，负责任的言行，使其成为地产行业名副其实的“专家级”人物。

（二）优铺的使命与裂变

2015年初，在互联网创业的风口下，受到好友毛大庆的启发，陈云峰毅然辞去华业地产副总裁的职位，加入到高管离职创业的浪潮中，创立了中国首席商业地产租售O2O平台——优铺网。

在他看来，“互联网其实是一股科技力量，如何效率提高、降低费用，这正是商业地产行业的痛点，优铺网80个包括技术人员在内的员工，就可以做全国商铺的生意，好似百合网的红娘匹配，线上获得房源和客源，为线下精准匹配房源或客源，整合全国商铺和品牌资源。”

从创业起，陈云峰愈发忙碌，他开始学习互联网最新知识，甚至找IOS、PHP、JAWA工程师熟悉APP的软件开发技术，然后学以致用，用他自己的话说，自己既是老板又是公司的大业务员。

他虽然了解商业地产的规则和玩法，清楚商业地产在产业链上的痛点，但如何互联网化，使得优铺网的成立顺应时代需求，却是个大难题。虽然，公司的成功也离不开他个人的魅力，尽管占尽一切天时地利人和，但他最不愿意让朋友们感觉到他干事业凭的是人脉，“我们是家技术公司”，陈云峰总是这样说。创新而且务实，既仰望星空，又脚踏实地，优铺网能够受到资本追捧也就不足为奇。

（三）地产经理人的精神“圈子”

翻开陈云峰的博客能看到他在2008年底的一篇文章，正文第一句就是“这是一个圈子的时代！”

如果把房地产比作一个江湖圈，那么陈云峰一定是地产江湖中的带头大哥，尽管他从不称自己为“武林盟主”。地产圈十六年摸爬滚打，他古道热肠、义气过人的性格让人印象深刻。说话做事不拖泥带水，路见不平，定会出言相助，人们习惯亲切地喊他“靠谱大哥”。

大哥不好当，但他还是扛起了这面旗子。2008年底，亚洲金融危机爆发，房地产市场迅速冷冻下来，中国房地产经理人联盟就在这样的背景下诞生。同年11月8日，25位创始人和78个房地产职业经理人在北京凤凰岭山庄，拉起横幅成立中经联盟，陈云峰任秘书长。时任万科董事长的王石在去美国游学前，特意赶来参加了成立仪式。

2018年，对于以中经联盟为代表的这一批大多进入不惑之年的中国房地产经理人来说，是不同寻常的一年。这些人从业20年左右，从各自不同的专业领域踏入了房地产行业，经历地产黄金时期，赶上如火如荼的建设时期，见证后改革时代中国城市变迁。

一晃10年过去了，中经联盟从最初的创始人25名，常务理事78人，发展到现在的3000多人，下设28个专业委员会和俱乐部，囊括了中国房地产领域TOP200房企的近70%从业者。走正道、聚好人、做好事一直是业内对中经联盟的评价。作为一个非盈利性组织，它以开发商为主体，定位是专业团体、学习园地、交流平台、友情家园、人才宝库。

毛大庆、宋垚、王军、高一轩、刘肖、孔鹏等业内知名经理人都先后成为中经联盟的轮值主席，他们一起书写属于中国房地产经理人的江湖赞歌。什么是江湖？人心就是江湖，得道多助，失道寡助。良好的定位、互助的德行、实在的活动，让每个成员感受到联盟就是家，有困难时不再无助。陈云峰感叹，“中经联盟团结了一批人，这些人之间是朋友，不再是赤裸裸的甲方乙方关系。”

首创集团原董事长刘晓光生前曾说：“我会将阿拉善写在我的墓志铭上。”陈云峰亦如此，虽然他拥有“国美电器元老”“京城地产顶级操盘手”“中经联盟创始人”“政协委员”等多重身份。但他开玩笑说会跟女儿儿子交代，“墓碑上不用写任何职务，但要把中经联盟前任秘书长刻在上面。”

一个人能够把自己创立的组织的名字刻在墓碑上，那一定是件很伟大的事情。

江　曼

中经联盟执行主席、九源基石旅游投资公司副董事长

不追求当操盘手的设计师不是好创业者

作者：中经联盟特约记者　王秀娟

作为中经联盟的创始人之一，江曼是六〇生人，她深耕房地产行业30余年，大家都习惯地称她“曼姐”。

曼姐从摄影棚走出来，连声抱歉道让我久候了，真诚的笑容溢满了脸颊和双眼，让人异常想亲近。刚拍完照的曼姐淡扫蛾眉，身着一身黑色轻礼服，显得格外神清气爽。这种毫无距离的亲切感，很难让人与一位手握重资、在房地产界叱咤风云的女性创业者联系起来。

也许，像这个年纪的人，风风雨雨都经历过了，身上剩下的都是宁静与淡泊，自然看不出焦躁和浮华。

白云苍狗，岁月如梭，十年光景恍恍一过，便已定格。

2018年是中经联盟成立10周年的节点。作为创始人之一，回顾过去十年在中经联盟的日子，曼姐由衷感叹，没有中经联盟的伙伴们，她可能还是一个专注于空间设计的设计师；展望未来十年，她更期待数字化给空间带来的未知变化，渴望的是在高科技技术支撑下，寻找一份从容和质朴，在最为浮华的房地产圈找田园乡梦。

十年筑梦

十年，能让一个人改变很多。

人们总是高估一两年对人的改变，而低估十年带给人的蜕变。

江曼犹记得，十年前，在2008年11月8日那天，中经联盟在北京凤凰岭正式拉开序幕。当时，中经联盟只有20多位业内人士组成，而十年后的今天，它已经成长为有3000多名会员的行业组织，引领行业潮流。

十年前的江曼，还是一位建筑设计院的院长，而十年后的今天，她成长为休闲旅居项目的投资人和操盘手。她说，她的成长与中经联盟的成长密不可分。她在中经联盟这个平台上，得到太多的支持与帮助了——小蜜蜂秘书团的小伙伴们不分昼夜辛勤付出；各个俱乐部和专委会的大咖相互赋能，尽心相持；秉持“走正道、聚好人、做好事”的核心价值观，享誉业内。十年间，江曼

由专注房地产行业的技术专家变成大城市周边休闲项目投资人和操盘手，江曼和中经联盟一起成长。

过去的十年，对于中国的房地产市场，可谓“向死而生”。2008 年的金融危机，让当时许多房地产人士对行业基本“掉进冰谷”，2009 年，中国的房地产市场在金融危机下岌岌可危，天量库存让所有房地产人都灰心丧气。江曼对于当时中经联盟组织的“逆势飞扬”活动记忆犹新，“所有的老总和职业经理人都在相互扶持，抱团取暖，希望共渡难关。虽然有了后来的 4 万亿救市，房地产市场回暖，但只有经历过那场危机的人才能体会一个团体的力量。”江曼说。

过去十年，于江曼而言是筑梦的十年，是积蓄能量的十年，“没有过去十年的积累，不可能有今天这么大的转变。”

从年少到归心

十年前的“金融危机”，让江曼看到的并非只有“危”，还有机遇。忆起这场危机，江曼说：“危机导致的国际市场变化，影响了国内的方方面面。作为一个设计师，我完整经历了中国房地产相关制造业的大起大落，不得不反思自己所在的行业到底在经历着什么？”

江曼意识到，过去自己的业务深植于房地产业，虽然也是“设计”，但归根结底只是房地产生产制造流程中的一环，服从于成本和效率，并没有做到为终端客户提供服务设计的真正价值。

“能自由发挥设计才能，通过产品设计让住在里面的人更舒适，更有家园的归属感，从而为投资人带去更好的回报，带来更多人流，租金更高，设计能力也能得到价值变现，这是设计人的梦想。但在实际操作过程中却不是这样——无论房子卖一万还是八万，设计费与房产的价值没有必然关系，更多的价值话语权掌握在土地、金融等环节。

江曼发现，相对于住宅而言，产业地产的策划加设计在整个流程中所占权重更大，这让她试着将设计产品的重心转移向产业地产。

逆增上缘，危中有机。进入 2013 年，江曼凭着个人直觉一脚踏入了“农业综合体”，试着用“城市的玩法”研究乡村。高维打低维，发现了很多新机会，参与做了朱苦拉咖啡、大理、楼纳建筑师公社等项目。

“一般人下到乡村，都会觉得乱哄哄没有秩序，而这正是产品设计师施展身手的好机会。一方面，通过我们的策划、创意、设计，无序的乡村变得有序，乡村的独特价值呈现了出来；另一方面，我们会给乡村做一个系统性的梳理，根据乡村的资产、资源类型分类，构建新型产业，经过归置整理，乡村便有了对接招商、运营价值的可能性……”

在乡村里，江曼重新找回了感觉——好像一下子回到了 1992 年前夕，那时房地产业还不成熟，设计师凭着才华和热情就一定能在其中找到自己的重要席位。时过境迁，江曼相信乡村就是自己新的安身立命之所，踩着乡村的土壤，她的心就会安定下来，洗尽她身上的疲惫与浮躁。她准备潜下心来，深耕广植，在乡间大干一场。

然而，任何的成功都不是一帆风顺的。

一开始，江曼做的几个乡村项目都不太成功。或是因为模式不清晰、政策不及时，或是责权分工不明晰，分不清哪些该由地方政府来做，哪些应该交给市场主导，或是没有做到手比头高，与老百姓接地气地沟通。总之，整个过程困难重重，江曼遭遇了一次转型阵痛。

“你当时有没有过放弃的念头？”我问。

“没有。”她答，“因为那片乡土已经给了我太多，让我的心安顿下来，知道自己在做的这件正确而艰难的事很有价值。”

十年反哺

十年的积累，十年探索，江曼终于找到了自己的心之归属。

在北京市怀柔区琉璃庙镇的白河峡谷，这个名叫“白河湾”的项目，是她近十年间最大的成绩，也见证了她的华丽转身。

2016年，江曼启动“白河湾项目”。彼时，适逢国家提出振兴乡村计划，天时、地利皆备，只欠人和。

人和，还需人来和。兜兜转转三十年，江曼在一次次蜕变中，越来越清楚自己的使命。她的干劲依然很足，但动机不再是个人英雄主义，而是打心底里愿意成就所有人。

心念一动，百鸟朝凤。白河湾项目很快就融到资，执行团队和运营团队也渐渐到位，相对于这么大的项目，人才始终都是稀缺的。江曼希望能把自己手里的资源贡献出来，帮助有志于乡村文旅的创业者，大家一起推动产业进步。也希望大家能把自己的能力和资源对接进来，和她一起完成这个历史使命。

“过去十年，我在别人的帮助下积累了经验，得到了许多同行的支持才有了今天的成绩。未来的十年，我也愿意帮助更多的年轻人，借助更多的新技术和新理念，无论是区块链还是数字化，期待有更多的发展空间。

展望未来十年，无限可能。江曼很希望帮助更多的创业者成为好的数字化空间产品设计师和产品的操盘手。

王　哲

中经联盟监事会主席、国数智业总经理

与中经联盟的不了情

作者：中经联盟特约记者　刘莹

10 年发展，10 年变迁。2018 年是中经联盟成立的 10 周年，也是王哲加入中经联盟的十周年。

作为创始人之一，以及最早加入中经联盟的人，如今的联盟俨然成为他生活中不可分割的一部分。谈及 10 年前参与成立中经联盟的初衷，王哲说，2008 年，国际金融危机严重影响到了国内的地产行业，土拍退地现象频出，开发商资金链吃紧，各种困难之下的房企们需要抱团取暖，这是大趋势之一；而另一方面，行业内志存高远、积极向上的年轻管理者们，也需要一个理想的落脚地，一方面交流思想和对行业未来的判断，优势互补；另一方面积极努力，合作共赢，优秀的人才需要共同成长。

十年三转折

加入中经联盟的十年确实给王哲的生活带来了很多转变。2008 年，王哲辞去天润置地副总裁的职务加盟中体奥林匹克花园管理集团，就是在与时任联盟秘书长陈云峰商议之后决定的，而邀约的橄榄枝同样来自中经联盟。由于经常参与联盟的活动交流，王哲与届时的中体奥林匹克花园管理集团总裁、中经联盟的铁杆成员、也是后来的联盟第四届轮值主席陈顺进一步熟识，并在一些关于行业未来的看法上达成了深度共识，于是在后来中体想要大力拓展新的地产版图时，陈顺便想到了要力邀王哲加盟，第一次转折由此开始。

2013 年，中体产业开启业务转型，而此时在中体历练 5 年的王哲也刚好有了涉猎“地产 + 金融”板块的想法，于是，极好的机会扑面而来，时任新沃资本董事长的朱灿相中了他并再次伸来了邀约的橄榄枝。作为王哲下一个中意的东家，新沃资本集合了金融和传统地产的所有优势，在互联网金融、投资并购、私募股权投资、夹层融资、公募基金等各方面集中发力，同时预备重金布局地产领域，这对于拥有传统地产一线技术、运营、开发、操盘等丰富经验的王哲来说，以执行总裁的身份加入，不仅可以让自己在地产的其他业务板块中依然如鱼得水，同时也可以开辟职业发展上的新思路和新视角，机遇甚佳。

巧合的是，与朱灿的熟识，也缘于中经联盟。彼时的朱灿规划发力地产业务，于是加强了和房地产行业的智囊团中经联盟的联系，经常出席联盟的大小会议，在一次业内的交流论坛上，王哲关于时下地产行业的最新看法和实操建议得到了朱灿的赞赏，于是便有了之后的共事之缘。

在新沃资本的日子，王哲过得充实而欢乐，其精选一、二线城市优质地块定制开发，打造精品项目的地产投资和开发模式让王哲的才能得以尽情施展，而不同于老牌国企的新型管理模式又让王哲体验到了金融创业的挑战和快感，内心扎实方可厚积薄发，他在新沃资本成绩显著。

延迟满足感是踏踏实实做事情的人的共有属性。2017 年，王哲想，在整个房地产的大行业里，自己还尚未涉猎的项目便是产业园了，而彼时，其现任东家北京国家数字出版基地也正在为自己着力发展的产业园项目寻找人才，时任中经联盟工程专委会副主席原小安知晓此事后，特意为双方牵了线，于是，"一拍即合，只一眼，便确认了眼神"，王哲和北京国家数字出版基地的缘分便由此开始。

"十年三换工作，都和中经联盟有关联，她可以说是我的间接伯乐，这就是平台的意义"，王哲说。

"专情"地产

尽管十年间供职的单位屡有改变，但王哲却一直认为自己是个"专情"的人。这个"专情"表现在，纵使 10 多年来的经历起起伏伏、分分合合，但他从未想过要离开中国的房地产业。从初始的工程主管，到后期的开发运营、项目操盘手，再到后来的写字楼业务、商业地产、产业园等，他几乎尝试了关于地产的方方面面，在一个行业里钻精、吃透，这是王哲对于自己的职业规划，也是他职业变迁的路线和依仗，"对于地产，我是'真爱'"王哲说。

然而他的"专情"却又不等于"死板"。年过不惑的王哲仍秉承着最大的热情去接受新鲜的事物，以及新鲜的思维方式带来的改变。不惑的中年男人往往更善于思考，也常会反省自己，前瞻未来，王哲也是如此。"拒绝油腻"是他给自己的标签之一，和谐生活、努力工作、身体健康，是他对自己的要求之二。他说，生活应该放长看，这样理想也才能够更有落地感。

年过不惑的男人外表乐观，内里却更加严肃，心里满是工作，王哲也是如此，在与他的对话中，他总会时不时地聊到自己心心念念的房地产。他说，城镇化在继续、二胎政策渐次放开、新市民的刚性需求和原住民的改善需求持续释放，再加上城市的更新改造、新经济业态的发展等也需要房地产在产业园区地产、物流配送中心、文旅地产以及老年住区等方面继续进行拓展，提供相应的配套和服务，因此我们仍要坚信房地产行业美好的未来。然而这个坚定的地产乐观主义者也并不缺乏理性，他说，大企业通过收购兼并继续壮大，中小企业却因经营不善逐渐走向消失或被优秀的大企业兼并，也将会是不可避免的，市场的良性竞争还将会继续推动地产行业的规范化。

侃侃而谈的王哲身上透露了闪闪发光、积极向上的梦想感。于见惯了现实和人生、满是理性思考和运筹帷幄的中年人而言，梦想感是件很稀缺的事情，它同时也代表了未来和希望。究其缘由，这种充满朝气的梦想感，大概源自其平时的生活习惯，他说："自己的闲暇时间会打打高尔夫，工作之余也更愿意去亲近公司充满着年轻想法的90后们，他们虽然欠缺经验，但也正是由于经验空白、条框略少所爆发出来的不畏错误、敢于挑战的想法和勇气，往往能带来新的惊喜，也总是能让我发现新大陆"。

摩羯座现任国数智业董事总经理王哲（注：国数智业为北京国家数字出版基地控股子公司）并不像星座书上所说的那样低调和内敛，他风趣健谈、喜欢交友，积极向上，翻看他的微博，你会觉得他曾经一定是个不折不扣的文艺青年，那里记录了他在北大读书的日子，记录了他这些年的成长和感悟。他的微博粉丝高达1.9万人，足见作为一个业内人士他的活跃之甚以及影响之甚。他在微博简介里这样写道："投身房地产二十年，无比热爱这个行业，不打算改行了，也因此注定还要被骂二十年！"这似乎也就注定了他在职业发展上的未来。

不了情

时间可以改变很多事情，它可以让一个充满梦想的懵懂少年，转变成一个依旧充满梦想但是更加务实的中年，王哲就正在沿着这样的合理轨迹前行，而且也从未想过要偏离轨道。采访结束，我笑问，"您会不会在未来的某天脱离中经联盟？"王哲说，在我打高尔夫的球友里，大部分都是中经联盟的人，出门工作，接触的还都是中经联盟的人，联盟的8年年会，我都会出席并担当主持人，中经联盟俨然已经渗透了我生活的点点滴滴，与中经联盟的不了情，应该还会继续很长时间。

时间将见证这段情谊的成长！

周毕文

中经联盟监事会常务主席、北京理工大学房地产研究所所长

周毕文的中庸之道

作者:中经联盟特约记者　苗雪艳

中也者,天下之大本也;和也者,天下之达道也。致中和,天地位焉,万物育焉。隐恶扬善,执两用中。 既是不偏不倚、无过无不及的中庸之道,又是杰出的领导艺术。任何问题,周毕文教授都能用“中庸之道”来阐述,颇有一番学者风范。

比如,面对人生,他说,人应该追求事业、生活、健康三样平衡。事业是根本,生活是家庭,健康是自己的。

再比如,面对房地产行业出现的种种问题,他认为任何一个概念都不能极端、无限制地推广,应该是有限度地使用,否则就可能引发系列恶性循环事件的发生。

又比如,他看待房企财报利润率也不偏不倚,“不能只看报表,而要看利润哪儿来的,是创收来的,还是因为其他。比如,2016 年房企什么也没多干,因为房价翻了一倍,且成本还没变,这利润率肯定会高。打个比方,这就是前人栽树后人乘凉的事,前任干了半天没收到表扬,但他干的活两年后发挥作用了,新继任者来了,可能这业绩就都算到后任头上了。所以评价功过是非还要看历史,不能只看当年财务报表。”

其实,之所以周毕文追求“中庸哲学”,与他的经历不无关系。

作为北京理工大学管理与经济学院 MBA 教育中心主任,房地产研究所所长,技术经济与战略管理系研究生导师,他多年来在教授管理学、不动产开发与投资 ,房地产金融、决策学等主要课程的时候,还主要从事房地产开发与投资政策研究,并多次承担省部级课题研究。可以说,周毕文教授是国家宏观政策的重要参与者和见证者。

周毕文说,一个政策的出台关乎的是全国人民的命运,稍有差池,就会带来社会的不稳定因素,如何平衡各方群体的利益,考验的是决策者的智慧。“而作为政策的研究者,我最想研究的还是决策科学如何运用到实践中,让决策少失误。因为决策失误是最大的失误。”

谈改革

“改革开放让房子由公共品回归变成了商品,这是最大的市场经济的变化;土地由公共品变

成了商品，极大地带来了城市的日新月异，也极大地推高了房价；货币金融属性使得房子更具有了投资的价值，但与此同时房子也成了一种很特殊的魔鬼化了的商品。所以，现在要把魔鬼关到笼子里，回到房住不炒。”这是周毕文对于改革开放房地产领域40年的总结。

这几十年，与充分市场化的领域相比，中国房地产在有形之手的推动下的确产生了很大的变化，1998年的房改，2003年的土地变成商品，2008年的4万亿救市，2010年之后接二连三的调控……无不是一只有形的手在推着房地产大步向前走。

不过，如此发展带来的房价、土地等问题也显而易见。对此，周毕文表示，任何一个概念都不能无限制推广，应该是有限度地使用。

他拿银行贷款举例称，以前是超前消费少部分接受，现在所有人（包括政府）都接受超前消费，都想用银行里的钱时，你会发现银行里的钱是不够用的，不够用，国家就会超发货币，这就可能引发金融危机。

“意识到了问题的严重性，政府才开始想办法补救。所以你会看到现在政府也在引导银行里的钱用来发展实业，因为实业发展是可持续的，企业天天生产产生税收，这就是可持续发展。仅仅卖一块地，盖好的房子就挣一次钱。”周毕文说，所以现在地方政府招商，会考虑近期利益和远期利益的平衡问题了，不光看一次性卖地挣多少钱，还要看每年这块土地上产生多少税收。

延展开来，周毕文对调控的看法是：调控只是市场经济一种力量的体现，计划只是在某一阶段、某一时期的一种手段，不要把计划和市场对等看待，市场力量更强，计划有形的手是有限的，不是无限的。

谈房子

对于房价、房地产税等问题，周毕文也表达了他的看法。

对于房价问题，周毕文认为，二手房房价还会再次上涨。原因有二，一是因为需求大；二是为了社会的平衡，多种外部因素的叠加，导致现在房地产已经超出了其本身的领域影响，需要从中国大经济去看这个领域，也要与货币政策、土地政策、税收政策、政治改革等联系起来看。

对于人们热议的房地产税问题，周毕文预测土地基本没得可卖的时候，就是房地产税出台之时。这时候房地产税就充当了替补过渡地方土地财政问题的衔接者角色。只不过，目前法律上要解决很多矛盾，比如与土地出让金的矛盾，人民基本生活保障与过度消费住房的矛盾。

基于此，周毕文也建议大家，调控时期，在房地产税出台前，应该归并自己手中的房子，把它变成真正可用的房子，用来真正解决养老，子女教育、结婚的问题。从这个角度来讲，周毕文预测将来存量改善型二手房会成为主流，因为有大量的需求。

对于将来的房子类型问题，周毕文说，无产者通过租去解决，有产者通过买解决，资本所有者属于奢华消费，这不仅是一种简单的居住需求，而是资本运作工作者所需要的象征。

谈情怀

翻看周毕文的个人资料会发现，除了房地产的头衔，他还是北京市武术协会吴式太极拳研究会秘书长、副会长，也从事过汽车发动机科学研究。常年在中国发展战略研究会，中国管理科学学会担任常务理事，发展战略学理论专业委员会的主任，企业管理专业委员会秘书长。中国商品学会副会长。他打趣说，“我就一个杂家，什么都爱好一些，什么都不精。”

这不过是他的自谦之词罢了。因为周毕文对于房地产领域的涉及与研究至今已有25年之久。1993年他参与创办了北京理工大学房地产办公室，任副主任，开发了学校的金角银边写字楼工程。近年来他先后承担了省部级课题5项，以研究城中村改造，调控政策，项目风险为主要内容。坚持以培养房地产领域的研究生、MBA、EMBA、MEM、MPA为主旨，深入研究中国的房地产涉及的各类问题，培养了硕士100多人。在此基础上还成立了北京理工大学房地产校友俱乐部，毕业生在房地产领域发挥了积极作用。

看得出，对于房地产，周毕文还是一个很有情怀的人。他说，他最想研究的还是决策科学如何运用到实践中，让决策少失误，为此，他一直在努力。

在谈到对于自己下一个10年的展望时，他的回答也很情怀：希望为房地产培养更多的人才，并表示退休后可能会助力于养生事业，希望大家到80岁、90岁的时候，依然健康，不要去医院。

而作为中国房地产经理人联盟监事会常务主席，在中经联盟成立10周年之际，周毕文也是非常感慨：“眼看着这个平台不断发展壮大，非常欣慰，在正确定位下，这个平台也充分发挥了社会组织、社会管理的作用，体现了它的行业特色、社会特色、公益特色，我希望有益的社会组织越来越多。”

谈人生

周毕文是一个很好的长者。采访他的过程中，他除了跟你谈房地产的专业知识，也会跟你聊人生、职场、理财。

他说，一个稳定的社会，安和乐利四样都要齐全。人也是一样，人也应该追求事业、生活和健康的平衡。因为这三样，每个都扮演着不同的角色，事业是根本，生活是因为有家庭，唯独健康是自己的，而在健康最难修炼的是心理健康。“你看，练太极就包含三个阶段，形、心、神，一个都不能少。”为了让记者更好地理解他讲的内容，他还用太极拳来打比喻。

除了谈人生，他也聊到了现代职场生存法则，他告诫年轻人，在职场中态度一定要积极，做事一定要主动，因为在这个忙碌的社会，大家都在忙，领导每天也都在忙，只有你做了且还做得不错，可能才会引起别人的注意，进而一步步走向更广阔的天地。“现代社会，千里马也有，伯乐也有，伯乐和千里马要互相发现发掘。”采访现场，周毕文频频爆出金句，他在用他的表达方式向年轻人传递过来人的经验。

常世芳

中经联盟月亮会执行主席、天恒集团地产事业部副总经理

做好小事无大事

作者：中经联盟特约记者　刘宝丹

在房地产行业，很少有人像常世芳一样，从行业初始到成熟，经历过每一个发展阶段，并凭借自己的努力和智慧，从一名普通的员工成长为独当一面的国企领导。

在略显江湖的地产圈，像常世芳这样的女人很少见，她既有南方人的温婉，又有北方人的洒脱。在待人接物方面，她坦诚直接，谈笑自如，思维活跃，给人一种舒畅的感觉。说起行业，从她的言辞之间能感受到她对市场的热情和思考，对于行业走势和自己的职业发展，她更是一直有很明确的想法。

提及成功背后的原因，常世芳认为离不开母亲对她的影响，尤其是母亲对她耳濡目染的做事方法——做好小事无大事。

跳出国企舒适区　初入房地产行业

常世芳是安徽人，大学毕业后留在当地一家国企工作，时间的齿轮转到1995年，那时候的安徽已经有了一点改革的风潮，不过大部分人仍在体制内工作，很少有人愿意冒险，常世芳就是少数人之一。

吸引常世芳的是外面社会的新鲜感，在当时，国企工作略显沉闷，看看报纸喝喝茶的日子似乎一眼就能望到头。一次偶然，常世芳在电视广告上看到一个香港房地产企业的招聘广告，香港公司的新潮对年轻的常世芳很有吸引力，她十分动心，于是就去面试，随后被成功录取。由此，常世芳正式步入房地产行业。

很多年以后，谈及这个决定，常世芳仍记忆犹新，甚至能随时掏出当年的工牌照片，这段经历对常世芳日后的职业发展影响巨大。

房地产从1998年开始改革，这之前大多数城市还处于单位分房的阶段，房子不像今天这般成为人们街谈巷议的话题，更不是人们生活的重心。初入行业，常世芳的职位是总经理助理，总经理手里抓两件大事，一个是销售，另一个是资金。对于卖房，香港公司的流行做法是广告轰炸，在合肥人群聚集的火车站和城市核心地区投放巨幅户外广告，做到城市内最大、最多，体现实力，

引起轰动，甚至开启了当地房产营销的先河，彼时，内地公司才刚刚尝试市场化运行，学习的目标之一就是香港公司。

在香港公司工作四年，常世芳跟着总经理一边跑银行找资金，一边跑楼盘促销售，积累了非常宝贵的行业经验。四年后，常世芳随家庭移居北京。

一路北上 进入全新市场

来北京之后，常世芳面临更广阔的职业机遇，基于之前的经验，她认为项目成败主要在于市场，如何了解一个陌生区域的房地产市场成为她的第一个选题。经过慎重思考，常世芳选择了最接近市场和客户的地产销售一线工作。

1999 年，北京的房价是每平方米 7000 元左右，在这之前，卖房途径主要是“团购”，开发商找一个大公司，很多时候是国企，通过员工集体买房的方式进行销售，除此之外，北京的房子大多卖给了外国人和明星。从这一年开始，北京房地产进入个人购房时代。

来北京没多久，常世芳就成为所在公司的销售冠军，不仅如此，她经手的项目几乎都是北京最火的项目，很快，常世芳升职为销售总监。提到这段经历，常世芳很感慨，刚刚入行就在香港房地产公司工作，起点很高，让她受益匪浅。

常世芳是一个不断思考的人，销售总监虽然很赚钱，但可以调动资源和发挥的空间十分有限，用她的话说，无非就是售楼处这点事儿，常世芳当时认为，楼盘热销背后主要是产品好，只要能做出好产品，房子不愁卖，于是她去做了产品总监。短短一年时间，常世芳就将市场调研和产品设计这部分工作摸透，并开始独立操盘，面对一块土地，从定位到产品设计，从风格设计到后期营销，她都能出色完成。

凭借着对行业的思考和洞察，常世芳一步一个台阶，掌握了营销和产品方面的工作后，她已经站在一个很高的位置上，需要一个能施展能力的综合平台。

化繁为简完美升职记

鸿坤集团在西红门有 200 万平方米的土地，在当时这是十分罕见的大盘，彼时正缺适合的人操盘，鸿坤集团找到常世芳，希望由她来操盘。面对这样一个京城罕见百万平方米大盘，常世芳认为是机遇更是挑战，她欣然前往就职。

“在鸿坤的发展对我个人来说很有挑战性，先是管营销，因为土地还没拆迁，整个公司还承担一级开发公司的土地整理和区域规划工作，完全没有进入二级市场的产品定位和营销阶段。随后又赶紧加入到项目整体规划设计和产品定位工作中，组建产品研发和营销团队。”常世芳还清楚记得当时的工作状态。

从 2006 年到 2013 年，在这 7 年时间里，常世芳参与整个 200 万平方米土地的城市规划敲定，打造差异化、多品类产品系的丰富布局，同时借鉴国内外大盘滚动开发经验及成熟稳健的营销手段，她带领团队终将曾经的图纸全部变成了现实，成功打造了著名的西红门模式，作为都市圈运营能力的典型样本，鸿坤理想城也一炮而红。伴随着企业的成长，常世芳从最初的销售总监一路上升为集团副总。

过去十几年，中国房地产行业迎来了上市高峰，有前瞻性的房企都开始扩张规模。2008年以后，北京房价迎来几轮暴涨，与之相伴的是地价不断上涨，在之后的几年里，私企拿地压力逐渐增大，拥有雄厚资金实力的国企在这方面优势明显。2013年，常世芳接受北京西城区国企天恒集团邀约，履职房地产事业部副总。

对常世芳来说，天恒资源平台很大，包容度也更大，尤其国企对于政策的准确把握以及严谨的管控体系，这些都让她个人的发展得到了最大程度的实现。如今，常世芳主管天恒营销工作将满五年，天恒的销售业绩从几十亿跃升到过百亿，发生了质的改变，今年天恒的销售目标是200亿，这无疑是天恒置业发展最好的几年。

2018年是中国改革开放40年，房地产改革20年，站在新时代的起点上，行业正在迎来全新的转变。作为国企，天恒在自身发展的基础上，要更多承担社会责任，未来的重要战略方向是城市更新改造，这既是机遇也是挑战，常世芳对此信心满满。

纵观常世芳的职业履历，从销售开始，历经销售主管、经理、总监、项目总、区域总、集团副总等职位，堪称是完美的升职记，谈及成功背后的原因，常世芳认为离不开母亲的影响。

未来 把时间留给自己

常世芳出生在安徽一个普通家庭，母亲是一个少言寡语但行动力很强的人，一生都在坚持一个生活信念——做好小事无大事，这种习惯至今还影响着常世芳。

从1995年到2018年，常世芳每两年就是一个台阶，对房地产的热情和思考让她不断调整方向，通过勤勤恳恳的努力，她从一线人员走到领导的岗位。在外人看来，常世芳的职业发展简直顺风顺水，或者至少看起来一帆风顺，但其实并非如此。

常世芳经历过很多困难和挑战，但谈及最难忘的事情，她又笑称都过去了，就不会放在心上，更重要的是解决问题的方式，常世芳有一种把复杂问题简单化的能力，每次遇到新的挑战，她首先会进行分解，这样再大的难题也会变得简单，大家各自分工，每个人做好自己的事，合起来就是大事，每一个小事都做好，这是常世芳的做事原则。

过去23年，常世芳一直忙于工作，为了公司和员工努力完成业绩和目标。对于未来最想做的事情，常世芳坦言想把时间更多留给自己，关注自己的内心，去做些让自己快乐的事情。

陈海保

中经联盟媒体俱乐部执行主席、乐居财经总经理

文字里的刀光剑影

作者:中经联盟特约记者　林振兴

印有“乐居财经”字样的T恤衫发下不久,陈海保就率先试穿起来,还挺合身的。恰逢中经联盟《10年100人》拍照,他就穿着这身行头去了。

但摄影师要求正装,西装革履的那种,他还是坚持拍了一组,希望将“乐居财经”四个字出现在自己照片里。

四年前,陈海保决定重返北京,从互联网巨头腾讯到地产垂直门户乐居,再到负责乐居财经业务,不断挑战自我。但他的骨子里,依然认为自己是个做媒体内容的。

一个人漂在北京,工作基本是他的全部生活。乐居财经的内容策划,经营,甚至一张张出街海报、一条条转发语都要亲自审核。他苦笑,“我是个操心的命,眼里揉不得一粒沙子”。

初入财经新闻门

20年前的1998年,正值下岗就业潮。如何让自己未来不下岗,对于即将进入大学的青年来说,是必须考虑的问题。

读什么专业?父母没有给陈海保方向,冲着或许“不会失业”的要求,他选择了南昌大学新闻专业,它的前身是1958年创立的江西大学新闻系。

千禧年前后,中国财经媒体刚刚崛起,很少人能洞察到,这会是一个新的时代。那时,陈海保正在念大二。新闻系的寝室里,多半会凑份子,订两份报纸,《南方周末》和《中国青年报》一南一北,是最佳新闻报纸。

他第一次接触“经济新闻”,是在检查寝室卫生时,偶然看到大三师兄正在研读《马克思主义政治经济学》。彼时,社会新闻、党报之类占领了舆论高地,他却被这个新鲜的概念所吸引,成为系里最早做财经新闻的媒体人之一。

宿舍大门口有家报刊亭,他每逢周一都会去买份1元钱的《中国经营报》,厚厚的48个版。那时候,国家给大学生每月34.5元的津贴,显然和师范生60元的补助没得比。

毕业后,大家没带走课本,反倒把它们当作了宝贝,分家分的是报纸。至今,在陈海保家中

都保留着30公分厚的一摞报纸。

“老实说，看不太懂，但啃报纸养成习惯就好了。”他坚持到大四毕业实习前，以粗浅的认知，向头版编辑打了一个电话。没想到，对方竟然答应了。

就这样他进入到《中国经营报》实习，顺理成章来到了北京。2001年7月13日，北京申奥成功的当天，万人集聚于天安门广场。这天对于陈海保而言也很特别，他从相距1434千米的南昌，只身一人来到了北京。

实习期间，他做的第一个选题是关于液晶显示屏的稀缺性。至今，他回想起当初毫无切入点的选题，都觉得蛮荒诞可笑。找选题，是一个记者是否优秀的关键，而不是写稿。后来，他还在广州的《21世纪经济报道》实习过一段时间。

这就是所谓的“新闻敏感”。在系里的新闻写作竞赛中，他捕捉到八一公园里把各国国旗当成彩旗装饰这一现象，写了一篇《国旗不是彩旗》，获得二等奖。当时，他进入大学才半年。

速度深度角度

朝阳门外的《财经时报》，是他大学毕业后的第一份正式工作。它隶属于联办，是《财经》杂志的兄弟单位，规模虽不大，但新闻团队跟经营团队彼此独立。

前三年，他的稿子基本都偏“负面”，凭借逆向思维穿透新闻本质。这是拜他的一位上司所赐，魔鬼般地训练他的思维，透过一个平淡无奇的财报，洞察背后的秘密，让稿子里有刀光剑影。

然而，他从财经领域转行到地产板块，缘于一次偶然的机会。杨澜、吴征夫妇是他早期的采访对象，此后吴征接手了《财经时报》后，支持他做地产行业报道。

很多人认为只做地产，会不会太窄了？他却解释，“广阔天地，大有可为。地产产业链很长，家居、建材、物业，甚至一切以居住为核心的美好生活。”

毕业四年，陈海保加盟中国房地产报，任主编助理，管理层的历练打开了他的视野，磨炼了他的统筹策划能力。在此期间，善于做案例剖析的他，从细节入手做内容，策划了《星河湾品质传奇》册子，印刷近十万册。

从泛泛地做产经新闻，到做上市公司报道，再收窄到房地产领域。陈海保一直做周报。《财经时报》总编辑杨大明先生曾说，“周报是中国特色的，国外只有周刊。做周报很难，既要日报的速度，也要杂志的深度。”速度、深度、角度这三者达到平衡，才能做好一个财经周报记者。

每次选题会，都是生死考验。从主编口里吐出的那句:“不来劲！”意味着选题被毙了，这周不会有稿子，也自然不会有稿费。他开始不断否定自己的选题。后来，他写出了物美托管的秘密、万达上市搁浅、凯德MALL真相和总部基地调查等系列稿件。

2008年老家出了事，他卖掉北京的房产回到江西，并把父母从农村安顿到南昌。在南昌的五年多时间里，他负责过都市类报纸的地产版采编、广告经营，还有网站的策划。

但他也多了份郁闷，二三线城市地产商对内容的不注重，让知识显然变成廉价品。一次偶然机会，陈海保决定重回北京，担任腾讯房产全国主编。其实，离开五年多，地产商的关系已荡然无存。

2014 年 9 月，陈海保背着黑色双肩包，搭乘从丽江到北京的便车，开始了二度北漂。借住在朋友回龙观的家中，他甚至不好意思睡到床上，在沙发上睡了大半个月。如今回忆起那段时光，他都不知道是怎么熬过来的。他是一个比较矫情而敏感的人，每次出差住酒店还得挑床。

抛弃南昌相对安逸生活跑到千里之外，内心的凄凉和无助油然而生，深夜时，他反复拷问自己，重回北京是否正确。但内心却有一个声音告知他，“这个年龄是他最后拼搏一把的机会。”

内容策划驱动

两年半的腾讯工作经历，让陈海保感受到“用户”二字的力量。如何从用户身上挖料？

他形成了一套对原创的理解，除了常规的 PGC 模式，还重点在 UGC 上突破。比如：根据热点话题做调查问卷，将用户投票整合成稿件，通过直播平台全国联动，组织几十个城市专家，针对热点话题发表观点。

这种全国一盘棋的内容做法，十分适合于全国垂直管控的乐居。通过以内容策划，将乐居总编室的职能从管理型到赋能型转变，最终转变成一个实体——采编、经营和活动一体化。他与搭档乐居副总裁刘然和乐居财经主编潘宇凌，形成了乐居财经三人组。

2017 年底，乐居财经孕育而生。在陈海保眼中，它绝不仅是在“乐居”后面加了“财经”二字，而是底层发生了质的改变。依托乐居、新浪财经和克而瑞的资讯和专业数据，构筑起独有的护城河。从楼盘到公司，再到人物详情页，首度实现了泛地产行业的内容闭环。

乐居财经致力于做泛地产行业里的财经通讯社，以公司、人物和榜单为内容核心，通过发起成立中国美好生活品牌计划和打造中国地产经理人评选 IP，为行业传播正能量。

当自媒体风口来临时，有朋友问陈海保为何不自己开个号，他自认为更适合驱动一个平台，而不是做个纯粹写稿的人。这与他多元的媒体履历有关。当然，还包括执着的性格。

多年来，他的唯一爱好是打乒乓球，为此还特意买了一副蝴蝶牌的球拍，却始终放在办公室没用，因为这项运动需要两个人互相配合。唯独跑步可以自己控制时间，经常下班后换上轻便运动装，沿着广渠门外的护城河跑五千米。

于他而言，跑步没有一丝乐趣，而是很“功利性”，单纯为了健康，消灭脂肪肝和颈椎病。人到中年，体检出来很多指标的箭头都是往上走，加上家族没有长寿基因，他想通过运动来抵抗衰老。

虽然做媒体已经 16 年了，但陈海保的心里依然藏着一个警察梦。小时候，能当上警察，便能在小县城里光宗耀祖。阴差阳错，分数过了本科线，考上新闻系，做了记者，一直天南地北地飘着。

最近，在与一位朋友聊天，对方笑他做警察的意志没那么坚定，当时完全可以不填报其他志愿。听毕，陈海保默然，很有道理。

陈志强

中经联盟菁英俱乐部副主席、北京绿宸控股集团有限公司集团营销总监

“佛系”陈志强，与自己和解

作者：中经联盟特约记者　陈红艳

如果有一天世界不再回应，只听得到巨大的空洞的沉默，是不是就再也无法找到自己，找不到通往未来之路？”

“不！”在黑夜里他听到自己的回答，“向前，继续前行。”停下来只会陷入对人生是否有无意义的批判中，从此消极颓废。不如行动，激流勇进，相信自己，终会抵达彼岸。

真是隔着屏幕都能看到陈志强骨子里的拼劲。

他仿佛自带发光体，又似霹雳小旋风，披上披风就能打灭霸。身为北京绿宸控股集团有限公司营销总监，可谓战果硕硕。

地产15年，陈志强迅速成长。有15年房地产策划、营销、销售管理经历。精通前期营销定位的同时，有全程操作和参与高端楼盘从前期到后期营销的全程把控经验，前期定位参与过30多个项目。见证过中国地产界港深风北渐的全过程，见证了各种营销手法的发展与演变，他的职业足迹遍及北京区域、华中城市群、珠三角区域、海南特区等区域。

陈志强说，“15年的市场营销经历，近十年对开发企业全产业链的耳濡目染，我的职业普及是比较稳健的，可以说是一种慢，有时候慢就是一种快。”

地产科班出身的陈志强明白，大学里房地产管理专业学习的不仅是专业知识，更是思维的方式和学习新知识的方法。而工作中，自己需要的不光是知识与方法，更重要的是要提升管理能力，做一个更成熟的管理者。“10多年的管理岗位经历，让我对管理这个角色有很深的体会，也犯过很多管理上的幼稚病，管理是一门永无止境的学问，没有最好，只有更好。”

聊起工作，他思路清晰，快人快语，像一阵大风吹走了阴霾。

在15年的地产职业生涯中，陈志强经历过外资企业、央企、民营企业，对此他都有深刻的认知，三个不同企业的运作机制、管理模式、企业文化、发展理念都各不相同。

央企有自己的特色，央企讲求稳健发展，央企不一定追求最极致的利润，更多时候会考虑社会效益。而且尊重资历深、职位高的员工。因为陈志强在港资企业工作多年，最初不能理解央企的这种文化。“央企人不敢往前冲，讲究团队精神，不同于民企的个人主义。我经过3到5年的‘陶冶’，最终理解了央企管理。”

港企将西方与中国文化结合得最好，是一流的服务商，是文化的优秀管理模式。港资企业是集约高效化管理，可以把一个“小白”很快培养成特种兵。在港企中原地产，陈志强得到充分的锤炼，成长很快。

民企的搞定文化，老板说了算，缺乏来自内、外有效的监控、反馈和制约，使得决策的正确性和准确性大打折扣。

陈志强经历了五年港企，五年民企的职业锤炼。进入港资企业学习了西方管理制度的先进务实，理解了什么是团队精神。进入央企后理解了中国经济，对整体大势感悟有了更前瞻思维、战略。

这些都是陈志强在15年职业生涯中的很多感悟和体会。集齐跨界三类企业，现在无论面对什么样的企业，都基本能知道这是怎么一个状况，他都可以很好地去应对。

实际上，在15年职业历程中，陈志强并非一帆风顺，也经历过一些挫折。专业上的挫折，管理上的挫折，职业竞争上的挫折，为人处事上不够圆融的挫折。

在中原工作时，为竞聘总监，陈志强就遇到了管理危机。“当时是要竞聘上岗，我是非常自信的，自己的能力、执行力、竞能、战略测试都得分很高，但因为当时年轻，个人好强又爱骄傲，还不懂为人处世的圆融，团队协作力还没有达到当时公司要求，结果导致竞聘失败。虽然我有能力但有脾气。”

不是有四种人说法吗？清代中兴名臣曾国藩将人分为四类：第一类是有本事有脾气；第二类是有本事没脾气；第三类是没本事没脾气；第四类是没本事有脾气的。“我就是第一类有本事有脾气的那种人。当时感觉很痛苦，但也就是从那次失败后，才懂得修炼自己的心性，追求个人英雄主义是不行的，圆融和谐、团队协作，才能走得更远。”在他看来，这也算是一种人生阅历，让自己在未来得以提升。

陈志强又一次遭遇管理危机是在民营企业。“当时自己能力比同级同事高一些，受到领导赏识得到提拔，同事们不服气，但我认为管理者无非是一个领导，并没有理会同事的想法。上任两三个月之后发现，员工不听话，不服气，这让我很困惑，觉得作为领导不就是一个职位吗？”后来反思自己，无可否认我还存在管理上的危机，领导力上的危机。如何做好领导？我想应该是引领大家，服务好企业，知道每个人都在想什么，让大家信服。

正因为通过这些失败，他才能更加成熟、理智、智慧地去应对管理工作中遇到的各种困境。

不经历风雨，怎么见彩虹。

在迷雾中他看透，“阳光总在风雨后，乌云上有晴空。”没有人能随随便便成功。

开悟之后，陈志强深刻反省，得到结论：要做一个卓有成效的高级管理者，是要锤炼自己的管理技能、对人文有更深度地理解，才可以更好地服务于这个行业。“我的存在，应该让这个企业更美好不是吗？一个好的职业经理人，就是要做出好数值，企业应有的好利润，对企业负责。这是职业经理人该有的职业素养，这才是商业的逻辑。”

由于对管理工作的深入体悟，陈志强对地产行业亦认识深入。

他认同任志强的观点，现在是房地产的黄金时代，还没有终结，还没有过去，还有10到15

年的黄金时期。房产是中国经济 20 年主要支柱，房产是经济总量最大之一。经济决定一切，可以整合一切资源，地产是时代宠儿。

而地产行业，前些年一直是野蛮生长状态，人员流动大，行业变化快。在这个过程中，出现了很多浮躁和急功近利的人和事，各种乱象。面对这个行业状况，我们更应该保持平和冷静的心态，只有行稳才能致远。只有坚持正念，才能在这个行业走得稳健，走得更远和更好。

陈志强说自己现在是“佛系”小青年，实际上这个词概括了他云淡风轻的状态，有“笑看庭前花开花落，信观长空云卷云舒”的从容。他已经“长大”不再是傲娇的“小公举”。作为北京绿宸营销总监的领头人，他对工作充满了真实而热烈的自豪感，将理想嵌在每一个工作中，步步夯实。

炊昭煜

中经联盟营销专委会副主席、五矿地产华北区域营销管理副总经理

感恩十年　更行更远

作者：中经联盟特约记者　解玉莲

“毕业10年，工作10年，五矿10年”，这是五矿地产华北区域营销管理部副总经理炊昭煜对他从2008年大学毕业到如今整整十年光阴的三重解读。谈及这十年，他言语神态都洋溢着对五矿地产的感恩和热爱。

熟悉他的人都知道，他这个人理科生出身，但有着经济学家的严谨睿智，同时骨子里也带有西北人朴素的执着与坚韧。也正是凭着这些看似简单的特质，他在毕业后“三个10年”中，始终坚持与五矿地产共同成长，并且“从南到北”为五矿地产的营销管理工作打了多个“漂亮仗”。

出“奇”者制胜 营销可以更专业

从最初刚入行专精做市场研究、完成深度调查《珠三角七成房地产市场研究报告》，到后来从深圳、长沙“挥军北上”、负责五矿地产整个华北区域营销管理，10年征战中，他负责并服务了龙湾国际社区、五矿万科如园、五矿万科城、五矿万科哈洛小镇、五矿名品等多个项目。

当被问及服务过的项目中有哪些是最值得骄傲的成就，他表示，团队匠心精研的策划力以及攻坚克难的执行力无疑是最关键的因素，这两则“铁律”适用于房地产营销、甚至整个人居模式的改善升级。

其中，在五矿万科如园的营销管理上体现得最为突出。从最初的项目案名、到后续项目设计和建设风格，处处都彰显了团队敢于出“奇”、不断创新的战斗力。历史上的“如园”，是位于圆明园畅春园东南隅，五矿万科如园案名就由来于此，并且在整体园林规划打造上，也依循了圆明园中“如园”江南写意的中式风格，这在当时北京大多仍是欧美、法式建筑的豪宅市场中实属罕见；同时五矿万科如园择址海淀区，在2011年建设初期项目周边一片荒地、遭到部分质疑的情况下，项目团队仍然看准这块土地未来的价值，并且选择再次出奇创新，推进“全面家居解决方案”，以高端的品质和精致的匠心，全面升级项目产品力。当然如今五矿万科如园所处的位置已经成为京城具有相当影响力的地标，就是这种着眼未来、敢于出奇创新的精神，五矿万科如园毫无意外地夺得2014年度北京高端物业销冠，总销售额达到30亿元，并且在现今北京豪宅市场上，仍

占据重要地位。

随后，在负责五矿万科城项目期间，炊昭煜带领团队积极推进房地产信息化，使用电子化开盘新工具。后来个人进行了总结并撰写《电子化开盘与房地产经营模式演进实证研究》一文，在专业期刊上发表；2018 年在五矿名品社区举办“五矿地产杯•第二届幸福乐骑北京站活动”宣传“绿色骑行、健康出行”的环保理念，都让业内外耳目一新，成为房地产营销领域的一股新潮流。

“上下游”联动 房地产发展要打通任督二脉

10 年来长期活跃在地产一线，经历过地产的黄金时期，他对未来房地产行业的发展也有着明确的认识和见解。

在指出房地产行业已经迎来“白银时代”、未来房地产将处于持续调控的状态后，他表示，今后房地产市场将不再是简单的粗放式发展，而是集约型的精耕细作，房地产企业的核心竞争力已经逐步从“规模化”转向“专业化”，“质”的优化重于简单的“量”的优化。“企业必须转换经营模式，强化品牌价值、提升产品溢价、精细成本控制以及高效管理等方式，寻求更大发展空间和持续经营动力。

在具体落实上，要重视房地产业上下游价值链的建设，主动利用“互联网 +”“O2O”等信息技术，让处于房地产价值链上下游的金融服务、租售代理、运营管理、家装建材、社区服务等领域，均充分利用“互联网 +”，创新企业发展和行业服务模式，实力应对和拥抱未来房地产市场的多种变化。

理科生也文艺 诗歌让他更行更远

逻辑严谨、强调创新、拥抱变化，这样一个理科生出身的地产经理人，不熟悉的人很难将他和“文艺范儿”联系到一起。然而事实上，尽管经常熬夜到凌晨、负责五矿地产整个华北区域项目营销，他仍然对写诗有着由衷的热爱，并且一写就是十年。

炊昭煜对写诗的爱好要追溯到其大学时期，工作后不管多忙，都仍然保持着至少两周一篇诗词的写作频率，并且孕育出不少意境深远、涵义深邃的力作，其中作品《坚持》2018 年元旦更是在北京人民大会堂举办的国字号行业盛事——中国地产风云榜盛会上，被行业代表们广为传颂，引起全场共鸣。

被问及为何能长期坚持写诗，以及写诗对工作生活的帮助和启发，他表示，“坚持文学创作是我多年积累的习惯，它更像是一位知心且高贵的朋友，让人信任释怀，也能启迪智慧”。同时他也表示，实际上运营管理项目和文学创作是相通的，他们都是对美好生活的营造和赞美。其中《大爱，磅礴公益唱响生命赞歌》这首诗是为纪念五矿同事亲赴西藏、捐资助学的公益事业而作；《小清河的美》是他醉心于房山五矿名品项目百米处、景色优美的小清河有感而发，表达了五矿地产对业主的真挚祝福；《深深地爱着你，哈洛小镇》主要表达了对五矿万科•哈洛小镇项目同事在

120 天内从施工图到按期保质交付的尊敬赞叹，以及对哈洛小镇英伦风、富有灵性建筑的惊艳。

下一个十年 与未来同行

世界那么大，我想去看看！当被问到自己下一个 10 年的人生规划，炊昭煜讲道，“除了希望家人身体健康之外，自己更想多陪家人去外面看看，包括云南昆明，东南亚新加坡”。同时他也始终围绕着如何去经营和销售的问题思考，希望未来将五矿的营销做得更好，成为一名优秀的职业经理人；对于知识，他获取中国人民大学经济学硕士学位是对他个人工作期间学习成果的检验和反馈，未来他仍然希望学习更多财务和管理知识。

不难看出，他未来 10 年的目标，就像他本人一样，深蓝色衬衫、金属圆框眼镜，由内而外的朴素、踏实。在回顾过去 10 年和展望未来 10 年的过程中，炊昭煜不仅表达了对五矿地产的感恩，也发出了对中经联盟和当下奋斗中 90 后的祝福寄语。

对于中经联盟，他表示，中经联盟是一个使人广泛受益的业内交流平台，在这里他结识了很多学识渊博、管理经验丰富的前辈和同仁，受益匪浅。在中经联盟城里 10 周年之际，他此前用“聚八方英才创美好未来，融四海智慧建幸福家园”表达了对它的热爱，现在再次祝福中经联盟不断壮大，越来越好。

对于当下的 90 后，他表示如今社会竞争压力大，他用《坚持》这首自己的原创诗歌送给奋斗的年轻人，“坚持从来都是平凡生命与生俱来的一种本能，始于行者的倔强，源于对生命真谛的追求，不愿随波逐流，在通往理想王国的大道之边，终于破茧成蝶……”

崔　利

中经联盟春秋诗社主席、营销专委会副主席、东方安贞(北京)医院管理有限公司建设规划部总监

建设自己的生活

作者:中经联盟特约记者　张杰

探索他的秘密,就像阅读侦探小说一样富有魅力,这是一个谜,仿佛天地万物,没有由来。

崔利给外界的第一印象是豁达、谦虚。作为中国的较早一批地产人,他身上并没有那个时代所留下的浮躁和草莽凌厉。谦虚、敬畏的生活态度反而让他比同时代的地产人走得更加稳健。

这与众多被采访者大相径庭。崔利说:从大学开始我就要求自己踏踏实实地学习,不断地僭越,不要局限于同类人。学生时代养成的这种价值观在他工作中更是体现得淋漓尽致,从地产一线策划人员再到项目经理最后到项目的操盘者,踏实地走着每一步的同时也在不断地超越自己。

2008～2010年,是崔利个人能力提升最快的时候,那时候他每天生活在飞机与火车的挟裹下,奔波于全国不断地看地、拿地,三天一个可行性研究报告、一周一个项目定位,与团队反复讨论着住宅针对的人群、面对的市场、产品的定位、营销渠道等,可谓是举步维艰。

“那个时候,我一晚上要写一百多页PPT。别人一周的工作量,我两天就要完成。这也是我为什么现在头发有些稀疏的原因。”崔利调侃道。“但当看到自己的创意成功落地做成产品展示给大家,项目按着自己的想法稳步推进销售的时候,那种满满的收获感让我感觉一切的付出都是值得的。”

现在崔利已成为一名新建医院的建设规划部门负责人。三年前,从医疗地产做起来的他不断地探索、学习、研究案例。因为,他明白当他自身的局限性放置到一个更专业领域里面后,只有不断地学习,才能促进成长。

也正是这种不断学习的态度,让崔利不觉得自己在哪方面有天分,也并不感觉过去取得哪些傲人的成绩。他说,“我并没有某个项目过几十亿销售额的辉煌,我只是一个普通地产人,如果真的说有什么值得讲的,我想是我自身一直秉承一颗‘敬畏和学习’的心。敬畏项目本身、敬畏市场、敬畏政策,在敬畏的同时也感谢每一位地产人,保持一个学习的态度,让自己的团队与项目运转得更加和谐。”

这就像日本一位著名的艺术大师秋山利辉,他立下了33条军规,其中一条是每一天开工的时候都要感谢很多的人、事,比如感谢自己的同伴、感谢自己的师傅,感谢自己有机会能做自己喜

欢的东西，但是最特别的是感谢自己手里的这块木头。而崔利在过去这十五年，最感谢的是他的团队。

在他15年的团队合作中与工作积累中，也让新的思想踏步而来。从团队协作中，他学习到，一个优秀的价值观一定是从团队磨合、实践磨炼、时间总结而来。这也让他在组建团队的时候，对每一位成员要求更加严格。他要求每个人都对工作倾入爱与专注。因为，只有在你喜欢这份工作，喜欢自己主动创造成果的前提下，即使突然有问题发生，你也不会迷茫，你一定可以找到解决问题的最佳办法；专注是指：设计不能为了设计而设计、策划不能为了策划而策划，销售不能为了销售而销售，每一个人都要深层次地考虑产品与人的关系。

当然在要求别人的同时，崔利也在要求自己。多年的工作经验，让他也已然习惯了见到项目就与人相勾连的生活方式，例如，2019年5月要建设的北京安贞东方医院早在设计阶段就充分论证了挂号、门急诊、医技、住院部等部分之间如何才能便捷、高效地使用。所以，产品要去理解生活，作出更有包容性的设计，而包容是让每个人感觉到尊严。当产品推荐给市场的时候，更多的是让产品说话、让使用者说话。

在以往的地产项目操作中，他的目的是塑造一个产品链条和一个销售链条，能让这个项目可持续的发展，不会因为任何人的离开，而导致这个项目产品出现问题或者变了原有的"韵味"。因此，地产圈里的人对崔利的评价为是用诗情画意做地产，喜爱唐诗宋词的他，对这一评价也并不反驳。

"大家可能无法想象几个'大老爷们'在微信上通过作诗的方式聊生活、聊房地产行业的过去、现在与未来，那是一种让人身心放松的氛围，让我感觉到工作并没有占据我生活的全部。"崔利微笑着讲道。

他口中的"大老爷们"，均来自于一个叫"中经联盟"的团体，那是一个属于所有地产人的家。据了解，中经联盟是一个聚集了2000多位像崔利一样的行业前辈、优秀人才的团体。用一句俗话说就是，房地产界的大佬都在这儿了。也是这些大佬，在中国地产界留下了夯实的印记。

留下印记的同时这些地产大佬也见证了房地产行业的风云变幻，从感性到理性，从疯狂到理智，从单纯营销到讲究产品的细节、内容，再后来越来越多的项目开始回归，回归到产品本身的居住属性。

那住宅回归居住需求后如何持续发展？崔利回忆道，房地产市场刚兴起的时候，地产就是地产，房地产市场发展的过程中，房子被人为地"妖魔"化了，被赋予了很多金融属性或者其他的概念。如今国家要求让房子回归居住本身，那如何释放居住属性，那就是从房地产市场里抽离那些人为赋予的概念，让"万法归一"，就能真正体现地产的居住属性。

如禅宗里讲道：万法归一，一归何处？禅家回答道：一本是空，何须归处。"我们要做的是自然而然地尊重它本身，尊重地产本身，不再人为赋予它很多属性。就像禅家里说'一本就是空'，其实房子本身就是房子，你所看到的房子和你所想象的房子就是一致的，那房子的居住属性就可以释放，这一切也终将回归理性。"崔利表示。因为在他的价值观里，理性就是感性，感性亦是理性。

房地产市场亦是在感性与理性之间的不断变化，大家需要不断地适应，然后进行相应的调整和改变。“但是大家也需要有所坚守，别忘了当初为何出发。因为这些东西可能最后定义了我们是谁，我们到底在做什么，我们做的事情是不是真的有价值。”崔利讲道。经过漫长的发展房地产行业不断地融合、升华、提高、细致。未来，房地产将辐射的范围更广，不仅仅是房地产本身，而是像蒲公英一样散到各个行业中去，发展前景更加可观。所以，在这样一个充满了不确定性的、充满了变化的时代，我们每个人除了要学会改变，还要学会坚守。

坚守初心就是追溯事物的本源，因为无论你是做住宅、商业、旅游、养老、医疗其实都是在解决人的需求，这一切需求最终体现在建筑上。建筑，是空间与时间的结合体，而工作，是团队与个性的融合。“因此，下一个十年，我想活得更有价值和意义，要尊重生活、尊重逻辑、尊重工作、尊重他人与自己。”崔利表示。

可以看出，在有限的生命里，除了坚守初心崔利更多的是想做一个有意思的人。他要建设自己的生活，包括：工作、理想、未来。

韩飞宇

中经联盟规划与建筑设计专委会副主席、当代置业研发设计院总经理

仰望星空，脚踏实地

作者：中经联盟特约记者　赵建萍

谦谦君子，温润如玉，是金庸先生书中最为推崇的人生境界。大意在于，玉的光华凛于内而非形于外，锋芒不露，却自有一番潇洒自若的神采。

言为心声，语观其人，在与当代置业集团研发设计小组组长、研发设计院总经理韩飞宇的交谈中，处处可以感受到这样一种专注而自信的气度。

建筑学专业背景、设计院深耕八年，如今的韩飞宇统管当代置业产品研发、标准化编制和设计管理三大板块，是地产行业难得的集专业深度和运营管理于一身的综合型人才。

三年前加入当代置业的初衷也非常“韩飞宇”。他认为，他的个人气质和价值观高度契合当代置业扎实投入、不急不躁的企业风格。

“当代置业目前是由职业经理人全面管控的企业，管理风格稳健、务实、扁平化，一切唯责任和能力论。因此在这里，企业和个人的发展目标清晰而专注，企业既不存在野蛮生长带来的隐患，个人也能够立足于平台更好地实现有关精品建筑的理想。”韩飞宇说。

他首先将自己定位于建筑师中的管理者，极其重视人才的选拔和梯队培养，以保证企业技术团队的可持续发展。

一方面，他认为建筑专业需要的是全才，对于从业者的美学修为和文化涵养有着严格的要求，在熟知建筑史、拥有高度美感认知的同时，还需具备理性的判断和计算能力，能够在第一时间根据用地指标及相关条件得出最适配、最合理的方案；另一方面，创新很重要，建筑学专业的成材率本身并不高，如果缺乏创造性的才华，建筑师则往往容易囿限于工匠般的制图工作，甚至不能坚持而转行。

因此，在扩充团队、甄选人才时，他会亲自把关，比任何人都态度谨慎。“一定要对建筑设计乐在其中，如果不能脚踏实地做好产品，那么从事这个行业也许只是个误会。”韩飞宇形容道。

而经过这样的考验和磨合，能够沉下心来融入团队的都是建筑设计、结构设计、园林景观设计以及精装设计等各领域的优秀人才。

他的团队中不乏国内、国外知名大学毕业的设计师，很多鲜活的思路和产品的爆点，往往源自团队不断的探讨和总结。很显然，韩飞宇非常享受这种智慧交互和思想碰撞的过程。“随着未

来十年产品竞争时代的到来，专业团队的优势将愈发凸显。”他对此踌躇满志。

同时，站在更高的视角，他认为设计在地产开发中虽然扮演着重要角色，但产品定位、成本管控同样不容忽视。前期需要根据项目的精准定位确定产品业态，相应的成本管控要跟上，从而得出大家都认可的财务指标。因此，如何保证项目开发效益的最大化，还能将对于建筑艺术和品质的追求贯穿到产品设计中，则考验的是全盘运营和管理的能力。

他将这一切归功于企业的社会责任感和多年技术沉淀带来的引力加速，“基于多年来的运营和实践，绿色科技技术及相关的成本控制已有了很深的积淀，试错成本几乎为零。”因此，集团有充分的条件和优势，将“绿色科技＋舒适节能＋数字互联的全生命周期生活家园”的理念纳入项目的开发过程中。

这意味着，如果说绿色建筑本身存在固有引力，通过既有和增量项目的绿色化和新技术的应用，可将产品进一步整合升级，实现不断迭代创新。

在当代置业这棵“树下”乘凉的时候，韩飞宇能否助其再创造出一片森林？

“当代置业的绿色科技技术一直在迭代发展，覆盖住宅、酒店、养老产品和小镇等各类型项目。以住宅为例，我们将其分为万国城、上品格、满堂悦三条产品线，每条产品线均有相匹配的绿建方案和能源方案。”韩飞宇介绍道。

针对于此，通过制定相适配的绿建方案和能源方案，保证每个项目都能够不同程度地实现低能耗、高舒适度。

例如，保证居室能耗仅为普通住宅同等舒适度所需能耗的1/3，温度保持在20-26℃，湿度控制在30%-70%，声音控制在35分贝内，PM2.5控制在个位数等。即便在以冬季湿冷著称的珠三角地区，都有相应的除湿供暖解决方案。

“可以说，一直以来，当代置业研发团队对绿色建筑有着不懈的追求。历年来，斩获5个绿色建筑三星级设计标识、17项精瑞奖、6个可再生示范项目以及12个绿色住区共建项目。”韩飞宇说道，特别是在2017年9月，北京当代MOMA再次获得绿色建筑三星级运营标识，完成了新老运营标识的更替。因此，当代置业也成为全国首家完成住宅项目三星级运营标识续证的地产企业。

2018年初，他更率领研发团队考察了欧洲特别是丹麦的区域能源站，将其集热板和能源循环的设计理念率先尝试应用于集团位于贵州的项目。

“我们希望用住区混合功能进化城市规划，用绿色科技进化城市技术，并且用全生命周期的理念影响城市风貌、城市生活。”韩飞宇如是说。

除此之外，他一直在致力于提升建筑、园林景观设计的水平。除了推动全装修标准的研发和制定工作，还协助集团推出了《绿色科技地产发展战略白皮书》，通过该书承载当代置业多年来对于绿色建筑的实践与思考。

一切与创新、研发相关的研究和尝试，他都充满兴趣和动力。“比如在武汉汉阳万国府项目中落地的一个89平方米的实楼样板间，就植入许多绿色科技理念，全部使用环保型材料，模拟自然光合作用的室内植物栽培装置，净水系统的运用，及通过极为实用的收纳空间来合理化户型格局和提高空间利用率。”谈到建筑产品本身，韩飞宇神采奕奕。

“仰望星空，脚踏实地。在深耕产品的同时，企业和个人一同加速奔跑，这个过程充满了兴奋感和满足感。”韩飞宇描述道。而这种兴奋感，让他虽然神经紧绷，但不知疲倦。

一如他对地产行业及自身的未来发展充满期待：“从行业发展来看，高歌猛进的增长方式会被遏制，品质比拼的时代已经到来。产品力将成为企业最核心的抓手，也将决定着企业未来的永续性发展。”

对此，他所管理的设计板块已然蓄势待发，会在产品中植入更加先进的理念和技术，将建筑从工艺品打造成为艺术品，在行业内树立自己的独特气质和差异化风格，助力集团加速成长。

而无论未来是成长为区域型管控者，或是继续在企业运营层面构建自己的管理思想，他都希望不因功利而迷失，不因盛名而浮躁，踏踏实实为企业成长贡献一份绵薄之力。

胡碧珅

中纪联盟海外专委会副主席、ELITE 国际投资董事总经理

敢于取舍的坚定开拓者

作者：中经联盟特约记者　唐珊珊

“直线条，水瓶座，不会花费太多时间做取舍；不惧困难，永远都会认为有机会和希望。”在地产行业摸爬滚打了 25 年的胡碧珅这样描述自己。镜头前的胡碧珅是美丽的，这种美丽不仅在于外貌，更多的是那种沉淀下来的从容，还有目光中的坚定。

从 1993 年进入华远地产，到后来创办盛同华远，她所走的每一步既偶然又像是必然。她笑言自己是幸运的，能够在地产行业初兴的年代进入这个行业，与无数地产同行们一起奋战，一起经历这个行业的风云变幻，也在这场行业变迁中完成自己事业的蝶变。

初入地产　机遇伴随努力降临

1993 年的中国，房地产业开始逐渐升温，也开始诞生了第一批房地产开发企业。那一年，20 岁出头的胡碧珅，进入了龙头房企华远地产，凭着年轻人的一股拼劲和对目标的不懈追求，逐渐脱颖而出，任职华润的营销负责人。那时的华润和华远尚未分家，任志强也未被称为“任大炮”。年轻耀眼、能力卓越、高薪高职，在房地产的全盛时代，胡碧珅已经进入了事业一帆风顺的时期。

然而这一切，都在与任志强的一次谈话后发生了转折。当时的行业巨头华远地产刚刚重组，2001 年与华润分家后，任志强从零开始二次创业，打算重新塑造华远品牌。也是在那时，任志强找到了胡碧珅，希望她能够加入。“其实任何公司挖你都会比我给的薪水高，我给不了你其他一些公司给你的薪水，但是我可以给你一个自我创造的空间。当然这个空间有风险，如果你做得好，你就有机会创造属于自己得事业；如果做得不好，也说明你不适合这个角色。”

至今，胡碧珅都清晰得记地那天的对话，也是在那一天，她第一次冷静下来，重新审视眼前的一切。一个是可以看得见的现在，领导认可且收入颇丰；另一个是未知的创业之路，一步走错则全盘皆输。但是胡碧珅没有给自己太多的时间去做取舍，她很快回复了任志强，选择了那条让她愿意为之奋斗一生的道路。

创业伊始便遭遇非典

创业的一切比想象中更难。从注册公司到租办公地，再到招兵买马组建团队，一切都要靠自己。2002 年，在一个售楼处偏居一隅的小办公室里，一个 8 人的公司正式成立了。

“从零开始打造一个公司，对很多人来说都是陌生的。公司治理结构、战略发展方向对我来说是一片空白。从以前只为业绩负责，到现在要为一个团队负责，这个责任和压力是完全不一样的。”角色的转变，给胡碧珅带来更多的是心理上的压力。

最初公司的定位是以为房企做策划顾问、销售代理为主，虽然有华远这个客户了，但还远远不够。很快胡碧珅便意识到，眼下最需要做的不是急于扩大公司规模，而是尽最大能力去开拓更为广阔的市场，以作品去赢得更多人的信任。

然而上天似乎跟她开了一个玩笑，在公司刚开始运营没多久，非典来了。这场几乎席卷全国的病毒摧毁的不仅是身体的健康，也摧毁了经济活力。刚刚步入轨道的公司一度陷入几乎停滞的状态，公司几乎两三个月没有收入，所有的人都压抑着内心的不安。

快年中的时候，胡碧珅决定带着团队去郊外开半年总结会，让大家把压抑在心中的话和困惑都释放出来。她至今仍记得当时的情形，七八个人坐在台上开会，开着开着，台上台下哭成一片。当时团队 70 人，平均年龄 20 多岁，都很年轻，大家都没有经历过这样的事情，心里没底。“我记得我当时跟团队说，我们是在爬山，往上看不知道山顶在哪，但是只知道一松脚就会掉到山谷底下。而那些孩子说他们哭是因为真的不知道前途和方向，但是又确实不能松气。”

也正是那一年，胡碧珅渐渐沉淀下来，她开始重新思考公司的定位、发展目标，并开始着手制定新的发展策略。整整三年的时间，她带着团队埋头拓展，在当时那个快速发展的市场中，不敢有丝毫懈怠。2006 年，盛同华远凭借昆仑公寓一炮打响，从一群资深的老牌公司里成功突围，将业绩做到了全北京前三名。那一刻，她三年来第一次舒展眉头开心地笑了。

“如果现在的你处在 2003 年非典时期，会和那时有不同吗？”

“会更坚定。经历非典之后，我成熟了不少，无论遇到任何困难，我都没有再怕过，永远都会认为有机会和希望。很多事情只要我们努力都是可以做到的。对于下一步的方向和策略我也会做更多的思考、摸索和探索。只要坚定，机会就会有。只要冷静思考，就一定会找到适合的方向。”

在最好的时候选择停下来

然而谁也没有想到，就在盛同华远连续三年取得佳绩，所有人都认为它会像世联、易居那样走上市之路的时候，胡碧珅却突然向众人宣布，自己要摁一下“暂停”键。在安排好公司的一切后，整整一年时间，那个为工作不眠不休的女强人真的没有再来过公司，那时的她只想为自己和家庭做一个短暂停留。

“2007 年，正是公司发展最好的时候。公司连续三年业绩都很好，也具备了上市的条件，但我却选择在那个时候停了下来。”当时很多人都不理解这种取舍，也有人认为她其实可以两者兼顾，而不是如此绝对地放下其中一个。甚至有人认为她可能不打算继续做了，也有员工选择了离开，但这些都没有动摇她的决心。

“我觉得钱什么时候都可以再赚，事业可以永不停息，但家庭和孩子却可能稍纵即逝，所以这次依然没有过多犹豫。”她笑称自己其实是个传统的人，骨子里崇尚中国传统文化，会觉得女人有照顾家庭和教育孩子的责任，只是现代社会又赋予了女人更多的社会责任，职场中的女性不得不在家庭和事业之间去做平衡。在谈到自己的一双儿女时，她的脸上总会不经意间流露出幸福的神情。相比工作中的严格，她对孩子却没有提出很多的要求，甚至连补习班都报得很少。在她看来，孩子的童年就应该是轻松快乐的，相比学习很多特长而言，她更希望他们豁达、开朗、善良，在她看来，人生能够拥有这种品质，比任何财富都更宝贵。

回归战场，带着那份责任与荣耀

再次回到公司已是2009年。金融危机刚刚过去，公司也在这场危机中遭受重创，还来不及体味重归岗位的心情，她便再次整装应战。之后的几年里，那个风风火火、永远热情积极的女强人，又出现在大家视野中。这一次的她，更加沉稳、更加从容，带领团队聚焦高端项目领域，加大拓展力度，也永远不忘把专业放在首位。于是，胡碧珅和她的团队，再一次交上了一份让业界、也让自己比较满意的答卷。

回顾过去，从缘溪堂、裘马都、昆仑公寓，到后来的红玺台、公主郡、龙溪29、华侨城、中大国际……每一个项目成绩的背后都有她和团队的全力付出。而她最开心的事也莫过于听到有人夸赞这些项目，每当这个时候，她便真切地感受到自己职业的真正价值。

在带领团队稳步立足国内市场的同时，她已经隐约感觉到行业微妙的变化。敏锐的她，开始关注起海外市场。2013年，国内市场发展瓶颈期初现，她毅然把业务拓展到海外地产投资领域。在盛同华远继续发展的情况下，胡碧珅加入了由全联房地产商会发起的Elite海外基金投资平台，进入地产金融板块。从2014到2018年，和很多优秀企业一起成功投资美国10余个地产项目，其中已经完成的10个项目在2018年实现了完美退出。

谈到未来，她笑言自己现在心里有着清晰的方向。那就是：让自己一手创办的企业生存下去，让它拥有别人不能替代的价值，让团队的每个人简单开心，为自己的企业而自豪。对于过往，她笑言很感恩曾经历过的一切，很庆幸那时选择了地产行业，也在合适的时机选择了创业这条路，她感谢非典和金融危机时和自己一起坚持下来的伙伴。正是那时经历的一切，才有了现在坚定、不惧任何困难的胡碧珅。

胡广元

中纪联盟月亮会副主席、龙湖集团北京公司常务副总经理

人生给了最好的安排

作者：中经联盟特约记者　赵建萍

能够成功做好管理的女性，大多有着双重性格：心地温润善良，行事运筹帷幄。

建筑学专业出身的胡广元，在管理方面也很成功。现任龙湖集团北京公司常务副总的她人如其名，堪称职场典范：优雅精致中可见利落，温婉内敛中可观大局，细腻包容中可显张力。如果说企业也有独属的气质，那么胡广元与龙湖的气质可谓完美契合。与她谈到事业，思路清晰而敏捷，做事务实且高效，永远雷厉风行，不达完美誓不罢休；与她聊到生活，则如沐春风，充满知性魅力和亲和力。正如她所言："生活中淡定从容，事业上顾全大局，释放自己的最佳能量，人生自然也会收获丰厚。"

纵观胡广元的履历，从大型甲级设计院建筑师到建筑所所长，从国有开发企业掌舵人到世界五百强企业的高层管理者，每一次角色转换，无不投射出一段精彩的人生。特别是胡广元主导或推动了不同类型地产产品的投资、开发、施工、运营全过程，对于地产开发的重要流程了若指掌。

然而，没有谁的成功能够一蹴而就，在上下级同事的眼中，她始终是不用扬鞭自奋蹄的状态，多年保持着不断学习和探索的工作习惯。用她自己的话来解释："正是由于工作责任大、需要处理的事务繁多且重要，才更需要有大局观、条理性、主动性和高效率。特别是善于洞察、主动管控局面，为项目做好保驾护航工作，善始善终。"

胡广元认为，这既是女性管理者的突出优点，也是赢得客户和合作者信任的基石。事实证明，这也是多数优秀的管理者所必备的能力：既能放宽视野，将整个行业尽收眼底，也能在行业间找准企业的核心竞争力和自身真正的位置和发力点。正是这些特性，令她在设计院很快从负责专项工作转向了全面管理工作，而在开发企业的10多年间，则完成了从主管设计管理岗位向开发管理的主要领导岗位全面转型。

"2007年，初到北京住总集团金第房地产公司时，主要定位于我所专长的设计管理工作，任主管设计、投资、前期的副总。不久后，专业背景的优势和工作的积累，让我开始逐步介入并负责销售、工程、成本以及后期的财务、法务等。随着管理的领域越来越广，需要学习的内容越来越多，肩上的担子也越来越重，直到身兼三职，同时担任金第公司的董事长、总经理和党委书记。"胡

广元说道。

为此，建筑学本科专业、高级工程师背景的胡广元专程攻读了中国传媒大学的工商管理硕士学位，就企业管理脉络进行了更加系统、精进的思考和提升。在此期间，除了深耕京津冀，她敏锐地洞察到外部市场发展的机遇，从京内发展到京外，独立和合作打造了诗景长安、住总万科广场、朗润园、金域东郡、桂林润鸿水尚、天津金润凤凰洲、鞍山阳光诺亚等一系列知名项目。

事业上升的步伐难以掩盖健康的困扰。胡广元决定停下脚步，对未来的事业和生活方向重新做一番规划，寻找更适合自己人生的速度和宽度。这一次，骨子里深藏的建筑师基因，支持她选择了地产行业颇具“诗人”气质、有情怀的龙湖集团。

亲历中国房地产业发展的黄金十年，胡广元深信，未来的房地产行业必将步入产品和服务时代，只有定位精准、施工精良的精品项目，孜孜不倦的学习和创新精神，以及精细化的运营和服务能力，才能真正打动人心。而在这方面，她与龙湖有着一致的选择。

与此同时，对于在地产行业内以“深耕大地、兼怀诗意”著称的龙湖集团，开发管理经验丰富、对于产品品质有着不懈追求的胡广元同样也是不可多得的综合型管理人才。胡广元多年的积累在龙湖北京公司的工作中得以充分的发挥。无论是龙湖将业务聚焦于地产开发、商业运营、长租公寓、物业服务这四大主航道，还是将产品精细化作为核心竞争力，致力于打造精品项目和亮点项目，都与胡广元推崇的产品理念和创新服务不谋而合。

在稳健、完善的管理架构下，胡广元充分发挥自身人脉和资源优势、处理复杂问题的专业能力和国企从业20多年的经验，对龙湖北京公司公共事务实行卓有成效的综合梳理。各条线工作中遇到的难题和瓶颈，汇总到她面前后，她都尽力化解。与此同时，对于客户群体的研究和产品创新能力也被市场验证为龙湖的两大核心竞争力。

“例如，根据商业项目的规模和体量，我们会精准分析其周边人群辐射范围和人口结构等，形成客群画像，精准定位商业主题和业态品牌等，保证项目客流导入和经济效益的最大化。”胡广元举例道，2018年中开业的北京长楹天街“花间享”，即团队在经历几轮头脑风暴后，根据项目区位和人群特点为其设定的创意主题，将其定位于城市品质生活的多元空间。

在她看来，无论商业项目或长租公寓，其不仅仅是为满足消费和使用需求而建造，更是开发者对于品质生活方式、城市文化与空间升级的诠释，是一种师法内心，善待用户的产品运营和服务理念。“包括目前已布局全国一线及领先二线城市的长租公寓项目，正是面向新世代人群，提供新的租住生活形态及消费升级，进而实现‘以人心为本’的目标。”胡广元补充道。

正如她所言，她很幸运，在合适的时间到了龙湖，与龙湖互相成就，正在共同迎来更加注重品质与服务升级的产品时代。

当然，幸运的不只是事业，生活也乐于善待勤奋、开朗、包容的人。一对令人称羡的双胞胎儿女、一群人生观、价值观相近的良师益友，是生活回赠给胡广元的厚礼。虽然儿女如今远在国外读书，但牵挂之余，她更欣慰于他们独立、健康的学习和生活状态。

不可否认，工作为她带来了很好的转移，但磊落的心态和投契的朋友也令她受益匪浅。胡广元坦陈，“生活幸福与否，很大程度上取决于心态是否从容、情感是否富足。若能秉持大格局、大视野去思考和处理问题，静时感性细腻，动时释放张力，心境自然也会平和、通透。”

在她看来，中国房地产经理人联盟正是这样一个不可或缺的心灵家园，既有事业上合作的伙伴也有生活中可以交流、共同成长、长久相依相伴的挚友，在共同成就梦想的过程中见证了地产行业的成长。而作为企业管理者和城市运营工作者的她，始终没有停下对创新的思考，特别是在已经到来的存量开发和改造时代，投入推进龙湖集团“空间即服务”的战略，为集团贡献自身能量。

这一切刚刚好，人生给了胡广元最好的安排。如今，时光在她身上打磨出一种豁达、干练的魅力。这种魅力，让她的世界充满力量，深谙世故却不世故，人生丰富却不平凡。

胡景晖

中房经联主席

网红"胡铁嘴"

作者:中经联盟特约记者　高拯坤

今年8月份因为挑起"租金风波"而成为"网红"的胡景晖,最近这段时间似乎显得比以往更加忙碌,常常奔波于各地考察项目,参加行业会议,策划筹备自己的新公司,顺带着约一些业界朋友谈谈心。对胡景晖来说,从我爱我家离职并不意味着离开了地产江湖,反而能够换个角度、更深层次地审视和思考这个行业。舍得之间,过往那些恩怨情仇的心结已慢慢打开,但未曾改变的是有着北大情怀的"胡铁嘴"依旧很犀利。

离开了我爱我家,胡景晖的身份依然是中国房地产经纪同业联盟主席,尽管这个职位没有一分钱薪水,但他乐此不疲,依旧苦苦思索着行业症结的破解之道。在房地产的江湖里,他有属于自己的一方天地,离不开也不想离开。

采访中,胡景晖会找一个相对舒服的姿势,时而脱掉鞋子蜷在椅子上,时而扭动身躯做思考状。说到激动时,他还会站起身来走到窗前,扯下束缚思维的领带,解开衬衫扣子,点燃一支烟,挖一挖脑海中那些金戈铁马的故事。

离职后一直在忙

"现在做的事情和房地产相关,但是已经超出了房地产的范畴。"胡景晖说,最近在关注农村宅基地的微开发。如果通勤和产业问题能够解决,在这里盖房子将极大地降低租金。类似集体土地建设租赁住房,但不是政府组织的,而是农民个体和投资者组织的。

在创业方面,胡景晖说自己在做三件事:"一是我带着流量、资源和资金参与一些项目,投资方愿意赠股给我,少则百分之一二十,多则百分之四五十;二是我会帮助一些正在创业的老朋友修正方案,出谋划策的同时自己也会做一些投资;三是有许多投资机构愿意出资去做我看好的项目。"

采访前夕,胡景晖正在筹备自己的新公司,取名"湘楚朝晖"。湘是他的湖南老家,晖则是他自己的名字。

胡景晖评价自己是一个性格外向的人,喜欢和人打交道或者是做资源整合方面的事情,最有职业成就感的是当初拉58集团入股我爱我家，弥补了我爱我家IT方面的不足。他承认在我爱我家的工作经历确实给自身能力带来了很大提升，也积累了很多外部资源。

最近两个月他一方面忙于自身的规划，另一方面还频繁出席行业会议。10月底他还将跨越大洋彼岸，在美国房地产经纪公会举办的展会上做一个30分钟的英文演讲，主题是改革开放40周年中国房地产市场的回望与总结。

与左晖的六小时促膝长谈

任何事情都离不开因与果的循环。在胡景晖离职的两周后，他与链家董事长左晖闭门谈了六个小时，还递给左晖一份资料，资料是中国房地产经纪同业联盟会员单位对贝壳野蛮扩张的质疑，意见最后汇总到胡景晖手里。

胡景晖称最初大家反对贝壳的声音很强烈，认为贝壳破坏了行业生态，为此他与左晖坐下来促膝长谈。六个小时里他们聊到了中国的房地产经纪行业正在发生的裂变，从去年年底开始，加盟模式越来越成为行业主流。也聊起了贝壳成立的初衷是希望网络平台能够有流量、有房源共享，有一些真房源管理的后台支持，交易之后也有过户、贷款等后端流程。在左晖看来这样经纪人工作效率会更高，劳动强度会降低，客户体验也将提升。

房地产经纪行业经历了这么多年的野蛮生长，确实到了一个行业变革的时间点，这种变革也许来自行业自身革命，也许来自门口外的“野蛮人”（例如阿里巴巴、腾讯、京东对这个行业已经虎视眈眈），自我革命总要比被别人革命更容易接受。“如果贝壳能够成功，将是三方受益（经纪人、客户、店东），但这个事情又动了谁的奶酪呢？其实是动了老板的奶酪。”胡景晖告诉左晖，最终的抗性恐怕是来自大家对这件事情的不理解。而通过这次促膝长谈，胡景晖也开始重新审视链家的所作所为，对左晖也多了一分理解。

“胡铁嘴”和“地产崔永元”

胡景晖的微信名叫“胡一刀”，看不惯的事儿他会在朋友圈转发几遍，直言不讳地“批斗”一番。

最近，他的朋友圈除了关注租赁市场以外，还评论支持崔永元，点赞过为崔永元发声的任志强。当然，也转了一篇名叫《“地产界崔永元”胡景晖离职的背后：直斥资本推高房租》的文章。

电视剧《亮剑》里李云龙参加毕业典礼时对亮剑精神的定义是：“古代剑客们在与对手狭路相逢时，明知不敌，也要亮出自己的宝剑，即使倒在对手的剑下，也虽败犹荣。”

这是胡景晖和崔永元的共同之处，不同的是，崔永元亮的是娱乐圈的剑，胡景晖亮的是租赁行业甚至是房地产行业的剑。

胡景晖是一个理想主义者，也是一个难驾驭的员工。在任期间诸多言论引来隔空骂战，揭露行业“潜规则”，离职后召开个人发布会数落老东家数条罪状，爆料曾经被竞争对手挖角并“有点后悔”。然而在他从事房地产行业的18年里，就算他身居高位也没有选择炒房，却反过来不断炮轰整个行业，希望国家出手接管租赁市场。“裁员降薪不一定能够走出这个冬天，包括问题频出的长租公寓，要想真正解决房屋租赁问题，必须让‘国家队’尽快入场。”

理性与非理性的结合恰恰是胡景晖最真实的一面，正如他所调侃的“我是一个在北京长大的湖南伢子和北京老炮儿的混合体”，可是当你细心地翻看他的履历，却会意外地发现他曾在石家庄陆军学院受训过一年。

“心之所向，素履以往”，胡景晖热爱这个行业，也更愿意站在行业的高点看待问题，思考该如何反哺这个行业。他说：“很多事情大家都知道，却没有人愿意说出来。然而纸里终究是包不住火的，有些事情如果再进行下去，到达一定的时间节点就会很危险。作为行业内的人站出来发声，也算是推动了行业的发展，还是有很多人能够理解我的。”

对于未来的房地产市场走势，胡景晖则认为房地产调控至少短期内不会结束，现在已经到了行业变革的时间窗口。“从今年第四季度到明年二月份房地产市场依旧会比较艰难，甚至明年也不会大好。虽然近期有央行降准等利好政策，但绝不是过去四万亿的大放水，大家要对未来有一个准确的预判。”胡景晖分析称，调控的底线其实很简单，就是老百姓能够按时还按揭，没有大量的弃供。房企“活下来”更不是问题，问题是活得能不能像过去那样滋润。到2019年春节前，开发商资金链断崖式危机不会停止，节后可能会有所改观，但恢复周期依旧会很长。

胡　樾

中经联盟招采专委会副主席、北京千盛绿色科技公司董事长

四十而谋，谋而后立

作者：中经联盟特约记者　赵建萍

正如一千个人眼中有一千个哈姆雷特，关于创业这件事，一千个人心中也有一千种不同的看法。

前万通地产采购总监、北京千盛绿色科技有限公司董事长胡樾显然选择了一条最艰难、也最符合个人理想的创业路径。

在万通地产的二十年，无论管理招标采购或负责产品研发，智慧、敏锐和严谨都是不可或缺的性格选项。而二十年后，创业需要具备的魄力、远见和坚持，从他内心深处爆发出来，形成了性格上的完整展现。

对于地产开发企业，由于招采工作与工程成本、运营成本等息息相关，如何协调所涉及的各部门关系、满足各环节需求成为工作的重要内容之一，其角色的重要性自不必说。但反之，由于涉及企业成本支出，招采工作所处的位置也倍加敏感。而这样一项综合考验智商、情商以及财商的工作，胡樾一做就是十多年。

艰苦复杂但乐在其中，虽然他坦陈这项工作并不轻松，需要妥善化解各方面的难题。

“招采过程中的不确定因素多且复杂，涉及项目的进度、效率和各方诉求，因此需要将招采工作场景化，强调极为周密的思维和大局协调能力。”胡樾说道。

他介绍道，对于招采业务，每家企业都有相应的管理流程和管控方法。不论是将招采与成本部门合二为一，或二者分开独立运营，招采工作都极其重要且相对敏感。比如，多数情况下，即使公司的招采和成本是各自独立的部门，招标、合约计划由招采部门提前拟定。然而即便如此，从项目早期开始，招采和设计、成本等部门就存在业务上的交叉和工作上的大量协调。

原因在于，招采工作从表面看是产品价格的对比和选择，但倘若只关注表面数据，则容易埋下后期的隐患。因此，无论是企业内部各环节还是企业与供应方之间，建立信任是合作的基础，在此基础上才能确保双方工作的有效推进。

解决问题的关键在于对招采工作的定位足够清晰，以及站在较高的层面思考和解读问题。

因此，如果将招标采购比作一种商业模式，了解其核心需求至关重要。

“既需要了解己方企业的需求和目标，对企业负责，也需了解产品的需求及其功能定位，对

供应方有所担当，由此来把握二者的匹配度。如果只是站在自身出发点看待问题，那么问题始终会存在。”胡樾总结道。

除此之外，他认为同业伙伴间的沟通也不可或缺，甚至是捷径，“首先要对技术本身感兴趣，才能有动力对产品应用进行透彻的了解；其次，交流正是由于不够了解，才能获知丰富的信息并为我所用。”

譬如，判断供应方企业处于什么样的发展阶段，是否存在不确定因素，以及甄别供应方的产品、资金链和服务模式是否处于正常状态。由此，将不可控的风险降至最低，进而最大化地保障公司利益。

“比如在中国房地产经理人联盟这一平台上，很多问题通过联盟伙伴间的交流可以迎刃而解，甚至规避一些潜在的风险。”作为资深的招标采购负责人，胡樾对此深有所感。

而与此同时，在万通的职业经历中，胡樾还曾负责产品研发部门，专注于健康住宅产品的创新，涵盖居室环境、空气处理、水处理以及适老部品研发等领域。

基于大量市场实践和大数据分析，他发现，国内住宅领域健康部品以及绿色科技的应用，与住宅产业的发展和房产升值的速度远远不成正比。反观欧美发达国家，不仅长期关注居住环境的健康状况，并对健康部品、绿色科技的应用投入了大量资金和人力进行研究与持续提升。

究其原因，他认为除了成本因素，住宅产品也正处于由毛坯住宅向精装住宅过渡的阶段。虽然购房者对居住品质如功能性、舒适性、品质性方面的要求越来越高，但是一方面，普通毛坯住宅产品功能仍局限于满足基本的生活需求，且相关部品的应用缺乏大众品牌支撑；另一方面，部分精装住宅虽具备硬件条件，但缺乏产品标准，并未使用环境健康相关设备，且使用部品和材料之复杂，导致产生多种有害物质存在并持续挥发于居室环境中。

如何改善居室环境，为当下提供一种健康的生活模式，为胡樾提出了新的思考方向。他决定停下脚步，转换一种新的事业路径。

而在记述众多创业成功者的《三十而谋》一文中，受访者一致认同，从不满意中发现机会、从过去中发现未来趋势，以及好的心态加高的情商，是成就一番事业的良好开端。

这些特质，胡樾无不一一对应。

目前，他同时运营着北京千盛绿色科技和智家建筑科技北京分公司两家企业，将产品聚焦于室内环境处理的健康住宅领域以及“恒温、恒湿、恒氧”的辐射式空调系统。

“所谓‘三恒’是一种宣传语汇，从技术角度而言即‘温湿度分控辐射空调系统’。技术原理并不复杂，关键在于系统的整合和安全实施。”胡樾指出。

具体而言，户式三恒系统即通过新风系统，以及在顶棚装饰层内安装毛细管道，对室内进行温度辐射，取暖和制冷，达到无风无噪、体感舒适以及温湿度均好等效果。与集中式三恒系统相比，其突出的特点是系统更加灵活、控制更加精细化。

智家首先将目光聚焦于长三角区域。在该地区，冷、热、湿的诉求极为突出，空气湿度往往在 90% 以上。因此，系统一方面要解决传统“强对流型”空调产品的痛点，如体感体验差、温度均匀度差以及户外环境污染等，以及冷凝结露问题；另一方面，通过新风系统使室内温度保持在

20 ～ 26℃、湿度控制在 30% ～ 70% 左右，同时对新风 PM2.5 进行去除率 90% 以上的处理，达到舒适、安全的居住体验。

而随着近年来雾霾、甲醛等空气污染问题严重，越来越多其他地区的人也开始关注生活品质和居室健康环境状况，新风系统逐渐走入更多普通家庭。

与此同时，他看到，“三恒”系统正被越来越多开发企业所采用并在项目中实施，有些甚至为此成立专门的绿建公司或服务团队。

这些同行既是商业上的竞争对手，又是行业的宣传伙伴。首先说明“三恒”业务是方向，并且有业务爆发的增长趋势。特别是对长三角江、浙、沪地区用户进行了普及教育，为其建立了对“三恒”系统的认知，这一现状对于今后推行辐射式空调系统以及健康生活品质无疑是良好的基础。

而作为转型的创业者，既能够通过技术和产品输出为人们呈现健康的生活模式，又能够在工作之余收集新潮的电子产品，与家人旅行或享受闲暇时光。胡樾的工作、生活和理想被完美地融合在一起，对此，他乐在其中。

黄 冰

中经联盟物业专委会副主席、国华置业资产管理部副总经理

国华黄冰真实的世界

作者：中经联盟特约记者　李叶

“运气其实是非常重要的。”中经联盟物业专委会副主席、国华置业资产管理部副总经理黄冰，用“不够励志”的一句话打开了本次采访的主题。

在市面上普遍以贩卖成功学和焦虑鸡汤，制造人人皆能成功幻象的时代，真实的发言更像打破倒映着外界美丽风光的平静湖面激起涟漪的石头，勾起人对水底世界的好奇。

今年46岁的黄冰，比起单纯的受访人，更像一位推心置腹的长者，愿意与他人分享人生中的坎坷和积累的经验，采访时与他仿佛相识已久，并没有些许生疏。

机遇与选择

黄冰曾先后任职于中国国贸和中信，现在来到国华置业。对他而言，每一次选择和离开都是机遇使然。

1994年黄冰大学毕业后，开始从事工程、设计相关工作。

2002年，他被中国国贸的老领导找到，作为国企，国贸有着令人羡慕的稳定，同时似乎也有着“让人一眼看到头的未来”。2013年，41岁的黄冰决定再“折腾”一下，因为在当时负责的项目中的展现出的能力，中信向他伸出橄榄枝，董事长给出了中信物业全国副总经理的职位，而他抓住了这个机会。

“在中信的那段时间事业做得蒸蒸日上，每一天都看得到积极的改变。然而2016年3月的一个周五，看到一条新闻，‘消息灵通人士传，中海中信有重大交易发生。’太突然了，我问了地产的几位领导，均表示完全不知情。”回忆起这段经历，他说。

去中信是如此的水到渠成，离开中信又是如此的出乎意料。同年，黄冰来到了现在任职的国华置业，机遇与选择的故事仍在继续。

稳健与挑战

提到曾任职过的三家企业，难免让人比较一番。黄冰丝毫不吝啬地分享了他的看法。

首先，国贸和中信的风格比较相似，因为中信是央企，国贸是类国企，给人的感觉都是，做事方法更稳健。

但是国贸和中信又有一些不同，中信有国企旱涝保收这种让人安全的东西，同时又有市场化的激励机制，“任何人的职业发展和业绩都关联度很密切，甚至包括很多企业采用的内部创新、创业机制，你有思路，在公司内一说，或者做份创意策划书，大家认可的话马上可以创业，公司还会提供一些支持，比如品牌等只要你能做出来。”

国华置业在三者中，则显得更特别一些，虽说是民企，但是跟碧桂园、恒大、富力等民企比起来，没那么强的民企风格，但是跟国贸、中信比起来很民企，更带着些爱挑战的元素在其中。而这种爱挑战的元素正与黄冰想要“折腾”一下的性格契合了起来。

规模与多元化

今年对于房企来说不能算一个好年份，随着调控力度的加大，融资环境的收紧，很多房企都在谋求转型，多元化发展。黄冰对多元化发展也有自己特别的理解，“马云和马化腾都有一个团队在全世界做投资，有的投资跟他们的主营业务也是无关的，奇怪的是他们这么做不叫创新，房企这么做就叫创新了。”

他还十分看好互联网对房地产的影响，“对于现阶段的地产，我认为还是过于粗放，互联网以及新技术新产品，给大家提供了一个可以精细化管理的工具，如何把没有章法的工作流程，通过一个系统获得赋能，让你获得具体指示，并监督履职，到最后进行评价，考核，对于想做精细化管理的企业获得的助益是毋庸置疑的。”

他认为，房地产行业，在产业链端的发展难度很大，突破空间不大了，只能做多元化的维度，这个多元化要么相关要么非相关。已经实现规模化的企业在做这些扩张的时候是很严谨的，创新发展和规模化发展，是行业的阶段性必然。

对于规模化，黄冰表示研究得不多，但是他认为，大家追求规模化无论从成本还是品牌角度来说都有很大帮助，“我了解所谓规模是任何一个行业发展的必然，行业从分散到集中，当生产力水平低的时候一定分散，生产管理水平高了一定是集中，国内国外所有行业的发展历程都是这样的。”

真实的世界

除了选择能够造就机遇，真实世界还有许多隐形的法则，黄冰深谙其中道理。比如，在大企业的人才选用方面，有两个条件。“第一个条件，一定是名牌学校，或是985或C9；第二个条件，大比例是有相当家庭背景的。据说巴菲特招人也是这个逻辑，草根很难逆袭，因为草根没有背景，没有背景没有网络，没有网络创造价值就更有难度。一旦有逆袭案例，会被媒体放大，然而这种现实的例子少之又少。”

人才进入大企业已经经过一次奋斗，一些企业内部的工作竞争又将带来第二波、第三波的挑战，闯过重重关卡能笑到最后的人才能成为人生赢家，而这些除了努力外还需要一点运气。这便是黄冰开头说的那句“运气其实是非常重要的”的由来。

当然，光靠运气可不行，刨除运气的附加值，实干仍是一切的基石，他说，“先去干，哪怕问题很多，你接手的事很棘手，问题很严峻，但是首要选择就是先动手，哪怕开始的行动是错的，付出了代价，也比不干强。”这句话也在黄冰的实际行动中得到诠释。

采访刚结束，只见黄冰立刻拿起电话来到走廊，利用摄影师准备为其拍摄写真照片的短暂间隔时间指导起电话另一端的工作来，采访室玻璃门倒映出他的神态——谦逊而笃定，说到专业处，时不时用手在空中比划几下。即便采访中他所描述的真实世界里“努力未必会成功”，但是他其实更明白并践行着的道理则是“不去干肯定会后悔，而一旦干起来，就必须全力以赴”。

贾　丁

中经联盟(天津)主席、金侨投资控股集团执行总裁

地产发展见证者的万花筒

作者:中经联盟特约记者　常丹丹

对金侨控股集团董事、执行总裁贾丁的采访安排在金秋九月的午后,恰逢房地产行业每年一度的营销关键节点,贾丁的日程安排得满满当当,赶来接受采访之前,他刚刚结束了一场公司的重要会议。尽管行程紧凑,言谈中,其淡定从容、睿智儒雅仍不经意间流露出来。

地产界从不缺传奇,更不缺创造传奇的人物,但与房地产市场携手近30载共成长的人并不多见,贾丁就是其中之一。

驰骋地产江湖30载,贾丁未曾闪躲退缩,唯有乐观与坚韧,怀揣着新闻理想和情怀,在媒体与官场历练之后,毅然弃文从商。从江湖规则的"制定者"到"执行者",他认清方向,认真远航,他的每一步看似跳脱,却目标清晰,也远比我们想象中坚定。

江湖里的多面人生

或许,30年前,怀揣着对新闻事业一腔热忱的贾丁没有想到,此后的人生会与尚在萌芽期的房地产紧密相连。

1989年,毕业于中国人民警官大学新闻系的贾丁,机缘巧合之下调入天津市房管局担任秘书工作,并加入中国房地产杂志社,成为一名房地产行业的记者。1990年,因为全国好新闻评选,贾丁被建设部房地产业司借调到房地产业司综合处,正式进入房地产业。

房地产业司,1988年由国家建设部成立,是我国房地产业诞生的标志,此后,作为城市经济重要组成部分的房地产业,逐渐复苏、发展,呈现出生机勃勃的局面,而房地产初期的诸多政策便是从那个时期的房地产业司开始的。

1993年10月18日,房地产业司组建成立中大房地产信息咨询总公司,收集和整理房地产信息,为房地产政策的制定提供佐证,受命于建设部,贾丁成为被借调派遣的六个干部之一。

随后,贾丁来到华南总部,在广州、深圳做了三个以开发为主的兼具信息收集职能的企业。20世纪90年代的珠三角,受益于将小渔村打造成国际大都市的契机,成为大批干部和知识分子的经商蓝海,当大多数人还在计划经济的温室里观望时,最先从事商业活动的"下海"者,八仙过

海，各显神通，确实有一番“弄潮儿”的雄风。

正是在这样热火朝天的时代背景下，贾丁在房地产开发经营的一线浸润了 11 年，其中一些重大政策的研讨，他始终都是参与者。直至 2005 年，贾丁回到家乡天津，恰逢环渤海区域蓬勃发展时期，他又再次投身于城区建设的开发中。

2009 年，贾丁加入远洋地产，打造了备受关注的远洋风景、远洋新干线等产品。2014 年贾丁再次选择投身金侨，4 年间，带领金侨成长为全国百强房企。

对这些伴随中国房地产业成长的经历，贾丁如数家珍。从纯国企到央企海外上市公司再到民企，从规则的制定者到执行者，回顾每种角色的转变，贾丁都颇为满足，心怀感恩，他感慨道，正是由于领导的支持，即便是在体制内，那个意气风发年纪下的理想与抱负得以实现，而当下，在金侨，贾丁与时俱进，全身心投入到带领公司实现上市的进程中。

“基本上把这个行当都做全了”，回首来时路，已到知天命之年的贾丁带着一抹淡然的微笑，这样总结道。

底蕴与肌理

对于职场上的多次转型，贾丁归因于骨子里自带的“始终不安分”，不过，换个角度来看，贾丁的新闻梦其实并未走远，只不过切换了实现梦想的舞台场景。

没有如愿从事新闻媒体的工作，贾丁心存遗憾，不过，他也认为，4 年公安院校的专业训练与新闻专业的教育为其后来从事房地产工作打下基底，各种知识和文学功底就像曾经身上的武功一样，变成了日后能力的一部分，“做房地产就像从事新闻行业一样，常见常新，新闻专业的底子对于从事这个行业一生都很有益，一方面要勇于创新，房地产 30 年，从最初的功能性住房产品，到现在能够跟世界顶尖住宅比肩的产品出现，这些都是实实在在经得起时间检验的，另一方面，是在关键节点上尽可能调动资源把产品做得有说服力。”

在贾丁看来，自己投身 30 年的事业实际上跟做新闻殊途同归，媒体是亲历者和见证者，现在的新闻是未来的历史，在房地产行业里，也要始终持有大局观，记录具体项目和地产形势的变化，参与其中，贾丁有着满满的成就感和自豪感。

如今，贾丁供职于金侨控股集团，角色是执行总裁。20 余年的经营发展中，金侨形成了房地产开发、建筑物业服务、文化教育科技、金融证券投资等四大经营版块运行，贾丁主管集团所有板块的经营，他对自己的定位是金侨集团的“驾驶员”。

谈及与金侨的渊源，贾丁表示，2013 年以后房地产市场爆发，个性化企业涌现出来，加入金侨的目标是把金侨带到香港上市，金侨产业规模大，涉及的业务种类繁多，希望通过海外上市，理清企业肌理。

作为发家于湖南的本土企业，这只由湘军“武装”起来的队伍身上有着天然的敢为人先、辛勤坚韧的特质，若要在湘军中树立威望，就必须具备真才实干。与企业磨合的 4 年间，贾丁带领下的金侨几乎每年上一台阶，国内国外业务版图均有扩大，成功跻身全国百强房企之列。对于工作上取得的成绩，贾丁认为不足为道，在他看来，“总要抓住青春的尾巴多做一些事。”

从房地产作为服务行业里的子项到如今举足轻重的行业地位，贾丁寸步未离这个圈子。在评价房地产30年取得的成就时，贾丁表示，30年间，国内居住条件的转变巨大，真正出现了和世界大都市等量齐观的城市、城市群，仅仅30年，这个发展不可逆，这个行业切切实实改造了生活居住环境和精神面貌，是一个有意义的行当。对于未来房地产的发展方向，贾丁认为，“用科技将生活回归本真”。

见惯了潮起潮落，贾丁以踏实取代了冲动，沉稳取代了张狂，如今，已过知天命年纪的他在规划下一个十年时，则表现得更为务实，“希望能保持良好的心态，保持奋进，更加自如，更加潇洒，谱新篇岁夙愿，做更多好作品，能够让自己职场这10年有个圆满的句号。”贾丁透露，山水人文兼具的小镇或许将是他职业生涯的收官之作，此外，也将一如既往地带领金侨发挥既有优势，涉猎教育地产、医养结合，调动海外的品牌来加持国内的开发，同时，推动金融等板块业务在海外的拓展。用贾丁的话说，是“抒奇志，展鸿卷，谱新篇，遂夙愿。”

客立宏

中经联盟商业地产专委会副主席、中粮置地北京公司副总经理

客立宏"马拉松式"职场观

作者:中经联盟特约记者　王进

42195米的距离对于普通人来说,是对体能的极限挑战。不仅仅是因为比赛,对参赛选手的体能和力量有着严格的选拔要求,还因为3至6小时的恒定运动需要耐力、毅力等内在力量做强大背书。

中粮置地北京公司副总经理客立宏对马拉松比赛十分热衷,纵然在高压、快节奏的房地产行业,女性需要承担来自职场、家庭及社会的多重压力。

从2015年开始不到三年的时间,客立宏完成了20余场城市马拉松比赛,足迹遍布深圳、大连、厦门、都江堰、北京、长春、布拉格、柏林等世界各地。

用双脚测量世界,用跑步书写人生,成了她的真实写照。

在地产圈内,酷爱跑步的高管不胜枚举:万科前董事长王石、万科董事会主席郁亮、优客工场创始人兼董事长毛大庆……但是,自工作以来,25年间从未主动换过企业的高管却屈指可数。客立宏便是其中一个。

"人生是一场马拉松,而不是百米冲刺。其中,更多的是需要韧劲与耐心。职场亦是如此。"客立宏在人生与运动之间找到了某种共性。

水到渠成

一席红色连衣裙,齐肩短发、珍珠耳坠、笑容灿烂……自带气场的客立宏语速很快,但逻辑清晰;由于采访时间临近其运营的新项目——祥云赋开盘,她需要时不时地处理项目现场反馈过来的信息。果断、干练、热情、正能量,是这位双子座女高管身上十分鲜明的标签。

生于东北吉林,求学于天津,辗转来到北京。1993年,刚刚大学毕业的客立宏,进入中国成立最早的大型综合性国有外贸公司——中国土产畜产进出口总公司从事财务审计工作。

2004年,如果说宏观调控是当年的关键词,改革无疑成为与之如影随形的另一个亮点。因为正是那一年,酝酿十几年的投资体制改革方案横空出世。

彼时,伴随着20世纪90年代外贸企业实体化改革的步伐,隶属于原国家外经贸部的农产

寇　鹏

找梯网创始人

我希望把互联网的风带进电梯行业

作者：中经联盟特约记者　徐帅

英雄有两种，一种带领大家斩杀恶魔，匡扶正义，另一种是始终站大家在背后，默默奉献成为坚强的后盾。这是寇鹏在他的演讲中形容电梯维保技工的话。一直以来，电梯行业并不被大众所关注，但其实电梯行业的发展与房地产行业休戚与共，一脉相连，为房地产的高速发展作出了不可磨灭的贡献。

提起寇鹏这个名字，房地产同行或许会觉得有点儿陌生，但在电梯行业却是无人不知无人不晓。当年不满30岁的寇鹏就曾在电梯行业引起轰动。他进入奥的斯，用了不到一年的时间就打破了项目经理只能内部提拔的惯例，脱颖而出成为北京奥的斯区域重点大项目经理，在职期间零投诉，创造纪录。那份晋升令，寇鹏一直留到现在。

作为自动化专业的高级工程师，寇鹏曾先后供职于芬兰kone集团、美国UTC联合技术有限公司等多家全球500强企业，拥有深厚的工程管理经验和熟练的运营管理能力。和电梯打了二十年交道，他始终对这个行业保持着一腔热血和责任感。

寇鹏的《延禧攻略》

最近大火的《延禧攻略》讲述了清朝少女魏璎珞在宫中一路打怪升级，由普通宫女最终成长为襄助乾隆盛世的令贵妃的故事。寇鹏的故事与这个故事有些相似。他从一名维保技工不断学习，不断扩展，最终成为找梯网CEO，只不过与电视剧相比，寇鹏身上并没有编剧强加的主角光环，他的成功是一步步踏踏实实走出来的，是靠一点一点积累和进步最终实现的。

十年磨一剑。电气专业的寇鹏一毕业就进入了电梯行业，寇鹏从最基础的工作做起，两年一个上升阶梯，先是项目经理，再到大项目经理，再到后来负责商业和物业。作为一个理科生，寇鹏有着缜密严谨的逻辑，并不断保持着学习和跨界的能力。实际工作中，他总能准确找到各方的痛点与需求，然后各个击破，取得平衡。

寇鹏是一个很注重细节的人，他有一个习惯，车里会常备一块儿擦鞋布，由于工作性质的原因，他经常去尘土飞扬的工地，而每次需要见客户的时候，他会把自己打理的整齐干净。“这是对客户的尊重，也是对自己的尊重，你只有把自己经营好了，客户才能相信你可以把项目经营好。”

在他看来，奥的斯和当代置业这两家企业对他影响深远，正是因为有了这些优秀的企业平台，寇鹏如鱼得水，得到了很好的发展机会。奥的斯是寇鹏第一次以项目经理的身份所服务的公司，在奥的斯这样的电梯一线公司工作多年，他对这个行业有了清晰的认识和深度的理解。在奥的斯他负责了北京财富二期、千禧大酒店、银泰、SOHO 等地标性建筑的电梯项目，说起这些，他满脸自豪，如数家珍。

在触到发展的天花板之后，他离开奥的斯进入当代置业，作为一家以地产开发为主要业务的公司，当代给了他更广阔的平台，他的业务版图很快也扩展到了物业和商业，在房地产这片更广阔的天地里越飞越高。当代是寇鹏服务的第一家地产公司，在这里他了解和学习了地产的全产业链内容。“在当代，除了电梯，我了解了物业和地产的全流程服务，这是一个羽翼逐渐丰满的过程，这是一个不一样的世界。我非常感激当代给我的平台。”

此时的寇鹏，已经有积累了足够的经验和人脉，向他抛出橄榄枝的企业不再只局限于电梯行业，他可以有更广阔的舞台去实现抱负，施展才华。然而他却作出了别人可能无法理解的决定，放弃优厚的薪水和待遇，选择回到老本行。

难舍初心　再度回归

在对寇鹏的采访中，能明显感受到，他是一个有情怀的人，也有着坚韧与担当。在当代置业做商业、物业的日子很精彩，但他始终难以割舍那份电梯情怀。

寇鹏有一群跟随他多年的伙伴与部下。“这些年我的职业扩展面多了很多，但是这些人呢，跟着我这么久，他们没有这么多收获，没有富起来。他们跟了我八年，七年之痒都已经过了，我当初承诺给他们的愿景，我希望带他们实现。”寇鹏对这些伙伴有一份深情与责任感。“人也好，企业也好，要有所为有所不为。吃水不忘挖井人不是以后的事，是现在就应该做的。”

除了对伙伴的不舍，寇鹏的回归还因为他想尽力将电梯行业带出发展困境。随着国民经济的持续发展、房地产行业的高速运行以及城镇化进程的加快推进，中国也已经成为全球最大的电梯制造地和销售国。但是作为房地产的下游产业，电梯行业本身并没有被大部分人关注。

寇鹏将电梯形象的称为“龙套文化”，从明星在电梯里自拍到住户被困电梯间，电梯经常作为其他热点新闻的背景板。寇鹏曾经将自己的演讲视频《电梯侠》分为十段上传到抖音，但只有一小段的评论量和播放量十分突出，这一段的情节是维保人员挨业主打。如其他幕后行业一样，默默付出的电梯人的薪酬困境与电梯行业本身并没有得到社会的关注。

在其他行业飞速发展，日新月异、信息共享的时代，电梯行业处于一种风吹不进，雨打不进的状态，科技与网络的新风仿佛绕过了它。

由于深谙电梯行业规则，比如电梯行业的私密性，电梯企业之间的交流闭塞，电梯行业内的信息不对称问题十分突出，而找梯网想要做的，就是破解行业信息不对称的盈利模式，推动电梯行业前进。寇鹏希望打造一个电梯行业的互联网时代，这件事并不简单，但他有自己的想法。

“随着电梯行业从业人员的更新换代和科技的发展，行业的前进不可阻挡。就算没有我，没有找梯网，也会有其他人，其他企业去推动这个行业的发展，但我们希望我们能做成这件事。”

2016 年底，找梯网正式成立，寇鹏带领着第一通正的团队开始摸索电梯销售的线上模式，意在打造一款电梯领域的垂直电商平台，也是一个电梯产业链金融保障平台。找梯网目前尚处在一个摸索前进的状态，但对于要达成的目标寇鹏也表示出十足的信心。找梯网并没有背靠电梯集团，而是依托着当代置业和第一资产的支持，一步一个脚印地走到今天，如果说当代置业是扛着绿色科技地产的大旗，找梯网想要做的就是扛着电梯垂直细分领域的大旗。

仅仅两年的发展时间，找梯网已与广日、蒂森、巨通、康力、现代等多家知名电梯品牌签订战略合作协议，合作项目遍布上海、江苏、湖南、湖北、安徽、福建、山西、陕西、辽宁等全国大部分省市。

房地产行业的黄金十年已经过去，与房地产关系紧密的电梯行业面临产业的升级转型。如寇鹏所说，下一个十年，如果找梯网能成功，电梯行业将跟上互联网的潮流，进入一个更加高效透明的良性环境。

李　根

中经联盟常务理事、山水文园人力资源中心总经理

深耕一个行业的倔强

作者：中经联盟特约记者　梁笑梅

面对采访，李根给人一种谦虚和蔼的感觉，在谈到自己的工作时，他身上总透漏出一种倔强、坚韧的品质。

从李根的经历就可以看出，他从一家零售企业的门店经理做到企业的部门经理，只用了三年时间。人只要敢想敢做，没有什么不可能。目前，李根已经是山水文园投资集团的人力资源总经理。

曾任联合利华公司总裁兼CEO的理查•德戈尔茨坦（Richard Goldstein）认为，“最好的管理决策：用对了人。最大的管理失误：用错了人。”人力资源在公司管理中的作用可想而知。

李根有着8年人力资源行政管理从业背景，其中13年的外资企业、民营企业、上市公司人力资源全模块管理操盘经验。此外，他还有着9年地产公司人力资源高管经验，曾在多家上市房地产集团任职人力行政负责人，负责集团人力行政管理和新区域公司、项目公司的筹建工作，具备多年的大项目筹备操作经验。

自从步入社会以来，李根一直没有离开人力资源这个圈子，从大学毕业到现在将近20年时间，他已经是人力资源行业的“老人”。他不是不愿意去尝试新鲜事物，他认为在目前所处的这个行业还有很多值得探索和挖掘的地方。深耕一个行业，这是一种匠心精神的体现，是一种坚持的倔强。这和他从小在部队大院长大的经历不无关系，因此，他身上总是透着一股倔强劲儿。

在部队长大的孩子

李根从小生活在一个军人家庭，父亲是一名军人。人们都说，在军人家长大的孩子，和一般的孩子不一样，他们有着与生俱来的气质——自律、坚韧。在李根身上就可以看到，他对自己的管理很严格。

上大学时，八个人一间的宿舍，七个人都抽烟，唯独李根没有学会抽烟。即使参加工作了，一些应酬场合需要喝酒，他都能做到滴酒不沾。“到目前为止我已经三年没有喝酒了，而且说到做到。”李根说。

2000年大学毕业后，李根进入了零售行业，这是最令他印象深刻的工作。从店面人事经理升到了集团人事经理，他只用了三年时间。起初，门店的工作非常辛苦，一个人要处理很多繁琐的事情，除人事基础工作的工资、保险外，客户投诉、防损、理货、收银、收货等工作他都尝试过。他感谢那段时间的锻炼，也正是这种经历，让他学习到了更多经验，综合能力也得到了提高。

从2010年开始进入地产行业，李根至今有九年的地产公司人力资源高管经验。他负责集团人事行政管理和新区域公司的筹建工作，擅长区域、项目公司的筹备管理，有多年的大项目筹备操作经验。

在职业生涯中，李根记得在有一家公司遇到了困难。从住宅地产进入到产业地产，这是一个陌生的领域，他有点茫然。“我不能当逃兵，”李根心里默默下定了决心。他迅速去学习产业地产的商业模式、销售模式、管理模式，查找各种资料，以及和产业地产的同行HR交流。此外，在实际操作中还要面临解决各种问题：入驻企业的模式是怎样的？人员该如何分配？最后，他成功地取得了阶段性胜利。

通过上这次经历，李根悟出了一个道理，“不可能用相同的自己，得到不一样的未来。”

除了工作外，他会选择健身和旅游去排解工作当中的压力。近期，他和朋友们自驾去了稻城亚丁、香格里拉，在旅途当中整个人得到了心灵的净化和放松。

李根喜欢的书籍是《将心注入》和《肖申克的救赎》，从《将心注入》一书中，他学习到了一家伟大的公司在不同的发展阶段如何去经营管理，是在不断竞争发展中创造新的思维模式及企业管控模式。《肖申克的救赎》书中传达的主题是希望，将不可能变为可能，李根看到了人的蜕变过程，要不断去实现自己的梦想。

李根一步步沿着计划去实现自己的目标，而自律和坚韧是他不断取得成功的原动力。

做企业与高级管理人员之间的“黏合剂”

李根从事工作以来，一直没有离开人力资源行业，善于处理企业变革中高端人才融合问题，他就是企业与高级管理人员之间的“黏合剂”。

这体现在：他十分熟悉集团、区域公司、项目公司全面内部管理，对集团化管控模式下人力资源管理工作中的人力资源规划、人员招聘与选拔、培训与发展、薪酬与绩效、员工关系管理的实际工作有丰富经验，能够带领人力资源团队由流程型向业务型转变。

人的精力是有限的，但李根在多重身份中游刃有余。

李根的履历比较丰富，而且身兼多职。他曾在华润万家（华润集团旗下优秀零售商连锁企业、世界500强企业）担任集团人力资源总监，香港中新集团天津公司（香港联交所上市企业）担任人力资源部经理。目前，他就职于山水文园投资集团，担任人力资源总经理。此外，他还兼任中华英才网人才测评研究中心、前程无忧（51JOB）测评部、猎聘网、智联招聘等多家人才机构的高级测评专家顾问。

2014年，李根进入了他目前所在的这家公司——山水文园集团。担任人力资源总经理期间负责人力资源整体管控，围绕集团的战略目标，完成集团组织架构、团队的搭建及协调管理。

“山水文园集团过去以高端旅游和住宅为主，现在，和六旗娱乐合作，开发主题公园和主题小镇。取国家大势，集世界智慧，在大型文娱、健康抗衰老行业为中国发展作出自己的贡献。目前正在建设‘山水六旗小镇’，未来将成为世界级小镇开发运营的典范。”李根坚信地说。

山水文园集团创始于1986年，以“让中国更美丽，让生活更美好”为企业愿景，致力于创造有品质的生活体验。集团业务覆盖娱乐、文化、健康等业态，项目布局京津冀、长三角、珠三角、成渝、华中等核心经济区域，助力中国文娱、健康行业资源整合与产业发展。今年正处于集团的第七个“五年计划”期间，未来会向着千亿级别的目标迈进。

对山水文园而言，李根的职责是帮助该企业挑选合适人才。李根说：“我会打破原来的行业芥蒂，在选择人才时不会锁定在地产圈而是会中意于具有创新意识的行业人士。”

多年的职场历练，李根已经变得淡定自若。关于自己未来的职业规划，李根直言，“未来仍然会深耕在人力资源行业，会努力拓宽自己的视野，提高管理水平和管理技能，逐渐往企业管理方面转型。”

李 捷

中经联盟常务理事、首开仁信置信有限公司董事长

搏击的人生

作者：中经联盟特约记者　唐珊珊

1970 年出生的李捷，笑称自己是一位“地产老兵”，24 年来一直冲锋陷阵在地产一线，从征地拆迁、工程现场管理到规划设计管理、营销管理，用他的话来说：“地产这行，除了物业没干过，其他都干过了。”和李捷谈房地产，更像重读一本中国商品房的进化史，那里不仅有着整个行业的风云过往，也有着他全部的青春记忆。

然而这个曾经多次创下销售佳绩，也曾屡次临危受命、攻坚克难的人，却并不爱过多谈及过往，对于以往的战绩总是轻描淡写，一带而过；却在提起那些一起奋斗过的朋友们时，打开了话匣子，在他的故事里，那些被他称为“兄弟们”的人，还有那些一起奋战的岁月，才是他在这个行业 24 年里最为宝贵的。

从“新人”到“销冠”

1994 年，刚从南京工业大学毕业的李捷进入了首开集团，当时的首开集团还叫“北京市房地产开发经营总公司（后改名为天鸿集团）”，福利分房是人们拥有房子的主要渠道，很少有人去买商品房。那时的房地产行业在年少的李捷心里，更多的是盖房子，盖多少房子、怎么分，没有人去思考房子如何卖的问题。

在李捷的记忆里，他第一次接触到商品房，是首开做的华侨村项目，那时内地基本没有房地产市场，而华侨村的兴建在当时更多的是为了满足归国华侨、外籍人士以及他们的家属的需求。然而随着中国福利分房制度改革的深入，房地产市场正发生着翻天覆地的变化，商品房销售正逐渐取代福利分房占据市场，市场经济取代计划经济，如何做好销售成为企业转型的关键，然而房产营销对于所有人来说都是陌生的，当时的“天鸿集团”正在开发着几个商品房住宅的项目，谁来挑头做第一个冲锋陷阵的人，集团决定打破国企用人方式，通过公开竞聘上岗的方式来选拔出这“第一个吃螃蟹的人”。

在说起当年竞聘上岗的情形时，李捷至今记忆犹新，他笑言那时的自己年轻，有股子“初生牛犊不怕虎”的劲儿，在一线各个岗位已经跑了很多年的他，已经感觉到了房地产行业正在发生

的变化，这一切都与他刚入职时不同了，他想要走到这场大潮的中央，看看自己是否有能力应对这一切未知的变化。“那时参加竞聘的有几十人，有比我资深的前辈，也有比我学历高的人，但说实话，当时我并没有觉得害怕。当时的我虽然年轻，但业务很全面，从征地拆迁，前期规划、工程管理，我几乎每个工作都干过，也是前期的那些积累，让我在遇到新的挑战时，可以迅速作出应对策略，最终我在那轮竞聘中胜出了。”

2001 年，刚满 30 岁的李捷，被集团公司破格提拔为天鸿集团销售公司总经理。主管着百万平方米大盘“回龙观居住社区”和莲花小区、东花市、幸福村等诸多开发项目的销售工作，然而体量如此大的商品房销售对于他来说无疑是一个巨大的挑战，当房子走入市场经济，什么样的房子可以吸引购买力，如何定价，营销方案如何做都没有先例可以参考。“就在我苦于无从下手时，一本杂志上刊登的香港楼盘广告让我眼前一亮。”于是他想办法找到朋友，通过各种渠道收集香港以及国外楼盘销售的案例，销售模式，用了一个月时间去重新认识国内的市场，在网络还不发达的时代，收集数据做分析调查不是件容易的事，而他却凭着那股子狠劲儿把销售额做到了那一年北京的市场前几名，同时也建立了属于自己一套营销体系。

首开重组、再创佳绩

2003 年，房地产市场进一步改革，土地市场全面进入了“招拍挂”时代、国内掀起了开发新高潮。2005 年底，“北京天鸿集团”和“城市开发集团”两大国企合并重组为“北京首都开发控股集团公司”，成为了京城地产行业的“巨无霸”。又经过了两年的重组、整合，2007 年底首开集团主业整体上市，首开地产开启了高歌猛进的新航程。

然而重组之后的首开集团，也有一些业绩不饱满、包袱沉重的子公司。这一次领导又把一副重担交给了李捷。“我记得当时领导找到我说，这个企业虽然基础差、底子薄，但有首开集团资源平台的支持，就是给你提供了一个巨大的舞台。”李捷清楚地记得刚刚重组的首开仁信公司，全公司 150 人，仅有一万平方米的遗留开发任务，公司没有新业务，有的员工甚至已经做好了跳槽的打算，看着这一切，李捷的心里被狠狠刺痛了，如果不想办法扭转公司现状，很快这个办公室和这 150 个同事，都将从集团中抹去，于是他决定拼搏一把！

他很清楚，如果想最快、最有力的开拓市场，需要组建一支强有力的专业人才队伍。于是，他重新调整人员架构，选拔经验丰富的专业人才，亲自组建了仁信公司项目拓展小组，专门负责公司的新项目拓展工作，在不到三年的时间里，成功地从土地市场竞得了五宗土地的二级开发权，累计地上总建筑面积 108 万平方米，规划总面积达到 140 万平方米，短短三年时间内就拓展了一百多万平方米的开发建设业务，一跃成为首开集团的主力企业。

在解决了业务规模扩张之后，他又将精力投入到加强企业管理、谋求企业长期发展问题上来。首开仁信公司原先是六家公司和部分事业部员工组合而成，成立之初约 150 人，分散在五处办公地点，既不利于统一管理，又影响工作效率。在李捷的带领下，首先完成了对华宝公司、宝汇等公司的清算。接着，对公司组织框架进行调整，提拔年轻的管理干部，重新确定仁信公司各部门的分工和主要职责，推行“扁平化”管理。撤销分散的办公区，形成了仁信公司相对完整、集中的办公条件，全面完成了所属二、三层级企业的整合，建成了高效、扁平式的管理架构。

为了稳定这种管理架构，他再次将管理精细化，将任务分解到部门、落实到个人，在首开集团公司内率先实现京内项目“八个月开工”的承诺，极大地提高了项目前期的周转速度，也使得这个曾经濒临解散的公司在不断变化的市场环境中站稳了脚跟。

走入市场、搏击人生

2012 年，首开地产全面开放合作，推行与行业标杆企业的合作开发。李捷率先带领首开仁信公司与保利地产公司合作，成立了“北京保利首开兴泰置业有限公司”，联合开发建设“熙悦春天”项目，这也是首开仁信迈开合作发展的第一步。合作开发加快了企业发展的速度，也提高了企业的管理能力，此后，在他的带领下首开仁信又先后与保利、万科、中海、龙湖、碧桂园等标杆企业合作开发，年开发面积已经达到了 200 万平方米、销售金额超过百亿。

从 2008 年开始，仅用了九年的时间，首开仁信公司便从原来一年几千万元的营业收入，到 2011 年完成 15 亿元收入，2014 年完成 48 亿元收入，2017 年完成 68 亿元经营收入，实现了业绩和规模连年跨越式增长扩大。

“我是个喜欢主动出击的人，没有机会就创造机会和把握机会，只要全力出击，事情就成功了一半。”他经常这样告诉自己的员工。业余时间喜欢登山的他，经常会组织员工一起登山，从崎岖看似无路的野山之中踏出那条清晰的道路，带着队伍完成一次又一次的登顶，这种快乐只有经历过的人才能体会。

李　敏

中经联盟商业地产专委会副主席、中赫集团运营管理部兼崇礼太子城冰雪小镇运营总经理

坚定行走在行业发展趋势上

作者:中经联盟特约记者　唐珊珊

在国贸三期27层的高楼上,可以看到北京最繁华的商业景象,也可以看见远处正在兴建的高楼,这个城市每天都在改变,就像在湍急的时代大潮中不断被雕刻、重塑、打磨着。中赫置地运营管理部李敏总,说她每天上班最爱的事,就是在忙碌之余站在办公室的落地窗前看窗外的高楼林立。在她看来,体现一个城市的繁荣,从某种程度来说,不是道路宽阔,不是高楼林立,而是商业地产的发展。

"当我们穿行在城市的高楼商场之间的时候,可以感受这个城市生命力,这也是我喜欢做商业地产的原因。"刚开完会的李敏略有些疲惫,她目前负责运营的崇礼太子城冰雪小镇项目正在赶工期中,因为崇礼降温比较早,所有施工都要赶在土地上冻之前。做商业地产二十多年,从百货商场、购物中心、商业综合体到养老地产、文旅度假小镇、共享创新生活方式平台,她几乎涉足了商业地产的每一个领域,并且始终行走在行业趋势之上。

从传统百货业进入商业地产

"我喜欢接受挑战,喜欢接触新的事物,不喜欢循规蹈矩。"2002年的中国,外资企业正陆续涌入,一夜之间,传统商业的江湖被沃尔玛、家乐福、太平洋等强势进入,那一刻,年轻的李敏意识到传统商业正在发生改变,于是她毅然从王府井百货辞职,来到了香港九龙仓美美时代,希望能在外资企业中学习到新的商业知识。港资企业先进的商业管理经验和管理体系,以及品牌规划都让年轻的李敏耳目一新,也逐渐明白国内奢侈品市场一直无法与外资企业抗衡的原因,很多国外一、二线品牌进入中国首站到香港,再通过香港渠道进入中国内地,很少有在中国内地设立办事处的,所以当时中国的高端奢侈品市场几乎是被香港几家亚太代理公司垄断。

如果说香港九龙仓让李敏第一次了解了外资企业的商业运作模式,那么金源燕莎则是她第一次接触购物中心,打破传统百货经营模式,以租赁为主,打破传统业态组合边界,以区域主题进行规划,室外场景室内化,让她深刻意识到这样的模式将是商业未来发展趋势!而真正接触商业地产,是从她的四川之行开始。2005年,商业地产在国内初兴,一个偶然的机会让李敏得到四川

天成集团的邀请，去四川做一个商业综合体项目，而且是在一个三四线城市，这让从来没有想过离开北京的她纠结了很久，但是，对三线城市商业环境的好奇最终战胜了她所有的纠结。

2005年，她只身一人拖着32寸的大行李箱来到四川广元，这一去就是四年。成都以及四线城市——广元的商业环境让她感到意外，尤其是广元和北京几乎相差15～20年！不仅是商业环境和氛围，当地人的消费习惯也更偏向在街边摊和底商消费，很多人不知道什么叫购物中心，在这样一个地方做商业综合体，她心里没底。

如何设计这个项目，把周围人群吸引到这个综合体中来，更像是与当地人数十年的消费习惯做争夺战。于是，她用了整整一年的时间去学习像一个四川广元人一样生活，了解这个城市的人，也了解这个城市。在她看来，广元是个包容性极强的城市，批发市场和高档商场在一起，老城区和现代商业紧邻，然而这些在广元显得毫无违和感。这段经历这也让李敏对商业地产有了新的认识，她开始思考：商业项目不应该是冷冰冰的，它可以是现代和传统的碰撞，也一定承载着人们的情感，这种情感可以叠加在建筑的设计、室内空间的营造、氛围的营造中，一个项目有着能够打动人情感的东西，这才是一个成功的项目。

经过三年的时间，这个叫“摩尔天成”的项目在广元市的两江口落成，整个项目采用了围合式商业广场设计，集购物、休闲、娱乐、餐饮、观光等为一体。为了让整个综合体商业项目成为四线城市的样本，她带领团队引进了很多首次入驻广元的国内外知名品牌，超市、家用电器主力店、时尚百货店、餐饮娱乐等应有尽有，很快这里便成为川北消费生活中心。摩尔天成的成功并未让李敏在四川止步，但原本计划在2008年离开的她却意外地被“5·12汶川地震”留在了四川，投身到灾后重建的工作中，又是整整一年的时间，李敏和她的团队在经历无数次余震中恢复了摩尔天成的正常经营，也正是那样一段时光，让她对这个远在四川的项目和现在仍然工作生活在四川的团队伙伴们有着非同一般的感情。

在凯德所学在万科得到实践

2009年，从四川归来后的李敏，同时收到了两个offer，一个是万达，一个是凯德商用，最终她却选择了对比万达薪酬和职位都低的凯德，在她看来，凯德的资产管理体系比高薪高职位更有吸引力。“直到今天，在现在的中国商业市场做资产管理最牛的还是凯德，这个毋庸置疑。”李敏口中的资产管理，并非现在很多人理解的简单的资产盘点规划，在她看来，凯德的资产管理体系最厉害的就是全生命周期资管体系。她如饥似渴地学习，用半年时间解读报表，直到自己能独立做经营报表。

然而这套在凯德学到的资产管理经验，却在万科得到了最终实践。2011年，万科启动商业计划，在时任集团副总裁、北京万科总经理毛大庆的说服下，李敏加入了万科，成为万科商业的第一支团队。当时吸引她的不仅是万科本身，还有万科正在做的几个大型项目，昌平的金隅万科广场（现在的悦荟万科广场）、房山的中粮万科半岛广场、大兴的住总万科广场，这三个项目代表着万科真正进入商业地产领域。在全面负责北京万科商业的时间里，她得到了足够的发挥空间和难得的实践机会，她以资产管理的模式建立团队，建立制度体系，建立财务管理，她将凯德的整套资产管理体系应用在北万商业管理。在她的带领下，由她操盘的位于昌平的金隅万科广场不仅成为北京六环外第一家大型购物中心，也是万科第一个开业的购物中心，也成为万科集团中第一个开业即被“资本化”的项目。“当时我们刚开业就卖给了麦格理 90% 的股权，利润回报很高，而我们小股操盘，整个运营管理都是我们万科商管在做，当时特别有成就感。”在说起当时的情形时，李敏的眼中难掩自豪，最让她难忘的是，曾经一度不看好商业地产的老板王石特意去昌平看了这个项目，然后拍照发在了自己的微博上，那一刻，对于李敏和万科商管团队的伙伴来说，都是难忘的！

谈起未来和理想，一向在行业内比较低调的李敏笑言自己对这个行业爱得深沉：“我从心底里，热爱商业地产这个行业，也希望能为这个行业多做一些事情。在这个行业沉浸了这么多年，我有义务为这个行业贡献好的方法和经验，奉献好的标杆项目，培养好的人才。也希望自己能永远行走在行业发展趋势上，引领这个行业，致敬职业理想，无悔初心。”

李树木

中经联盟海外专委会主席、中国电建地产美国控股公司执行董事

职业进步中热情协作职场发展中热力配合

作者:中经联盟特约记者　林振兴

14000 千米，是中美隔海相望的距离，这个数字对于李树木而言并不陌生。作为中国电建地产集团美国公司执行董事，频繁穿梭于中美之间是他的生活，跟进洛杉矶、旧金山、波士顿等多个美国城市的项目是他的工作。

2004 年，李树木从英国爱丁堡赫瑞瓦特大学电气工程博士毕业后，入职英国建筑智能化和楼宇科技上市公司。他从总部技术工程师稳扎稳打做起，逐步升职到中国区总经理，熟悉高科技产业的国际业务管理与市场运营实践。

担任中国区总经理时，他带领团队进入中国市场，并成功中标和完成了世博会重点项目——上海机场弱电工程项目，该项目作为英国的苏格兰地区在中国的经济联系成果之一，苏格兰首相还曾带领一众苏格兰部长随从亲自到访参观。苏格兰位于英国北部地区，也是李树木学习和工作了长达 8 年的地方。

在英国公司工作的 5 年期间，李树木先是在英国集团总部负责技术，后来在中国香港和日本负责市场业务，公司主要业务之一便是基础设施和房地产开发所广泛涉及的建筑智能化和楼宇科技，因此大量接触房地产行业。

彼时，中国房地产行业即将进入真正快速发展的轨道，大多数地产从业人员出身于各类各业的工程技术人员，例如给排水工程、电气工程、建筑工程等。李树木是从事弱电工程研究，自然而然地就与其他相关行业工程技术人员人一样，进入到房地产行业。

2010 年，他以建筑智能化和楼宇科技的专家身份，进入到中国电建地产集团。中国电建地产是世界 500 强中国电力建设集团的全资子公司，也是国务院国资委核定的首批 16 家主营房地产开发与经营业务的央企之一。公司业务范围涉及土地开发、房地产开发、物业管理，产品覆盖住宅、写字楼、商业、酒店等多种类型。

从国内房地产投资开发管理业务到海外投资开发业务，李树木多次完成全新的业务突破，积累丰富的国内和国外工作经验，知晓国际惯例和市场规则，具有全球视角思维和独立处理事务的能力。

他坦言，“在经历外国独资企业和中国央企两个比较不同的职业环境后，最大的自豪是在

开展新业务、拓展新市场时，能够妥善管控新业务风险，以细致严谨、认真负责的全局思考把控业务关键节点。”

在电建地产工作期间，他从事国内房地产业务时，作为主要参与人员之一，完成了两个全新区域的市场进入，两个市场后续也都逐步发展成为公司六大区域总部之一；从事海外房地产业务时，作为初创时的两名管理人员，他参与了几乎全部业务。

回顾中国房地产行业的发展，李树木认为，“中国近十多年的GDP高速发展和社会财富增长，房地产行业起到了巨大的作用。”从全球经济发展角度而言，他总结到一个规律：处于不同经济社会发展状态的各个国家房地产行业发展阶段，可以观察其人均GDP水平进行初判。

例如，1500～8000美元，住宅业态快速增长，以满足人均30平方米的居住需求；8000～15000美元，细分市场快速发展，包括社区商业、公共物业、商业物业、酒店物业等；达到15000美元后，不动产、CBD、商业地产快速发展，此时房地产行业向服务业转型；达到25000美元后，商业地产开始出现众多创新，开发商逐渐变成导演，为投资商服务并演化成服务商，商业地产商的市值将高于住宅地产商。

从以上规律来说，中国房地产整体已完成大规模建设阶段，下一步就是精细化管理，持续提升和深度挖掘建成物业的价值，并维护长期物业的高品质，李树木强调，“这需要转变开发商的工作思路，也有很长的路要走。”

一夜之间，中国的一切都在提速，一切都在变化。这是世界经济趋势和周期、全球科技与社会演变、中国发展态势和阶段、中国内部改革和政策，多方面因素共同形成强烈共振导致的。中国企业的对外投资既是中国经济发展和时代变革的产物，也会随着中国经济发展和时代变革的演变而变化。

李树木分析道，“最近一轮房企‘走出去’，既是适应国内房地产市场的白银新时代，也是中国经济实力增强后对外投资需求的自然溢出效应。”此轮的“走出去”是从2011年左右酝酿，在2012年正式启动，并于2015年达到顶峰，且随着国内政策、国内资本市场、国际外汇市场新变化，在2016—2017年进行了全局的适应性调整。

这一过程中，在美国、英国、澳洲等成熟市场投资开发的多数中国房企，恰逢市场周期的上行阶段，因此取得了良好效果，并且由于美国是“长租公寓”“产业地产”“养老医疗地产”发展多年后模式成熟的市场，中国开发商在投资海外的过程中，有了很好的深度学习和实践借鉴的难得良机，这为国内长租公寓、产业地产、养老医疗地产等细分市场的方兴未艾和金融机构参与支持，提供了发展模式的指引。

进入2018年，中国企业的对外投资环境和政策要求进一步明朗，中国房企也因势利导，一方面响应国家政策，另一方面寻找适应企业自身优势的发展战略，重新确立各自的海外投资模式，开启了新一轮的中国房地产企业“走出去”。

除了密集的工作，平日里李树木也有很多兴趣爱好。他喜欢徒步旅行，亲近自然，享受气定神闲的感觉；他也爱好围棋博弈，在方寸之间领略大格局；投资则又是一个挑战，在二级市场里进行投资实践，体会经济全局和社会方向标。

在李树木眼中，中经联盟是一个充满“热度”的房地产行业组织。他也情不自禁投入到这种“热度”中，担任中经联盟常务理事、海外专业委员会主席。围绕着中经联盟平台，众多的房地产职业经理人在职业进步中彼此热情协作、共同成功，在职场发展中互相热力配合、共同成长。

人以群分，中经联盟的“热度”正是来自一众创始人和联盟主席的热情和热力，来自在此感召下渐渐聚集起来的行业专业人士的众人拾柴火焰高。李树木感慨，“过去十年，行业力量慢慢聚合在中经联盟平台上，如同竹笋破土；下一个十年，中经联盟和职业经理人在已经聚合的态势中碰撞机会，必将松木参天！”

“力图在趋势中求变，到达胜利彼岸”，是所有房地产职业经理人面对的大势。李树木也从未停止过前进的脚步。

李艳春

中经联盟菁英俱乐部主席、中冶置业集团名鑫地产开发有限公司总经理

“御姐”炼成记

作者：中经联盟特约记者　王秀娟

李艳春是典型的“御姐”。

她端坐在我面前，一身黑色短裙，一头披肩长发，尽显专业干练，又不失亲和。在交谈过程中，她逻辑清晰、表达准确，也十分的耐心。对于我不明白的专业问题，她无比细心的讲解，每一个表情，都散发着自信的神韵，每一个手势，都表达着成竹在胸。

目前任职中冶置业香河公司总经理的李艳春，在工作中是十分让人“放心”的，熟悉她的人都评价她有着自律、干练、专业的工作态度，以及高效、亲和的工作作风，一副“有什么事，我顶着”的御姐范让她备受领导重视，备受同事信任。

复合型女学霸

别看李艳春现在一副自信满满的样子，在她 2000 年刚进入房地产行业时，也是一只菜鸟。

“因为我大学时学的是法律，在当时的社会环境下法律很难找到适合自己又收入可观的工作。一次偶然机会让我成为一名房地产销售员，开启了我房地产的从业经历。”李艳春说。

从法律到房地产，于她而言是一次跨界转型，其中的成长阵痛只有身在其中的人才能感受到。彼时的李艳春浑然不知，一脚踏进房地产业的那一刻，是她跨专业、跨学科的一个开始。

从房地产销售起步的李艳春，经过一两年的时间，逐渐开始接触房地产投资开发，她的努力认真公司领导看到眼里，给了他更多的机会历练。如今的李艳春已经成长为项目经理，能够独当一面。

在整整 18 年的工作时间里，李艳春总共经历了 4 家房地产公司，这个跳槽频率行业里算是很低的了。在这 18 年的时间里，李艳春从一名普通的房产销售人员成长为项目经理，这其中，有公司平台给予的机会，更与她自身的学习能力分不开。

李艳春的认真负责让公司领导十分器重，逐渐给她分配更重要的工作环节。而面对公司安排的不同领域的工作，并非科班出身的李艳春硬着头皮也要把事情做到极致。

“我觉得领导把工作交到我手上，是对我的一种信任，我肯定要付出 120% 的努力将事情做

好。这不仅是在做事，也是在做人。”她说。

然而，从房地产销售到投资开发，到项目管理，到一二级联动开发，到PPP合作项目的管理，再到即将着手要做的河道生态治理，李艳春不断挑战着新工作内容。面对这些，她成了一只吸水海绵，一路升级打怪，努力学习专业知识，成为房地产圈里典型的女学霸。

为了更好地管理项目，她在工作之余修了企业管理；为了更好地搞清楚土地与房地产的关系，做好一二级联动项目，她抽时间又进修土木工程的研究生，学习土地法，还考取了PMP国际项目管理师证书。

现在的李艳春，已经熟悉房地产市场土地拓展、购置土地、开发手续、营销推广及项目运营管理的各个环节。这种经历，使李艳春成为房地产界的复合型人才，以至于很多公司看中她的这份背景，重金相聘。

努力工作的样子最美

回顾近十年的工作历程，李艳春一直深耕北京、环京区域市场。

近几年，北京房价的不断攀升导致需求外溢，环京区域成为需求外溢的承接地。李艳春一直致力于燕郊、大厂、香河等热点区域的项目管理，经历过香河土地风波，经历了市场暴热、平稳，进而转衰的过程，对上述区域的实际行情了然于胸。正是由于这些区域在区位的特殊性，市场关注度高，也正因此，李艳春在工作上遇到了许多较特殊的困难。

以她目前主管的香河区域一二级联动项目为例，因房价不断攀升，这里原居民对拆迁的期望值也不断抬高，这给实际操作带来了不小的困难。

拆迁，一直是房地产开发中最难啃的骨头。

李艳春在接手一二级土地开发联动项目时，对于拆迁的难度就有过心理准备，但在实际工作中遇到的困难，依然让她觉得十分挑战。

但这并没有令李艳春望而却步，她一直相信“办法总比困难多”的道理，努力从现实中寻找解决问题的方法。

“拆迁是一场政府、开发商与业主的博弈。每一方都在为自己的利益专营。但我觉得，为自己争取利益是不错的，但如果只站在自己的角度考虑问题，事情进展就不如意。这是我在啃这个硬骨头时切身感受到的。”李艳春说。

也许，同理心这东西，女人天生就要更敏感些。

在香河项目拆迁过程中，男同事们经过一番与业主的谈判后，留下了一些“硬骨头”，迟迟不同意拆迁的业主让他们有些手足无措。

李艳春知道后，亲自去现场了解情况，用女性特有的亲和力与同理心，与业主诚心交谈，打亲情牌，从他们的角度和感情出发，也会在公司给的合理范围内让渡一部分利益，感动了许多人。

“对于拆迁的补偿标准，公司是有一个区间范围的，只要在这个范围内，我都会从他们真正的需求出发，合理满足对方。人都是情感动物，你拿出诚意来，对方会感知得到。”李艳春说。

就这样，在香河的某一个村拆迁时，原本公司规定 3 个月内拆迁完毕的任务，李艳春在 29 天就完成村子 98% 的签字率，符合 95% 以上签字率即可开工的拆迁要求。

这样的拆迁速度一度被业内传为佳话，就连香河区政府也都在工作会议上时常以此例为学习对象。

在每个人生阶段，人们都会遇到不同的困难，或大或小，或急或缓，只要不被困难牵制，积极想办法去解决，不断提升自己消化问题解决问题的能力，才能展现出迷人的光彩。

李艳春说自己工作太忙，没有太多的时间精心打扮自己，更多的是忙碌的狼狈，但我却认为，她努力工作的样子是最美的。

未来十年，李艳春说还将会不断努力学习不同学科的知识。她判断，在未来房地产业平稳发展的背景下，行业利润空间缩减，企业未来的发展将会是更加多业态的。“只有多业态学习，储备更多的知识，才能让自己在工作中游刃有余，提升自己的竞争力。

作为中经联盟菁英俱乐部的主席，李艳春在工作上表现得自律、专业、高效，而私下的她也是一个爱疯爱玩大大咧咧的北京大妞。

“年轻的时候我最喜欢的是玩车，曾经自驾游去过很多地方玩，一路上拍拍风景，那种时光真是惬意啊。现在却很少有这种闲暇了，但我在空闲时间里依然会坚持公益，这会让我找到自己更多的价值。”李艳春说。

李　莹

中经联盟规划与建筑设计专委会主席、金地集团华北区总建筑师

感恩“幸运”

作者：中经联盟特约记者　赵欣宇

初识金地集团华北区总建筑师李莹，是在一个夏末的午后，俩人坐在向西的房间里，从房地产谈起，思绪穿梭于现实和回忆之间，交错跳跃。谈笑间，太阳已悄悄泛出橙色，将最温柔的光洒向室内，勾勒出一段火热且温情的回顾。

“房地产设计管理实在太简单了”

“房地产设计管理实在是太简单了。”乍一听这样的话，一般人都会诧异这样的狂人狂语，然而对于李莹这样一位20世纪80年代毕业于大连工学院建筑系第一届建筑学的毕业生，后又分配到中国铁道部专业设计院，参加过北京、上海、深圳等多个城市多条地铁线路的设计与设计管理，参加过并主导过大量铁道部标准图集编制、铁路客运站设计，在设计院供职16年多才进入地产的人来说，经过综合铁路项目设计及建设过程的管理，这样的表达应该只属于专业意见的范畴。但她却也只是淡淡的一句话：“因为幸运”。

李莹介绍说，由于“幸运”，在21世纪初，中国房地产市场刚刚起步时她就进入了地产公司，一脚迈进了金地地产的大门，负责金地目前价值最大的项目金地中心，和国际最优秀的设计公司“SOM”——美国新、旧世贸中心的设计公司合作，共同完成了一个北京长安街边的标志性建筑。其中所有的经历，都给她今后的地产管理带来了巨大的经验和技术累积。

机缘巧合，离开金地后李莹又转入华远地产，参与组织了当时市面上最高端的项目——昆仑公寓的设计调整及大部分户型的精装交付设计、施工管理等工作。同时操盘华远•裘马都、华远•九都会等高端项目，走在了地产批量精装的前列。

说到组织的各类项目，她都是幸福满满，命运之神给了她太多机会——她职业生涯中里程碑式的建筑与祖国首都的长安街结下了不解之缘。作为一个建筑设计师，她担任过北京地铁“八通线”的设计总监，管理协调桥梁、轨道、隧道、通信信号、电力牵引等十多个综合专业的设计工作。设计参与管理过的金地中心、招商局大厦、宝钢大厦（前身为少年报社大楼）也都位于长安街两侧。

也正是因为参与了多次国家级的重大重点工程，后来进入房地产事业的李莹在游刃有余中多了精细。“这些年的经历给了我两点修炼：一个是必须认真的精神，因为但凡一点点小的失误，在铁路、地铁这些关乎民生的公共事业项目上，都将带来致命的影响。即便后来的房地产项目，很多事情简单许多，我依旧非常严格甚至可以说是苛刻，绝对不容许出错；第二是互相学习和团队协作的态度，只有这样，才能让工程沿着最科学最合理的方式来建设”。

工作上忘记性别 生活中记住性别

从22岁大学毕业至今，三十多年的工作时间，其中有17年的事业奉献给了铁路、地铁、火车站。很多时候，李莹忘记了自己是个女性。工作伊始建设铁路，20多岁的她经常和同事们一起去到杳无人烟的荒野研究地形；在大型铁路机车车辆厂设计施工，滚烫的钢水由天车运载注入巨大的容器淬火，热冷交汇蒸汽腾空而起形同爆炸，几乎可以将屋顶掀翻。

那时的李莹并不觉得艰苦，反而对着万川博荡，会顿觉山高人小，宇宙无极，慨叹大自然鬼斧神工缔造的奇妙；巨大厂房里面的滚滚烈焰，汗如雨下，又彰显着人定胜天，万众一心凝聚力量征服蛮荒的求胜意志。性别的概念，在建筑行业中几乎不值一提。

李莹至今还记得一件趣事。1989年，她应单位指派去非洲援建毛里求斯体育场。该地一年四季气候炎热，她带了很多套裙子过去。建筑工作的需要，一次，她敏捷地爬上了脚手架，指挥一番淡定地下来。第二天却被总工悄悄拉住，“李工啊，下次来工地上就不要再穿裙子啦，我们下面那么多工人，眼睛都不知道放哪里好啦。”

与此同时，在生活中，李莹却时刻能用运用女性特有的敏锐，对美有非常高的要求。李莹说，在西方，建筑专业一般隶属艺术院校，做建筑的人不能没有发现美的眼睛，引领美的觉悟。她平时对国画、雕塑、文学都有一定研究，各种艺术品展览、歌剧话剧，都能看到她的身影。

对美的向往和理解也延伸浸润在她的本职工作中，在华远、金地任职期间，只要李莹不点头，项目的样板间是不能开放的；外立面的颜色必须李莹亲自现场审定后才能铺就。在中经联盟担任规划设计委员会主席期间，李莹最重要的工作之一也是把审美能力带给联盟里的朋友们。例如她曾经邀请色彩专家给大家讲解视觉色系对中国建筑的影响、组织联盟成员机构赏析经典建筑构图等，利用联盟平台的力量，把美传递出去。可以说，三十多年的工作生涯，李莹把她的前半段奉献给了中国铁路，后半段奉献给了中国的房地产事业，而伴随她一生的，是对美的不懈追求。

越感恩越幸运

李莹虽然是一个工作狂，但对家庭的爱也热烈而绵长。对自己一生的最好作品——女儿，李莹完全不吝啬分享。“幼儿园就寄宿，小学就住校，高中就出国……”李莹自愧对女儿照顾不周，但幸运的是丈夫长期以来默默地理解和支持。家庭的美满是李莹幸福的基石，也是她不停向上的动力。她的女儿目前已经在加拿大知名学府攻读艺术设计专业，丈夫爱好摄影，工作之余夫妻俩的志趣多少有些类似林徽因、梁思成夫妇，经常赴各地领略祖国的美好河山及民俗文化，欣赏不同地域的建筑文化艺术。

整个采访期间，李莹对笔者反复说，她是一个非常幸运的人。在笔者看来，她对“幸运”的理解是感恩和珍惜，感恩国家改革开放40年的天时地利，感恩中国铁路大力建设的波澜壮阔，感恩中国房地产市场飞速发展的黄金年代。而她的回馈，就是在自己的岗位上努力做到最好。

李泽龙

中经联盟地产金融专委会副主席、中冶置业集团副部长

土拍“江湖”

作者:中经联盟特约记者　王迪

在泽龙心中有两个江湖。

一个是小说里的武侠江湖，一个是职场中的地产江湖。

虚拟中的江湖，源自他对金庸武侠的偏爱以及内心深处的英雄主义情结；现实中的江湖，则植根于关乎国计民生的地产行业：波澜壮阔，又纵横捭阖。

活跃于地产投资一线近十载，泽龙在虚实之间找到了一种让理想照向现实的路径。通过自媒体《地产星探》泽龙评地栏目撰稿，呈现一个别样的地产土拓“江湖”，既记录行业动态，又聊以自慰。

戏谑之外，多留有几寸“龙摆尾”的余地，这是写作技法，也是他的态度。

由于《泽龙评地》在京津冀地产圈的影响力，其本名李龙反倒鲜有人知。北京地产土拓圈有句经典语录：“土拍可以缺席，但每期的泽龙评地绝不能错过。”

剑走偏锋的李式幽默

2018 年上半年全国近 800 宗土地流拍，曾经炙手可热的帝都也创下 7 宗土地流拍的记录。当连环流拍戏码在全国各地轮番上演，逐渐蔓延的焦虑与不安成为隐藏在房企减仓背后的反射。

然而，按此时间倒推 2 ～ 5 年，那时，房企拿地趋之若鹜，地王盛宴高潮迭起：疯狂、任性、踩踏、过山车、隔空撕斗成为那几年房地产行业的关键词。

伴随着地产行业的高歌猛进和此起彼伏蜂拥而出的地王，处于工作之便和个人爱好，在微信朋友圈经常对北京土拍点评的泽龙，从 2016 年初开始通过好友星探君的公众号《地产星探》，以《泽龙评地》专栏的方式输出对土拍市场的辣评。

彼时，1500 千米之外的重庆，同为 80 后的六神磊磊凭借解析金庸武侠声名鹊起，成为自媒体野蛮成长时期的代表。

“文成武德，一统江湖！帝都地产教主的魔力；帝都碰瓷老司机的十八般武艺；血拼一千，自伤八百，自残房企忏悔录；游走在和平里北街的拓展玫瑰们……”

同样是武侠风十足，泽龙则更偏重短小精悍、直指要害、自由洒脱的文风，加上偏爱周星驰的语言及插图元素，更显幽默风趣、戏谑有味，这让他在枯燥的地产土拍界自成一派，并俘获地产投资领域上万业内粉丝的青睐，“摊主”成为地产土拓人对他的称呼。

事实上，从行业细分领域来看，地产投资是地产开发最为关键的一环，因为拓展优质的土地，关系着房企生命线的有效延长。现实中，泽龙参与了中冶置业集团大多数项目的获取工作，见证了中冶•德贤公馆等高端住宅产品从树立到誉满京津冀的发展历程。伴随着公司近几年的迅猛发展，在中冶置业集团总部担任投资开发副部长的泽龙，目前的工作的重心多聚焦在京津冀、西北和中原一带。

作为国务院国资委首批16家房地产央企之一，中冶置业集团国企的定位，让泽龙在土地拓展与战略定位上有着更为宏观的视野，而一线的经验让他能够近距离地接触市场最为前沿的一手资料，这为他轻车熟路写土地时评提供了丰富的素材。

3年，200余篇文章，几十万字……白天忙于工作，晚上写文章，成为“业余撰稿人”泽龙的日常。

在将写文章视为爱好之外，泽龙却意外搭建起了一个地产圈土地信息共享的平台。

“本身做投资，就要多看、多想、多思考、多交流。土拍之前，大家一起猜测哪家能拿下土地，再验证一下，挺有意思。”

土拍盛宴之后的落寞

对于土拓人来说，繁杂的工作不仅需要敏锐的行业观察能力、综合评比能力，还需要偏外向的性格，以便能够在市场调研中迅速捕捉到有价值的信息，有时候还需要前往完全陌生的区域进行实地调研，甚至会存在人身危险。

作为地产投资老兵，泽龙在地产投资与写文章之间找到了一种有效补充与实时给养的平衡。这让泽龙在面对房地产土地市场的走向时，理解深刻，一语中的。

2008年—2018年的中国经济拨云诡谲，吴晓波在新书《激荡十年：水大鱼大》中这样写道：“中国急速扩容的经济规模和不断升级的消费能力，如同一个恣意泛滥的大水，它在焦虑地寻找疆域的边界，而被猛烈冲击的部分，则同样焦虑地承受着衍变的压力和不适。”

事实上，对于房地产而言，这种压力与不适在2018年更为明显。

融资渠道逼仄，还债压力迫近，还债高峰、高负债正在成为压垮房企的最后一根“稻草”，反映在土地市场上，则表现为土拍盛宴不在，低底价成交遇冷与连环流拍并存。

泽龙曾发文这样总结全国流拍景象：“济南流拍、太原沦陷、宁波失控、合肥歇菜、全国慌恐，北京的预审请重出土拍江湖，简约而不简单。”

对于当下的北京土地市场，泽龙行文流畅，观点犀利。

“虽然资金链断裂、房企跑路、激进房企裁员、布局战略收缩渐成地产圈和媒体主流词汇，但深耕帝都的房企被困扰的高频词汇一定会有成本压缩、预算失控、质量降级；在总包互残、房价锁死、集中供应、房源同质、周转压力的多重大山下，从土拍端发酵的后遗症会手术刀般精准地反映在营销端。”

为何2018年土地市场频频流拍？面对记者的提问：泽龙指出了三个原因：第一，从大环境来说，由于政策及融资环境收紧加上限价严格、利率较高，房企“加仓”困难；第二，就全国来看，政策并未有放松迹象，并且政策有深化的可能；第三，三四线棚改走向尾声，去库存取得阶段性进展。此外，诸如对竞自持、配建保障房、限价等条件让土拍规则越来越苛刻，这都成为土地大规模流拍的原因。

未来的土地市场又会呈现何种趋势？泽龙解释称，一线及强二线城市土地市场虽然短期内会随着政策的深化而收缩，但长期看好。最毋庸置疑的一点是，高总价、高单价、高溢价率，所谓的“三高”地块近期肯定会遇冷。由于棚改货币化的影响，三四线城市或有收缩迹象，对于没有产业、人口支撑，又不在核心城市辐射范围、没有特大政策利好的城市，在土地市场中问题会逐渐显现。

左手严谨土拓，右手幽默行文。对于泽龙来说，前者倾向于工作准则，后者侧重于人生态度。

在加入房地产行业之前，中国石油大学经济学硕士毕业的他，曾辗转于深圳、苏州、西安等地，并从事过能源等行业。除却中冶置业的任职，在房地产界他还有另外一个职位—中经联盟土地金融专委会副主席。

喜欢历史的泽龙在微信公众号上给自己起了一个昵称，叫作“泽小抠—幽燕封郡节度使”。他笑称：“右边比较严肃，左边加点幽默，这叫雅俗共赏，喝咖啡就大蒜，秋水共长天一色。”。

“后悔进入房地产行业吗？”记者问。

并未迟疑，泽龙视线微微上扬，而后，用周星驰式的语言、风趣地回应道：“不后悔，即便人生有一次重新选择的机会，我还想选择房地产。如果非要加一个期限的话，我希望是一万年。”

廖丽娟

中经联盟营销专委会副主席、华侨城北方地产集团营销中心总经理

一个热烈而朴素的地产行者

作者：中经联盟特约记者　李燕星

尼采说，每一个不曾起舞的日子，都是对生命的辜负。

三毛说，梦想，可以天花乱坠，理想，是我们一步一个脚印踩出来的坎坷道路。

她说，“哪有真正的岁月静好，每个认真的人都在负重前行。既然都是负重前行，一定要让自己姿态优雅，身影漂亮。”她就是廖丽娟，华侨城北方集团营销商管中心营销总监，一个在理想坎坷道路中负重起舞的地产营销人。

从事地产行业10年当中，她历经了严厉的楼市调控，历经了高压的业绩考核，历经了家庭、身体与工作之间的冲突，每一次魔力都来势汹汹，但最后都变成她翩翩起舞的舞台，幻化成对地产行业更深刻的热爱。

初心

大人者，不失其赤子之心。

廖丽娟目前在中铁华侨城和园项目担任副总经理，主要负责管理营销和设计，选择地产营销管理的初衷恰是一份单纯炽烈的热爱。

中国房地产发展的黄金十年是房地产营销人黄金且备受考验的十年，廖丽娟身在其中，感慨万千。过去十年，她亲历多次楼市调控。不过，让她难忘不是调控中市场的阴晴圆缺，而是面对对市场失去信心的客户，她曾带领团队做专业的分析和分享，一次又一次地为客户树立信心，因此结交了一群客户朋友。

廖丽娟回忆道，“房地产行业是个关系民生问题的行业，经常遇到各种形式的调控，每逢调控，对所有从业人员都是一场考验。不仅考验产品，考验营销水平，考验服务能力，还考验信心，考验体力。不过，每次调控过后，我们热爱的房地产行业又在健康良性的通道中，一路快速发展。”

祸福相倚。在她看来，多轮严厉楼市调控，更像是突如其来的礼物，让廖丽娟用信心赢得客户的心，也更加明确了自己对地产行业的初心。

在旁观者眼中，过去十年的地产光鲜亮丽，有着气派的售楼处，有着精美的样板间，还有着高大上的明星活动，甚至令人惊叹的动辄上百亿的销售额。如人饮水，冷暖自知，地产从业人员的辛苦，却是一般人难以承受的。

廖丽娟表示，“这是一个技术含量非常高的行业。从产品定位，项目设计，形象包装，营销服务，交房入住，到物业服务，每个环节的专业化分工都非常细致和明确，对从业人员的专业知识和技能有很高的要求。同时，因为该行业资金占用量大，考核的 IRR 指标要求很高，利润和速度双重指标考核对从业人员的抗压能力要求极高。”

蝶变

再高压都未能驱散廖丽娟对地产行业的热爱。不过，比普通人更难以把控的，是一个女性职场人如何才能找到生活与工作的平衡。

廖丽娟回忆，“我感触最深的是，女性在现代社会中承担着非常重要的作用和巨大的压力。尤其是房地产营销人，在职业生涯中，有数不清的节点和考核指标。早出晚归，夜以继日是常态。尤其在别人的节假期更是营销的黄金期，别人在工作，营销人在工作，别人在休息，营销人在更卖力地工作。”

只有工作，没有生活，是廖丽娟很长一段时间里的状态。大都市里这种快节奏的状态，让人乐此不疲，但总也好像悄悄地吞噬着什么。

直到身边陆续有不少朋友的健康和家庭亮出红灯，廖丽娟才意识到了工作与生活的长期失衡，相比看得见的调控与业绩考核，这种失衡潜在的风险更加不留余地。

于是，她开始反思人生的意义：“只有优质的生活才能促进更好的工作。”几经辗转，她华丽转身，开始健身、瑜伽、游泳、撸铁、画画，和家人一起看电影、逛艺术展、下厨、度假，开始了真正意义上的生活。

看起来云淡风轻的改变，升华着她对生活和工作更深刻更高级的热情。

廖丽娟说，“当进入到这个阶段的时候，人生豁然开朗，生活的丰富多彩让工作也没那么大的压力了。继而，我慢慢地又发现工作中更多的美好，更多的荣誉感和成就感，更多的安全感和责任感。”

行走

经得起客户挑剔的眼光，才能经得起市场的检验。

对于地产营销人来说，敬畏之心是创造优秀产品的沃土。对于廖丽娟来说，中铁华侨城和园项目是她践行与实现理想的沃土。

和园由华侨城和中铁两大央企联袂开发，股东双方发挥各自的优势，精心匠造。和园对廖丽娟有着特别的意义，这是她职业生涯中第二个从项目前期定位阶段就开始深入参与的项目。

廖丽娟说:“因为从事营销工作多年,我深刻理解优质土地的稀缺性,也深刻理解房子对于一个家庭的重要性。我非常尊重每一寸土地,非常尊重每一位选择和园的客户。为了更好地给客户提供服务,我们需要将最大的精力放在产品设计阶段。每一个户型,每一个功能空间的布置,每一种精装修材料的选择,每一项智能化设备的甄选……在每一项工作中都需要怀揣着对客户的敬畏之心。”

华侨城给了廖丽娟挥洒青春与热情的舞台。廖丽娟回忆称,在华侨城工作已经13年的时间,这是一个非常优秀的企业,是一个非常强大的平台。华侨城的本部在深圳,现在的深圳华侨城区域曾经只是一片滩涂,而在华侨城人的建设中,早已成为深圳的一张名片。

华侨城作为央企,践行三大战略和两大创新发展模式,其中三大战略定位是“中国文化领域的领跑者”“中国全域旅游的示范者”“中国城镇化的引领者”。两大创新发展模式为“文化+旅游+城镇化”“旅游+互联网+金融”。华侨城紧跟中央,践行央企的社会责任。

坚守

从滩涂到丛林,是一个企业的历程,也不妨是一场人生进阶。从最初的热爱到走过漫漫职业生涯,职业经理人最高级的热爱莫过于坚守,廖丽娟是个坚守者。

廖丽娟是典型的双重性格,时而安静,时而活跃。也正是因为这样,她认为自己很适合房地产营销这项工作。因为,营销既需要冷静的思考力,又需要热烈的感染力。

廖丽娟说,“营销一直是我热爱的领域。在工作之余,我喜欢画画,摄影,音乐,旅行,瑜伽等。它们使我的生命有了宽度,让我的生命充满了色彩。”

在行走的过程中,她看到的、听到的、闻到的、感受到的所有美好的事物,都带到了工作中,希望有更多的人,包括同事、客户、朋友都能够感受这些美好的事物。

细腻的感受带给廖丽娟无尽的灵气与灵感,“我看到一些优秀的户型功能格局,闻到的大自然的芬芳,听到的法国香颂,都第一时间融入和园项目中。当我看见客户对产品,售楼处氛围的营造表现出兴奋时,那种成就感让我会铭记一生。能分享美好,是一件无比快乐的事情。”

谈及未来十年的规划,廖丽娟表示将坚守在房地产行业,紧跟时代步伐,为更多的人分享美好,为更多的人创建美好生活而努力。

在中经联盟10周岁之际,廖丽娟也不忘送出自己的祝福,“中国房地产经理人联盟是我们所有房地产经理人的温暖之家,是我珍爱的团体和宝贵的平台。在这里,我感受到团体的力量,这里不仅是我的知识宝库更是我的力量源泉。在他10周岁生日之际,我衷心祝福联盟蓬勃发展,积极壮大,为中国的房地产行业继续贡献力量。祝愿我们热爱终身的、奉献宝贵青春的中国房地产行业欣欣向荣。”

林　聪

中经联盟酒店专委会主席、万豪国际集团中国区酒店业务发展高级副总裁

喜乐布施者

作者：中经联盟特约记者　林振兴

没有想象中的正襟危坐，采访全程林聪都是以宴坐的姿态完成交谈的全过程。这个纯粹的北京爷几乎成了万豪在中国的标签，他自如处世和妙趣横生总给外界一种游戏人间的错觉，却又能透露出他对行业敏锐的洞察。

在风口上“跨”出成功

人不轻狂枉少年。林聪不按常理出牌、擅长颠覆常规思维，从他的成长经历中可窥一二。在36年的职业生涯中，他有着非同一般的履历，服务过3家世界五百强集团公司。这听起来颇为传奇，但背后透出他“顺势而为”的大智慧。

改革开放之初，进入外企工作成为年轻人梦寐以求的理想，林聪把握住了这市势机遇。1984年，他进入到中国第一家涉外饭店——北京长城喜来登饭店。据他回忆当时市场中有个“传说”，考清华是11选1，而能进长城喜来登饭店是21选1，这充分说明，在改革初期能进涉外企业工作竞争可谓异常激烈。

1989年底，林聪离开饭店，拿到了世界上排名第26位的美国麦道飞机公司的“入场券”。他是麦道飞机公司第一个中国雇员，在当时林聪是以外企员工1300号进入中国外企服务公司。工作5年期间，他协助美国总部团队完成了25架飞机的销售，同时麦道在华成立了3个合作组建工厂的合作项目。这也是林聪人生的第一次“职场飞跃”。

1994年，他又加入了世界上排名第11位的美国菲利普•莫里斯公司，这家公司旗下的万宝路烟草在全球家喻户晓。他从一个销售业务员开始了全新的职场生涯，仅用两年时间，林聪就做到万宝路中国区北方区的首席代表。2000年，世界反吸烟运动使万宝路烟草公司决定暂时撤出中国市场，林聪也因此“被失业”。

离开万宝路烟草公司之后，林聪曾在喜力啤酒公司任职，但他再次嗅到快消品在中国市场上已开始进入“低潮期”，同时林聪预感到房地产将是中国经济发展的下一个“蓝海”。2003年，林聪毅然加入了万豪国际酒店集团中国区发展部，又一次选择了职场的跨越，并再一次从发展

刘 刚

中经联盟海外专委会副主席、海亮集团澳洲区域董事总经理

为海外添一抹中国亮色

作者：中经联盟特约记者　高拯坤

Polo衫，休闲裤，运动鞋，一身休闲打扮的刘刚显得随意而不随便。对刘刚的采访，更像是久未谋面的老友叙旧、闲聊，轻松自然。事先准备的采访提纲也失去了意义，原计划一个小时的采访，被拉长到近三个小时，从人生履历到职业规划，从项目操盘到企业管理，从海外投资到行业转型，娓娓道来，可谓天马行空。

作为海亮集团澳洲区域董事总经理，刘刚的阅历显得丰富而多元。海归、博士、政府公务员、规划师、项目操盘手、海外投资人、职业经理人，这些身份标签清晰地记录着刘刚的人生履历。

作为有着规划师背景的职业经理人，刘刚对人生的规划也显得有条不紊。工作中的严谨细腻与生活上的洒脱相得益彰。特别是加盟海亮这些年，不仅帮助海亮成功在澳洲站稳脚跟，也用实际行动为澳洲房地产市场添上了一抹中国亮色。

从墙上的图纸到落地实践

2006年，刚从英国留学归国的刘刚参加了当年深圳的"百年引才计划"，免试进入深圳市规划局南山分局，并参与了当时的深圳城中村改造项目。之后，他因家庭原因调回北京，到中国规划设计院国际城市规划研究所，与众多外籍专家一起从事规划设计工作。

在此期间，他作为核心组员参与了天津中新生态城的总体规划编制工作，负责生态城市课题及居住区专项规划设计，在生态城市规划领域得到了国内规划泰斗邹德慈院士、国际规划大师John Friedmann、梁鹤年教授等大师的指导；曾与设计了迪拜塔超高层建筑和马斯达尔零碳城市的美国ASGG公司合作，负责成都立体城市项目的研发与设计。

国内规划设计最高平台的规划设计师，这份工作在外人看来绝对值得艳羡。但对于刘刚来说，人生价值在于拥有内在的丰富，有真性情和真兴趣，有真正喜欢做的事。在他看来，做规划设计只能停留在图纸上，比这更重要的是项目如何落地。"当时的抱负就是去一家真正可以实践的企业，亲手让项目落地"。

2011年，恰逢华夏幸福基业扩张，刘刚顺势加盟华夏幸福，正式踏入房地产开发领域。

“这是一段很美好的经历。”刘刚谈到在华夏幸福的经历时显得有些兴奋。那时他负责华夏幸福在河北以外的扩张，每天的工作就是与政府打交道，寻求规划落地、产业落地。他把这些工作调侃为“组团忽悠”。“那段日子不是一般的忙，每周要工作 70 个小时，几乎没有休息日”。正是那段经历，让刘刚的思想更成熟，人生更丰满。

从“二次入海”到结缘海亮

2014 年举家移民澳大利亚，并在那里做起了房地产投资生意。主要是做土地的一级开发，就是从私人手中购入土地进行整理，再卖给置业买家。因为入市时机比较好，生意做得风生水起。

就在同一年，刘刚意外结识了海亮集团总裁周迪永，初次见面就相谈甚欢。兴奋之余，周迪永将刘刚介绍给海亮集团主席冯海良先生。当时海亮集团的农业已经在澳洲布局，正在寻求新的利润增长点，刘刚关于澳洲房地产投资的理念深得冯海良先生认同，两人一拍即合。在一阵紧锣密鼓的筹备之后，海亮集团澳洲事业部宣告成立，刘刚就任事业部董事总经理。

“当时除了海亮集团以外，碧桂园、万达、中瑞等公司都来找过我，但我觉得与周迪永年龄相仿，比较聊得来，而且我也比较认同海亮集团的企业文化，所以最终选择了海亮。”谈起与海亮集团的结缘，刘刚感觉找到了志同道合的人，也找到了适合自己发展的平台。

在海外做房地产开发与国内不同，政策和市场环境都需要重新适应。从租办公场地到拿地再到项目开发，刘刚和他的团队遇到了各种障碍和暗礁，但凭借其专业能力和严谨的作风，都一一化解。短短的四年时间，海亮澳洲公司已经发展成为资产超过 10 亿澳元，覆盖地产、农业、教育等多领域的本土投资实体。而他本人也成为澳大利亚房产协会住宅开发委员会常务委员、澳大利亚城市发展协会规划委员会常务委员和澳大利亚悉尼市议会重点开发项目设计竞赛评委会评委，他所负责的地产项目“One S ydney Park”还获得了 2018 年澳洲年度室内设计大奖提名。

在刘刚看来，在海外做房地产开发，盈利绝不是唯一目的，更为重要的是项目品质和企业信誉，“你所代表的是中国企业的形象，所以每个项目都要做成精品，做成标杆”。

谈到自己的项目获奖，刘刚颇感自豪。“一般来讲开发商是不能够给自己的项目做评委的，但是他们给我开了一个特例，唯一条件就是要做到绝对的公平公正。”

“其实在澳洲，当地人对中国开发商还是有很大偏见的，认为中国开发的项目品质不高。但是我们想通过这个项目树立一个标杆，告诉他们，我们的产品比当地开发商的产品更有品质，更加多元化，也更加实用。”事实也证明了这一点，项目获奖之后，悉尼市规划局官员非常兴奋，找专业拍摄团队将项目拍摄下来存档，作为海外开发商的典范项目。

房地产周期论

“在海外做房地产，最重要的是把握市场周期，市场周期把握不准的话，资金成本会很大。”针对当前海外地产开发存在的市场风险，刘刚认为，澳洲的房地产市场是周期性的，有波峰也有波谷。目前处在下行周期，但周期一定是会回来的。

“市场形势取决于供给与需求。澳洲每年移民有20多万，都集中在悉尼和墨尔本这些大城市，悉尼每年有85000人的住房需求，目前尚有35000人的住房缺口。虽然2013年前后出现了公寓住宅的井喷，有12万套的开工量，但是2018年存量房产消化完之后，缺乏新的供应，但需求仍然存在。”刘刚判断，澳洲市场会在2020年或2021年出现转好。

对于国内的房地产市场，刘刚也有着自己的理解：“大家普遍感觉做地产越来越难了，如果消极地去看，不管是终端消费市场的去化还是金融资本市场的融资都越来越难做，传统房企的囤地策略明显优势减弱了。但如果积极地去看，整个行业的从业门槛更高了，对于职业经理人的素质要求越来越高。如今需要更多的操盘手懂得分析开发流程，控制好节点完成效率，保障执行率的同时保持好项目的完整度。尽管行业整体大环境越来越残酷，但是我们还是能看到许多优秀的项目和优秀的经理人展露出来。”

作为中经联盟的常务委员，刘刚觉得在联盟中找到了一帮志同道合的朋友。“每次回国，回到联盟，都有回家的感觉，在这里相互学习、交流经验，扶持着彼此的成长。”

刘宏兵

中经联盟总裁俱乐部副主席、金科地产天津总经理

坚持的力量

采访他是一件快乐的事，头顶“地产少帅”“地产界最年轻的总经理”的称号，他帅气阳光，亲切的感召力呼面而来；而当“自燃型”“能量满格的完美主义者”这些词汇涌入人们的眼帘时，他的形象又与“年轻有为”自然联系在了一起；我们走近之后，才发现经过时光的雕琢，刘宏兵这位“80后”的标签已经有了新的内涵……

一直在路上的“自燃型”有为青年

80后地产经理人，他们赶上了房地产的黄金时代，在很长一段时间里都是社会新星，初入行时拿着比同龄人优越的薪水，意气风发，人生遥遥领先。走进刘宏兵，翻开这位“80后掌门人”的履历，他身上一往无前的开拓者气质与时代潮流不谋而合。

2004年，毅然离开体制内岗位的刘宏兵，投入了滚滚而来的地产开发大潮，行业发展与个人的机遇在十余年前的地产黄金节点上完美契合。从顺驰的培养到金科的历练，刘宏兵在行业的周期中把自己的能量发挥至最大。

“磨刀苏南、征战帝都、挥师齐鲁、收复京津冀”，跟随金科这条地产大舰，刘宏兵的地产生涯也异常精彩。尤其熟悉环渤海区域和长三角市场以及山东区域市场的他，擅于最大化放大财务杠杆作用，提高资金利用率，为金科的区域战略拓展起到关键性作用。

2007年，刘宏兵初到金科无锡，当年即大施拳脚，大举拿地，这个二十几岁年轻人优秀的运营能力在金科初露锋芒。

接着，刘宏兵迎来了更大的战场，跟随深耕西南的金科征战北京。在全中国最重要的地产市场上，刘宏兵运筹帷幄，大举开拓，通过招标和协议形式拿到多个地块，相继开发金科王府、金科廊桥水岸等项目，让金科短短3年在京城站稳根基。

对于年轻人来说，经验积累是最大的资本，特别用比别人更短的时间获得更宝贵的经验。有了征战帝都的经验，两年后，刘宏兵挥师齐鲁。在山东，金科在他的带领下，通过协议低价获取山东济南西客站片区优质地块，实现“零”投入控股操盘项目，又连续协议低价收购青岛海都集团

农业生态园项目、海尔地产集团青岛李沧区综合体项目、黄岛一线海景高档住宅项目。金科迅捷拿地、高效开发的速度，令业内兴叹。

流年不负，时光不悔，刘宏兵的成绩背后没有任何诀窍，“除了拼命工作之外，世界上不存在更高明的经营诀窍”。年轻的地产人用自己的奋斗拼得了荣光，他们积极向上也稳健前行。

“呼之即来，来之即战，战之即胜。”是金科对于刘宏兵的信任，更是刘宏兵作为一个“老金科人”，对于自己的严格要求。从集团的大局观念看发展，这也是刘宏兵一直坚持的思考模式，他认为只有成熟的全局观念，才能不拘泥于现状，看到更多的角度和更长远的未来。

回顾一路走来的艰辛历程，刘宏兵总会把“感恩”二字记在心头，他坦言，“我觉得一个人的发展，肯定是需要平台。企业发展了，机会自然也会更多。所以我认为，一个职业经纪人要感恩这个企业也在发展，这也是最核心的一些东西。”

风雨无阻 坦然迎接行业洗礼

自20世纪90年代开始，中国房地产行业已然发展了二十余年。从诞生之日起，这个行业就关系着国民经济的发展，关乎着普罗大众的生活。泥沙俱下，地产行业的发展与变革裹挟着每个在其中的人。从顶层精英到一线人员，虽有阳艳高照的日子，但地产行业的风雨持续而又不可测。

每天都在剧变，大鱼吃小鱼的竞争让每一个人都失去安全感，随着地产行业的发展进入新常态，市场的需求与要求也日新月异。地产经理人在这个没有硝烟的战场不断战斗，所有人都在面临前所未有的压力。

面对行业的特点，刘宏兵有一种更加坦然的姿态：“在这个需要比拼持久力、耐力、战斗力的行业，必须把自己的目标设到无限远，才能持续不断地给自己压力和动力，推动着自己，在反思中不断前行。”

逆水行舟不进则退。从开发到营销，从部门领导到掌舵全局，角色的转变改变着刘宏兵的思考方式，也迫使他去接受更多的变化。“开发与营销是密不可分，但关注点又不尽相同。开发最重要的是对于产品规划及定位的环节，也只有这一步做好，符合市场的需求，才能更好地进行营销、更加顺利地进行营销。对于营销而言如何把项目的信息以大众更能接受、以大众更愿意传播的方式进行，我认为是现今地产营销需要更加研究的。”

现在，刘宏兵的金科历程还在路上，如今的他要实现聚焦北京、天津双核心，环北京城市多点开花的总体布局；2016年，金科落子天津两年双盘；2018年再度顺利进驻唐山，完成集团“三圈一带”的区域布局战略。在全国地产管控最严格的区域砥砺前行，风光背后，刘宏兵要面临的困难不难想象。

面对这样的局面，刘宏兵也有着自己的看法，“稳健”是他一直以来秉持的做事风格与经营准则，在探索“稳”和“速度”的平衡点上，“稳是基础，基础打得好，体力跟得上，方向也明确，这个时候快跑自然而然会发展得很好，前面基础没做好，管理跟不上，中途很可能会发生问题。”

坚持向前跑 带着赤子的骄傲

虽然在每一个正式的场合地产高管都显得风度翩翩，对于行业和公司都有着无限的信心，但是背后可能是不断的失眠与饮食不良。“80 后” 的标签也不再意味着年轻与活力，面对 90 后的后浪追逐，面对职业中的焦虑与踌躇，即将不惑的 80 后地产经理人，迎来了向中坚力量的转型与挑战。

生活自有它的平衡之法，最大的压力，往往都压在力量最大的人身上。当然，承受最多的人，往往得到的也最多。“我觉得有句话说得很好，地产人要受得了委屈，耐得住寂寞，扛得住压力，经得起诱惑！有时候你的努力不一定有回报，但是，我也相信，如果不努力，那肯定没有好的结果，所以还是一直向前看”，刘宏兵如是说。

事情太多，让他们没有时间去迷茫，在快节奏的时代，他们不想停下来也停不下来。紧张、无奈、困惑根本没办法去说，在职场中还需要表现出应有的冷静和果断。

有人评论，地产圈流行跑步，大概也是因为行业压力过大需要舒缓的原因。刘宏兵也曾想以写作来放松心情，“我算是个文艺青年，我喜欢写作，等我不忙的时候，我一定会去写点东西，不为读者，不为别人，只为自己”。

历经千帆，不忘初心，在这一过程中，刘宏兵逐渐领悟到了 “坚持” 的真谛：“不打折的品质与服务是我们地产人一直坚持的准则；对于团队，坚信企业有发展团队有成长，市场有判断；而坚守是作为职业地产人的重要操守，要有足够的耐心与魄力，保持良好的心态与状态，积极面对困难。”

而关于未来，刘宏兵并不着急下定义，相反他总是在不断地总结和提升自己，“追求一种自我力量的更新”，所以在未来，刘宏兵的“坚持”还将继续！

刘　明

中经联盟工程管理专委会副主席、凯德中国项目总经理

那个低调的凯德人

作者：中经联盟特约记者　陈红艳

沉稳，孤寂，冷静，衣着宽松的黑色运动衫，小麦色的脸庞不怒自威，酷酷的略带雅痞劲儿。说话和缓，用字斟酌，十分细心，若身着长袍，亦不违和。这是对刘明的第一印象。

“我认识的凯德人，非常务实，大多都比较低调，都是实在做事的人。”业内人士在谈论凯德时，私下会为其打上务实的标签。

眼前的这位理科男，让以上飘在脑中的形容词一一坐实。刘明大学毕业后直接进入国企中建，一干就是七年，短短数年就成为企业里的骨干。随后在联想控股融科智地历练了两年。2006年11月加入外企凯德，已12年有余。深谙设计、工程、成本和营销，结合一线实践，将工作中遇到的难点和经验都详尽记录分析。凯德集团在全国所有的项目他都要去检查，对所有项目了如指掌，在酒店、商业、住宅、综合体方面都有深入研究。

对于自己的成就，他总是一带而过，不认为自己有什么成绩，不过是自己分内的工作。他说是稀里糊涂地选择了这个行业，高考报志愿时建筑专业很热门就报了，毕业之后直接进入房地产行业，原来对这个行业并没有太多了解，一切都是偶然。

从一个初出茅庐的行业“探海者”到一个出色的职业经理人，不用多想也猜得到，他背后有太多的努力和付出。

刘明现任凯德中国锦绣项目、天宫院凯德MALL、望京凯德MALL三个项目的项目总经理，并在凯德集团建筑管理中心、集采中心、创新中心等任职。历经凯德高档住宅、综合体、雅诗阁酒店、大型商场的设计开发管理工作。

说他具有丰富的行业经验，一点不为过。

谈到正在运作的天宫院凯德MALL项目时，他则会和周边商业项目有差异化定位，项目周边有龙湖时代天街、绿地缤纷城、宜家荟聚购物中心等多个高端商业项目扎堆，竞争力很大，在项目中引进不同于周边商业的品牌，使其能够脱颖而出。

商业地产竞争的危机主要源于同质化竞争，差异化定位策略是引领商业地产的成功关键。综合体因项目的功能高度复合，业态较复杂，涉及市场研究、定位策划、商业规划设计、建筑规划设计、招商、营销、商业运营管理、物业运营管理等多个专业，因此如何正确选择商业地产项目的

主题定位与差异化定位方向，至关重要。刘明谈及工作时，语气十分轻松、自信。

实际上，凯德是一个发展很慢的企业。因为凯德的外企性质，做项目不会太快。一是在政府关系上是个弱项。二是资金进入的渠道管控比较严。三是开发理念不同于其他开发商。刘明介绍到，目前凯德在中国管理资产2000多亿元，主要分为三大板块，来福士系列综合体、凯德广场系列商场、雅诗阁系列的酒店式公寓以及高档住宅业务。“我们在打造项目上会慢一点，也不会那么快，所以凯德一直是稳健发展。”

凯德工作12年给刘明的感觉是，在这里只管把自己的工作做好，没有勾心斗角，没有那么多要考虑的情绪。“大家工作都很愉快，很稳定，这也得益于公司内部良好的企业文化。”

其实，他所说的凯德这种“慢”也是他对行业怀抱的希望。

而他地产从业20多年，对行业自有独到见解。

“虚着说，这是一个重资金，一个复杂的行业。实着说，这是一个混乱的行业，焦躁的行业。”刘明言简意赅，一语中的，“以前是投资大，快周转，利润追求，步伐走得太快，很多做住宅、酒店、商业的开发者都比较焦躁，做出的产品也很焦躁。行业存在很多问题，和市场脱节，尤其是北方的项目不够精致，不够细致。”

如果在产品定位上不再有所突破，拿不出好产品来，有些企业可能只能吃点儿别人的“残羹冷炙”。为什么今年有些大企业项目交付，屡屡曝出大问题？他反问道，原因出在平衡记分卡上，为了完成销售和利润指标，拿到手的奖金，还管什么创新和质量。现有的绩效文化，不支持产品创新。被绩效绑架，一个伟大的企业也会沦为平庸。在他看来，房地产发展速度要慢一些，潜心研制产品。“多研究一些问题，少谈一些主义。”

思维的转换才是你能不能够成功的最大的因素。看待同样的问题，不同的人得到不同的结论，有着不同的做法，命运自然就会不同了。同理，不同的思维决定不同的企业命运。

谈及未来，酷爱各项体育运动的刘明，立志在这个房地产行业发展的新时期，把体育休闲、医疗康养、教育培训、旅游休闲和房地产有机结合起来，拓展一片新天地。

他说，房地产黄金10年已过，政策上也不会给住宅产业太多支持，单一的住宅开发已经行不通，已走到瓶颈。以后要将休闲、旅游、教育、医疗养老等与房地产交叉渗透，最终实现融合，以一种新型的业态形式出现。这样行业才会走得长久一些。

那么，产业与房地产该如何结合？他认为绿城做的小镇都很成功，在他看来，特色小镇选址很重要，南方的气候更适合一些。而在北方怎么做特色小镇呢？比如说崇礼，冬天做滑雪，夏天做旅游，这样结合起来做“特色”也很好。

“现在做的特色小镇，真是死的比活的多，大家都是为了拿地，只是考虑做个小镇，没有做到特色。”刘明指出，包括现在很多县、乡、镇都在搞特色小镇，做完了也没有人来。

所谓的“特色”就是要挖掘，是休闲方面的还是文化、旅游方面的。真正的小镇不是旅游加地方特色，那样的话全国就太多了，要有和它相匹配的特色产业，不是只戴上一顶特色“帽子”，在那盖个房子就号称特色小镇。

要做综合性的项目，对产业都要有所了解，对产品有所了解，知道产业的规律，把这些和房地产结合起来。刘明直言不讳，如果是个外行，很难有什么思路。前辈们对特色小镇还在研究之中，真正做成“特色”的很少。

但到底该怎么做？对此他有四点考虑：一是地理环境。二是要想清楚，为什么我要让你来？为什么要消费？三是在这里能待多长时间？四是还能带动其他什么产业发展？

而于他，凯德未来所要做的“地产结合体”（体育休闲、医疗康养、教育培训、旅游休闲和房地产有机结合起来，暂且叫“地产结合体”。编者注），还在探索阶段还没有太多深入研究。但能将自己的喜好和事业结合起来，包裹在这其中，是理想化的。

说到未来，刘明的嘴角是上扬的，相信光明就在不远处等着他。就像《怒放的生命》这首歌：“我想要怒放的生命，就像矗立在彩虹之巅，就像穿行在璀璨的星河，拥有超越平凡的力量。”是的，怒放吧生命！就像飞翔在辽阔天空，拥有挣脱一切的力量。

刘培庆

中经联盟物业专委会副主席、第一物业执行董事总经理

10年后，物业是大哥，地产是小弟

作者：中经联盟特约记者　苗雪艳

一副黑框眼镜，看起来文质彬彬，谈到所从事的行业时，带着几分掩饰不住的自豪感。他便是第一物业CEO刘培庆。

刘培庆笑言，自己是一个专注、长情、有梦想的人。这句话的语境是，他在物业行业干了已有13年之久，算得上物业管理行业的一名"老兵"了。

梦想两个字在刘培庆那里是真实且神圣的，他也乐于向人讲述他的物业梦想之旅。在刘培庆看来，整个房地产链条里，物业管理是最大的价值洼地。采访中，在描述房地产和物业的关系时，他也频频爆出金句——"房地产是一夜情，物业管理是百年婚姻"、"10年后，地产将是小弟，物业才是大哥"。

2018年是第一物业成立的第18个年头，也是刘培庆来到第一物业的第8年。谈及未来的长短期目标，他说，短期内，希望在未来2～3年，第一物业在港股或A股上市，市值达到30亿元。长期目标"初心不改"，继续做推动物业行业变革的引领者、开拓者和创新者。

物业的长情者

工作13年，期间只换过一次工作，前后两份工作都不曾离开过物业领域，初心可鉴，长情专注，这是刘培庆至今的工作轨迹简谱。

其实，旅游管理专业的刘培庆毕业后进入物业行业也是"误打误撞"。13年前，还在一家酒店做实习生的刘培庆，对于未来的职业并无太多限定和想象，但一次机缘巧合注定让他与物业有了不解之缘。

实习期间，由于刘培庆的英文很好，交流没有任何障碍，一家做物业领域的德资企业老板，有事没事总喜欢找他聊天，刘培庆的踏实苦干这位德资企业老板也看在眼里。有一天，这位老板言辞恳切地对他说，"来我的公司干吧，我看好你。"

就这样，刘培庆的物业职业生涯正式开始。

在这家外企的5年间，也是刘培庆在物业行业的沉淀和积累期。"德资企业的工作环境是

刘永旺

中经联盟人力资源专委会荣誉主席、美方健康产业集团总裁

大健康“护城河”的构建者

作者：中经联盟特约记者　苗雪艳

人们常说，开挂的人生不需要解释太多。往往，当事人并无多言其他，只是身为局外人的我们想解读更多而已。约访刘永旺的过程并不容易，由于他的工作繁忙，与原定采访日期隔了两周后，记者才见到他本人。

从大学老师，到IT男，再到万达集团高管，直至现任美方健康总裁，刘永旺的职业生涯“一路升级开挂”，始终以强者的姿态迎来最璀璨的绽放。

刘永旺说，他是一个不甘于平庸的人，喜欢谋变、谋新，保有好奇心。随着年龄增长，在越来越多的人好奇心逐渐退化的时候，刘永旺的这一特质不仅从未消失，反而成了其事业不断创新的“助推器”。如今的他，在大健康领域里找到了“幸福感”和“成就感”，带着热情、热忱和敬畏之心，他在努力构建大健康领域的“护城河”！

一次次发出挑战迎来高光时刻

我没有特别的才能，只有强烈的好奇心。永远保持好奇心的人是永远进步的人。——这是爱因斯坦的经典语录。

现实中，好奇心也助力刘永旺一路从量变到质变，迈向更广阔的天地和舞台。翻看刘永旺的职场经历，你会发现“跨度很大”。但总结起来，他的每一段“跨越式飞跃”经历又离不开“不甘平庸”性格的驱使。

时间回到1996年，由于表现出色，刚刚大学毕业的刘永旺就获得了一份很体面的工作，留校任教成了一名大学老师，教授英语。那个时候，初入社会，在对外面世界还没有更多认知的时候，他也坦然接受了这份优渥的工作，教书育人，踏踏实实，按部就班。

直到2001年，刘永旺的教书生涯才迎来第一个转折点。而这个转折点的主宰者就是刘永旺自己。那一年，他决定从“老师”重新做回“学生”。

生活的全部意义在于无穷地探索尚未知道的东西，在于不断地增加更多的知识，性格里根深蒂固的“探索精神”促使他毅然做了这样的决定。没有过多解释，转身，刘永旺成了清华大学的

一名研究生。读完研毕业，进入外企，开启了他的IT职业生涯。

其实，当大学老师在外人眼中是一个“求之不得”的工作，对于刘永旺的举动，很多人并不理解。但刘永旺并不觉得可惜，这显然是他思考后作出的决定，“不安于现状、不甘于平庸、不惧挑战，一眼看到头的事不是最终选择。”爱钻研、爱琢磨的刘永旺在不断向自己发出挑战。

有人说，命运的转变就在一念之间，有时就需要那么一点点灵感，而灵感的显现需要一定程度的积累。只有不断增加人生的厚度，才能在激烈竞争中抢占先机，在优胜劣汰的时代中脱颖而出。

2006年，在一众人中，刘永旺迎来人生高光时刻。万达集团向刘永旺抛出了橄榄枝。彼时，处于扩张期的万达急需网罗一批有外企背景的人才服务集团，刘永旺便是被“圈定”的人才，经过反反复复的深思熟虑，刘永旺再次抓住了人生赐予的机遇，进入到万达集团并做到了人力资源的高管层。在地产圈，这一干就是10年。

在这10年的职业经理人当中，刘永旺始终保持着谋新、谋变的格局和强烈的好奇心。在当时住宅地产还只是地产圈单一形态的时候，刘永旺作为高管，便与团队一起一边做开发，一边深入创造填充新的产业内容，在试错中不断试对，此后万达的商业、文旅、体育等多元业态都是探索后的新方向。

“钢筋水泥”的日子渐行渐远

从2006年到2016年，刘永旺见证过房地产的辉煌年代，也感受到房地产在中国经济中位置的变化。

“从房地产本身发展历程来看，过去若干年，房地产更像一个金融产品，去掉它表象上的钢筋水泥，随着行业变革以及政策影响，房地产必定会回到房子本身，回到内容本身，回到持续经营本身，回到可持续发展本身。而商业、物业、文旅、健康等都是本身需要的内容。因此，贯穿房地产的应该是服务，而不是钢筋水泥。”

在做房地产运营过程中，伴随着房地产的“大势已去”，拥有好奇心的刘永旺却敏锐地观察到一种消费趋势的明显变化，那就是居民越来越关注大健康。

大健康的这片新蓝图，刘永旺还是通过大数据发现的。至今回忆起发现“新大陆”的经历，刘永旺仍掩饰不住当初的那股兴奋激动劲儿，做出身体微微前倾的动作，娓娓道来。

“万达广场全国开了267家，每个广场进出都有客流统计，目前，仅万达广场一个自然年度统计到的客流数字是30亿人次，这30亿人次对广场形成了一个需求的累积。从统计数据看，购物比重明显在朝着休闲、娱乐、保健这个结构变化。”

当觉察到地产逐渐褪去主角光环，而又注意到消费者新诉求的时候，便引发了刘永旺要做美方健康这件事情。于是，2016年，刘永旺与合伙人一起孵化了美方健康，从零起步，探索全生命周期的大健康。

过往篇章皆为沉淀后的序章。从事地产行业10年，带给刘永旺更多思考，而这些思考也更加坚定了他的新选择。

顺着他的话去理解便是，如果说房地产对资本达到了空前敬畏的话，在大健康领域，则是对产业以及人达到了空前敬畏。这是两边极大的不同。如果把时间拉长，当年的人口红利直接注入到了房地产上，而接下来的人口红利则要注入到大健康领域。这是一个导入的过程，只要有支付能力的人，一定会愿意在健康上对自己以及家庭进行支付。

成为一家受人尊敬的公司

不过，面对一片未知领域，一般情况下，人们的焦虑感也会更重。刘永旺是否也有同样的焦虑？

他说，虽然也有焦虑感，虽然行业还有很多盲点和灰色地带，但在他这个年龄转型到大健康领域，每天接触到的是更新鲜的东西，这种成就感和满足感是房地产所不能给予的，“以往虽然也是开拓者，但不如大健康产业带来的幸福感更多，这不是简单在做一件事情，这是在做有正能量且对社会有价值的事情。”看得出，尽管大健康还处在成长期，没有固定模式，但这却极大地调动起了刘永旺骨子里的探索欲。

在人生的这个阶段，好奇心也驱动刘永旺在一步步落地大健康蓝图。在引入了万达、天亿集团、一方集团等行业头部资源优势后，美方健康第一家线下实体店于今年 4 月落子成都。今后美方健康还将在武汉、深圳、北京、上海、天津、重庆、长沙等全国核心城市的成熟商业综合体选择样板，进行试点，积累经验，迭代发展，快速复制。

“在做第一家店时，前期也经过了 13、14 个月的方案讨论。”如何来组合一个独一无二的解决方案，追求极致的刘永旺以及他的团队反复验证。

难能可贵的是，带着初心做事的刘永旺，自身也在不断充电学习。为此，他排队排了 3 年，跑去五道口金融学院继续深造，又回到了当初的“学生”模样。而重头来做一个新行业，以往的直接业务经验帮不上忙，他便向周围的人虚心请教。以前他的朋友圈 100% 是地产人，现在一半都是大健康的人。

不安于现状，不甘于平庸的人，才能在奋斗进取的人生中奏出华美的乐章。

对于自己的下一个 10 年，刘永旺不假思索地说，“我个人未来的 10 年，基本就在大健康领域了，大健康这个行业退不了休，因为即便退休后当自己成为消费者，对这个行业认知会更多，那时，我研究的课题可能会更加丰富。”

“希望我们能成为一家受人尊敬的公司。”问及大健康产业的未来蓝图，大健康“护城河”的开拓者刘永旺，带着一颗敬畏之心虔诚回答。

卢娅民

中经联盟创业家俱乐部副主席、绿视点园林董事总经理

研精思覃　触摸万象境界

作者：中经联盟特约记者　赵欣宇

北京的初秋是季相变化最明显的一个时节，春、夏、冬都比不了秋的苍穹纯净深远，也唯有这个时节，才有庭水清波、秋云如舞、浮生华丽的模样。

绿视点总经理卢娅民在这金色时节，带着些许北平时期风格的样子来到笔者面前。剪裁得体的长裙，恰到好处的妆容，清爽得如同一首小诗。刚一落座就拿出她特意为本次采访整理的一份备访资料，这一切都显示着，对待生活与事业她不仅有女性的感性，更有管理者独有的认真与严谨。

播种绿色　收获智慧

一杯清茶中，从数百年的皇家园林，到20世纪90年代的栽树乘凉，她缓缓开启多数人并不熟悉的北方园林史。那时的她刚刚从修路搭桥的市政行业转入园林，连北方常见树种都分不清楚。然而当第一次看到，园林可以把垃圾场似的场所建造成一个花园时，便认定这将是她持之以恒的事业。

她的故事里饱含与另几位合作伙伴经营18年的勇气和力量，是他们的努力让绿视点不仅成为北京市园林绿化行业"常务理事单位"、北京市"优秀园林企业""国家高新技术企业"，还代表中国园林行业在"中国品牌全球巡展"中，亮相美国时代广场的"纳斯达克大屏"，刷新了行业的历史，将中国园林文化带到更多的国际视野中。

她和绿视点的故事里除了成就，还有情怀和梦想。虽然在多年景观设计和施工中，绿视点打造出很多高端项目，也获得过大量合作方的好评和各种奖项，但反思随之而来，对大自然的过度索取，让她多次在公开场合呼吁："合理利用资源，减少穷尽自然的方式追求品质"。

她常问买房的人："会因为室外有几棵不太直的树、有些色差的石材，缝隙有些不均匀的铺装而不买你喜欢的房吗？"几乎所有的人都表示不会的。卢娅民之所以提出这些问题，是因为她曾站在5～8年就会削平的大山下，了解到所开采石材在使用中合格率不足开采量的50%～60%，当看到大量石粉混着泥土横流，区域小气候和生态发生不可逆的变化时；为了几棵

山上美丽的植物，要毁掉数倍的苗木才能挖到时，她落泪了。她发现很多国外设计师面对这些天然产物时表示：“没问题，那就是我想要的”。而国内很多专业人士则表示：“不够完美，这不是我想要的。”

现实的无奈是盲目，滥用的标准是违心，极致的背后隐藏着无知与鲁莽。她谈道，国人需要向世界展示中国园林的博大精深和精美绝伦，但生活景观，不应任性效仿，否则将是无休止地对资源的围猎。工匠精神的确是传世的追求，但更需要重新审视如何将专业和生态科学有机结合。目前，国家的政策已从“加快城市建设”转变为“绿色生态建设”，“美丽中国”已上升到国家战略，工匠精神首先要学会顺应自然、尊重自然，相信这个绿色行业很快会在反思中实现理性发展。

见贤思齐　兰心蕙性

从卢娅民身上感受到触动内心的正向力量，也感受到传统园林行业，越拥有数百年的探索和实践，越需要有更多像她一样的企业家们承担科学发展的责任。当问到是否有信仰时，她只是说：想做一个善良的人。

近十年间，她与合作伙伴带领绿视点参与了“天使之眼”慈善机构组织的活动，为偏远山区的孩子们送去摄影器材，让他们学会欣赏大自然和生活中的美，开阔视野、启蒙他们的美学基础知识。她还有几个小众且隐秘的慈善团体，包括她的闺蜜团，常年会匿名资助一些看不起病和生活贫困的家庭。同时，她还多次参加中经联盟“千动我心”资助雅安灾后家庭的公益活动及任志强先生创办的阿拉善“沙漠小米”环保公益事业的活动，当上名副其实的“地主婆”。

在中经联盟多年，卢娅民对联盟有着深厚的感情，因为在这里结识到很多挚友，在联盟十周年庆典时，她赠上“见贤思齐焉”这五个字，其意就是：看到他人的优点、德行，虚心请教学习，期望达到同样的水平！她真诚地认为，联盟精神和宗旨亦在于此。

花开花落　化泥留香

看着精致的她，想起多年前一篇关于她的采访中写道“鞋帮上沾满了工地上的泥”，提到这一细节时卢娅民不禁笑了起来，“园林景观是‘大自然的搬运工’，我们和土打交道，晴天一身土雨天一身泥很正常”。她自认为不喜繁琐，打扮自己，一方面是维护商务形象，一方面是从中找到了愉悦自己的乐趣。

卢娅民的业余爱好是滑雪、骑马和陪着父母旅行，一家人在土耳其、非洲、新西兰等地经历了旅途的美好，照片中留存了幸福的时刻，还记录下这些地区知名的建筑和景观，为工作积累灵感。烹饪也是她日常繁忙工作之余的减压方式，虽然日常忙碌，但她非常喜欢邀朋友们来家里做客，最得意的是曾经一人做十四个人的饭，收拾完厨房快凌晨两点了，但朋友们对她厨艺的赞美让她觉得再累也开心。听说她的家里也是人见人爱的植物大观园，显而易见，她不仅有对专业的热情，生活中也充满恬淡和柔情。

她像茶一样绵柔圆融，像酒一样温暖热情，像花一样余味隽永，采访结束时，卢娅民同每一位工作人员一一道谢，接触过她的人都感受到她如同她的绿色事业一样，赠人玫瑰，手有余香。看着她远去的背影，相信她的朋友们和笔者一样，期待她和绿视点更精彩的明天。

罗 军

中经联盟创业家俱乐部荣誉主席、途家及斯威登联合创始人兼首席执行官

创业不是先挣钱，而是先创造价值

作者：中经联盟特约记者　徐倩

罗军的眼光很“毒”。

当人们还在争论“共享经济”的模式时，罗军已经创造了我国“分享住宿”的在线平台——途家；当人们沉浸在线上流量的争夺战时，罗军又转身投身于线下，以“分时租赁”和“分成运营”为盈利模式创建了斯维登集团；当人们在豪华都市攻城略地的时候，罗军又反向投资农村，围绕共享农庄建设推出“途远”，挖掘农村旅游市场。

创业者总要先行一步，当谈及“创业老兵”的概念时，罗军笑言：“很多人叫我老罗，但是现在我有了新身份，新罗军、小罗军，作战经验再丰富的老兵也要使用新枪，去开拓新的战场。”

“老罗”的新身份

会计学出身的罗军却一直与房地产行业结缘。从最初的新浪乐居到携手易居中国成立中国房产信息集团，成功上市纳斯达克，罗军洞悉着我国房地产行业的变化。

在创立途家之前，长期从事房地产行业的罗军敏锐地捕捉到一个现象：很多大城市或者旅游城市有大量的房子空置，或者某些房子部分时间是空置的。基于此，罗军萌生出一个想法，那就是——“基于时间碎片的住宿分享”。

2011 年，途家网正式上线运营，途家网定位于高品质度假民宿预订平台，既为旅行者提供了优质的度假新体验，又为业主提供了灵活的闲置资产托管增值服务，成为当时国内唯一一家分享住宿领域的独角兽。目前，途家是国内最大的线上民宿入口，覆盖国内 345 个目的地和海外 1037 个目的地，在线房源超过 100 万套。

在成功运营途家网之后，罗军一直还在思索着新的创业机遇。“由于我自己平时出差比较多，在出差住酒店的时候，发现线下酒店的体验感并不好，久病成良医，我就在思索让线下实体门店成为收割消费流量的入口。”

从 2015 年起，罗军着手分拆工作，并将途家线上线下团队分别安置在北京和上海。经过近 3 年的铺垫，2018 年 3 月，斯维登集团正式对外宣布独立运营。

此时，作为创业老兵，老罗也有了新身份。作为斯维登集团联合创始人兼CEO，罗军介绍称，斯维登集团基于两大运营模式——“分时租赁”和“分成经济”，简单来说，斯维登聚合由开发商或业主装修好的公寓、别墅，部分自营，部分交给加盟商。当然，后者同样可以获得斯维登为其提供的系统、流量、服务与管理咨询等。

罗军瞄准了现下人们出行居住的痛点，其需求是“多人、多天、个性化、高性价比”的，而标间、单间且单天收费的酒店已经不能满足当下人们多样化的出行所需及未来消费趋势。

基于此，在产品上，罗军对斯维登的产品和品牌进行了细致的分类，其介绍称，“斯维登精品公寓”的定位是融入城市，选址于一线城市核心地带，面向对当地文化有深度了解需求的人群；“斯维登服务公寓”则定位于融入社区，采用类酒店管理手法。房间面积则比酒店大一倍但价格便宜一半，主要面向长租客及家庭、小团队出行；“斯维登度假公寓”主要位于旅游目的地，满足家庭、小团队的度假需求；同样位于旅游目的地的度假别墅品牌“欢墅”面向的则是对品质要求更高，同时又具备较强消费能力的家庭和团队。

经过快速扩张，目前，斯维登集团有超40000套房源，超200个海内外目的地，超1500个在营、签约及筹备项目，与超过1000家房地产开发企业正在合作。

从线上的途家到现在的斯维登集团，在每一次创业时，罗军称自己从不考虑竞争对手会是怎样，而是去认真描摹用户，“你的目标用户在哪里，用户的画像是怎样，这才是你的核心产品力”。

比如，在斯维登考虑设置家庭式公寓的时候，会考虑用户的需求，营造出家的感觉，如厨房、洗衣机等，设置备好一次性的洗衣粉供用户使用。在设计外出旅游的房间时，斯维登会根据不同的旅游线路和旅游客群，设计个性化的房屋，例如房车、木屋、星空屋等。

“哪里薄弱，哪里就有机会”

反其道行之，是罗军创业时的思维，他认为“哪里最为薄弱，哪里反而最有机会。”基于这个理念，罗军正思考着将斯维登的版图扩张到农村。

于是，共享农庄的概念就浮现在罗军的脑海中。经过一番战略考量，“农庄建造＋民宿运营＋农产品销售”的共享农庄模式渐成雏形。

在该模式下，装配式建筑生产商“途远”、拥有优质运营能力与管家服务的别墅品牌“欢墅”与旅游特产分享电商平台“途礼”，共同支撑起了共享农庄的商业模型。

对于庄园主来说，不仅能获得农庄使用权，还配有一亩农田；不自住的时候，可由斯维登欢墅运营，获取分成收益，同时享受欢墅独有的全国交换入住权益。

这不仅是一种创新的商业模式，而且开辟了共享农庄这一新领域，也填补了市场空白。目前，从上海崇明岛到成都青城山，从新疆到海南，从国内到国外的菲律宾爱妮岛、泰国邦布里和清迈，100多个共享农庄项目陆续落地中。

作为在房地产行业从业多年的老兵，罗军认为房地产行业的上半场还没结束，因为中国城市化还在进程中，改善型需求也正在爆发。

在中经联盟成立十周年之际，罗军希望：“中经联盟要有所为，有所不为。有所为就是将房地产行业联合起来，有所不为就是不传播负能量。”

未来，在除了发展公司之外，罗军希望，“多陪伴家人一些，学会打游戏，成为一名拥有有趣灵魂的段子手”。

毛焕华

中经联盟写字楼专委会执行主席、理想产业集团总裁助理

商业地产之春

作者：中经联盟特约记者　陈红艳

从海员到地产商的华丽转身，毛焕华的经历真是“不鸣则已，一鸣则惊人。”

1996年大连海事大学毕业后进入中国海运集团，经历6年的远洋海员生涯后选择陆地生活，先进入一家美资500强支援管理公司，从工程经理起步开始了物业运营管理的职业历程。2008年进入凯德置地，任总物业经历及凯德金融的资产管理人。2012年底离开外资公司，进入民营性质的理想产业集团，在集团内分管资产公司、商管公司及集团旗下国内外所有持有资产的运营管理及项目拓展。

这个工科男，一路从远洋海员跨界到地产，在房地产运营管理行业近20年，经历了写字楼、商业、学校、医院、研发中心、公共场所等各种不动产类型。他给人的感觉是，周身散发着与“斗志”完美融合的“温润”。可能与他理工科的教育背景相关，毛焕华讲话直截了当，逻辑清楚，修辞极少，但是平和、有力。

“我相信大部分年轻人，进入一个与自己专业不相关的行业往往是被动的，也可以说是缘分。我就是如此，当初从船上的大管轮下陆地，正好有家美资公司需要一个设备专业管理背景，且无外语沟通障碍的工程经理，管理一个大型国际学校的设备设施部门。我就一脚踏入了这个庞大而多彩的行业。”

对行业有着通透认识的毛焕华，通过独特的工科管理人视角，解构不动产项目运营管理中的问题，搭建更合理高效的运行构架及流程。这使得他在资产公司总经理任期内使企业营收增长100%。同时直接操盘理想国际大厦逐渐成为中关村商圈的代表楼宇，并获得LEED-EB铂金认证。

可见，在不动产管理中没有不好的项目只有不好的资管人，任何项目均有成为经典的契机。

作为一个理性的工科男，毛焕华对行业有自己的解读和理解。他指出，中国房地产要借鉴国外经验：一是前期开发流程；二是后期管理运营。他山之石可以攻玉。

对比欧美国家房地产开发流程，中国房地产前期开发流程比较传统。中国以地产公司自己的意见为中心。在国外做住宅项目是先得到客户的反馈，以客户的意愿要求配置，以客户idea要求统计数据，客户跟设计师建立起沟通，然后定稿设计产品。国内很少有房地产公司这样做，

倪海琼

全国人大代表、中间联盟常务理事、奥润顺达总裁

节能门窗的领航者

作者:中经联盟特约记者　龙婧

最好的房子应该是什么样子的?倪海琼说:“最好的房子应该是常年恒温、恒湿、恒氧、静音的。住在最好的房子里,人们将彻底摆脱供暖制冷,隔绝雾霾,让家成为真正的绿色健康的‘避风港’……”。为了这个愿景,倪海琼把德国的被动房搬到了中国,这种叫作超低能耗建筑的房屋,在他的国家建筑节能技术国基创新园早已建成使用。“我有一所房子,面朝大海,春暖花开”,这种人与自然和谐人居的意境不再是梦想。

小门窗,大文章

在高碑店,你可能不知道倪海琼,但你不可能不知道中国国际门窗城。在高碑店中国国际门窗城,遍地林立的门窗企业,城区整体一派工业化的硬朗风格。“一个高碑店,半个门窗城”,奥润顺达的门窗产业规模可见一斑。

奥润顺达是我国业内最早开展对外合作的企业,率先将节能门窗引入中国。自2004年开始,先后与德国、奥地利四家企业合资,现拥有墨瑟、莱口、皮耶诺三个合资品牌,与上百家外企签订战略合作。在公司下属的中国国际门窗城内,长期入驻的欧美一线企业达120多家。奥润顺达是科技部认定的“国家建筑节能技术国际创新园”。

三十年专注于建筑节能产业,奥润顺达已经实现由传统门窗向节能门窗和超低能耗建筑转型升级的“三级跳”,产品种类涵盖节能门窗、超低能耗玻璃、被动门、新风一体机、新型墙体保温材料等上百余种,达到了国内领先、国际先进的水平。

产品研发硕果累累,应用场景外延不断拓增。奥润顺达与龙湖集团合作,建成了国内首个国家绿色智慧建筑示范区。这个示范区以海绵城市为基础,以超低能耗建筑为核心,融合生态修复、清洁能源、雨水回收等多种技术,形成了一个超低能耗的生态智慧系统。同时,与龙湖集团合作,开工建设了世界最大的超低能耗建筑示范项目—100万平方米高碑店列车新城,河北省保定市政府对该项目高度认可。不仅如此,当雄安新区横空出世,奥润顺达的被动式超低能耗建筑恰好发挥优势,将绿色建筑投入到服务新区重点项目建设和规划建设中去。

把一家建筑材料公司做到如此规模，应该说已经很成功了。但倪海琼却不这么认为，他觉得提升建筑品质，改善居住环境，一直是企业无止境的追求，研究和推广超低能耗建材，奥润顺达依然在路上。

因势而谋，顺势而为

除了奥润顺达集团的总裁，倪海琼的另一个身份是全国人大代表，肩负推动行业发展的光荣使命。全国第十三届人民代表大会期间，倪海琼提交了“关于加快推广节能门窗降低建筑能耗的建议”和“关于推广被动式超低能耗建筑降低建筑能耗的建议”。在河北团集体学习讨论时，他现场发言给大家算了一笔账：

中国是世界建筑体量最大的国家，建筑能耗占社会总能耗的三分之一以上，而通过门窗流失的能耗占建筑总能耗的 24.9% 以上，门窗成为建筑节能最大的漏斗。据相关部门计算，我国北方城镇采暖区面积为 129 亿平方米，如果全部更换成节能门窗，每年可节约标煤 1.14 亿吨，减少二氧化碳排放 2.98 亿吨；如果将这些建筑全部改造成被动式超低能耗建筑，每年可节约标煤 1.61 亿吨，减少二氧化碳排放 4.22 亿吨。倪海琼的汇报引起了与会代表的高度关注和热议。

推广节能门窗顺应了当今社会发展和人民的需求，同时也是扩大门窗市场和促进门窗企业转型升级的引爆点。当下市场对于高品质门窗的需求度高，粗制滥造的产品普遍，造成业主维权的呼声越来越大，开发商对此也苦不堪言。所以，通过市场的需求倒推，整个产业会很快发展起来。并且国家层面也对节能减排发布相关战略方针。同时，建筑节能产业存在万亿规模的市场空间，必将成为供给侧结构改革、推动经济转型升级的引爆点。

今年，奥润顺达投资 60 亿元，开工建设 1800 亩“中欧建筑节能产业基地”，与世界最大的装配式超低能耗建筑产业集团奥地利蓝拉集团、德国梅森集团合作建设国际最高标准的装配式超低能耗建筑产业基地，汇聚超低能耗建筑产业上下游企业，生产装配式超低能耗建筑所需的墙体保温系统、五金系统、密封系统等多种配套节能材料，旨在填补我国装配式超低能耗建筑材料的市场空白，逐步实现从引进消化到研发生产本土化，满足日益高涨的市场需求。

2018 年 8 月 1 日，河北省省长许勤调研基地后指出，奥润顺达的被动房技术和超低能耗产业基地，是国家供给侧结构性改革的典范，要做大做强产业链，打造建筑节能产业的华为，做好服务新区建设！

门窗工艺，薪火相传

倪海琼的父亲倪守强在 1988 年开始创立奥润顺达，一手打造了门窗产业的巨型航母。倪海琼从小就受到严格的家教，从初中开始，每年放假，倪海琼都到公司去实习，和工人住在一起、吃在一起。工作后，累了就在公司休息，十天半月不回家是常事。有时候，儿子委屈落泪，倪守强看了虽然心疼，但是也没有办法，只有吃点苦才能练出真本事。就这样，倪海琼和奥润顺达一起度过成长期，他也因此对公司的情况十分了解。哪怕是后来出国留学了，他也时刻关注着国外门窗产业的发展情况。回国后，他花了两年多的时间，在公司研发、技术、采购、生产、安装、售后、财务轮岗学习。

2004年，认识到中外门窗存在巨大的差距，倪海琼就开始着手推动中德合资，引进国外先进的节能门窗技术。经过艰苦的谈判，最终成立国内首家中德合资的门窗品牌——“墨瑟门窗”，填补了国内节能门窗的空白。现在墨瑟门窗成为国内家喻户晓的门窗知名品牌。

如今的倪海琼谈起父辈创业的艰难，更深刻地感受到自己肩头的压力。“公司要在技术上能做得更好，承担起领头羊的责任，承担起低碳环保的责任，责任很大，要做的也很多。”他强调门窗节能功能的重要性的观点与父亲一脉相承，倪海琼就曾说：“大多数人以为门窗没有技术可言，也没法与低碳环保挂钩，这实在是一个认知误区，门窗是社会节能降耗的关键一环。”因此奥润顺达秉承着“让建筑更节能，让生活更美好”的愿景，以“得技术者得天下、得人才者得天下、得标准者得天下、得专利者得天下”为企业发展理念，不断地提升公司核心竞争力。

下一个十年

80后的倪海琼为人质朴、稳重、低调、谦和、待人真诚。他既没有豪车，也没时间娱乐消遣。与刻板印象里的富二代、霸道总裁大相径庭。他认为工作和生活可以完美地融合在一起。工作本来就是生活的一部分，若是不热爱工作，那么生活也不会绘声绘色。倪海琼热爱工作，也喜欢锻炼身体。为了做运动，也为了生意上的交际应酬，倪海琼有时会去高尔夫球场挥上几杆。但他球技平平，原因很简单：工作太忙没有专门的时间去练习。

作为中经联盟的老朋友，倪海琼连续三年参与中经联盟的年会，并且作为继主席之后第二位上台致辞的嘉宾。陈云峰秘书长就曾经评价倪海琼是“制造行业杰出的企业家”，回忆起参观奥润顺达门窗城的情景，倪海琼的热情接待令人难忘，设宴自家种植的蔬菜招待联盟的访客，饭桌上淳朴地吆喝着大家多吃点，临走还递上沉甸甸的当地特产。

联盟十年，见证着倪海琼引领的“绿色建筑”时代逐渐实现，相信下一个十年，会是超低能耗建筑继续飞速发展的十年。对此，倪海琼有话想对中经联盟说：“中经联盟十年来，用开放的胸怀，发展的眼光，包容的心态，专业的精神，规范化运行，打造了行业内最具生命力的组织团体。奥润顺达愿携手中经联盟继续以合作共赢、开拓创新的奋斗精神，为我国建筑节能产业发展贡献更大力量。”

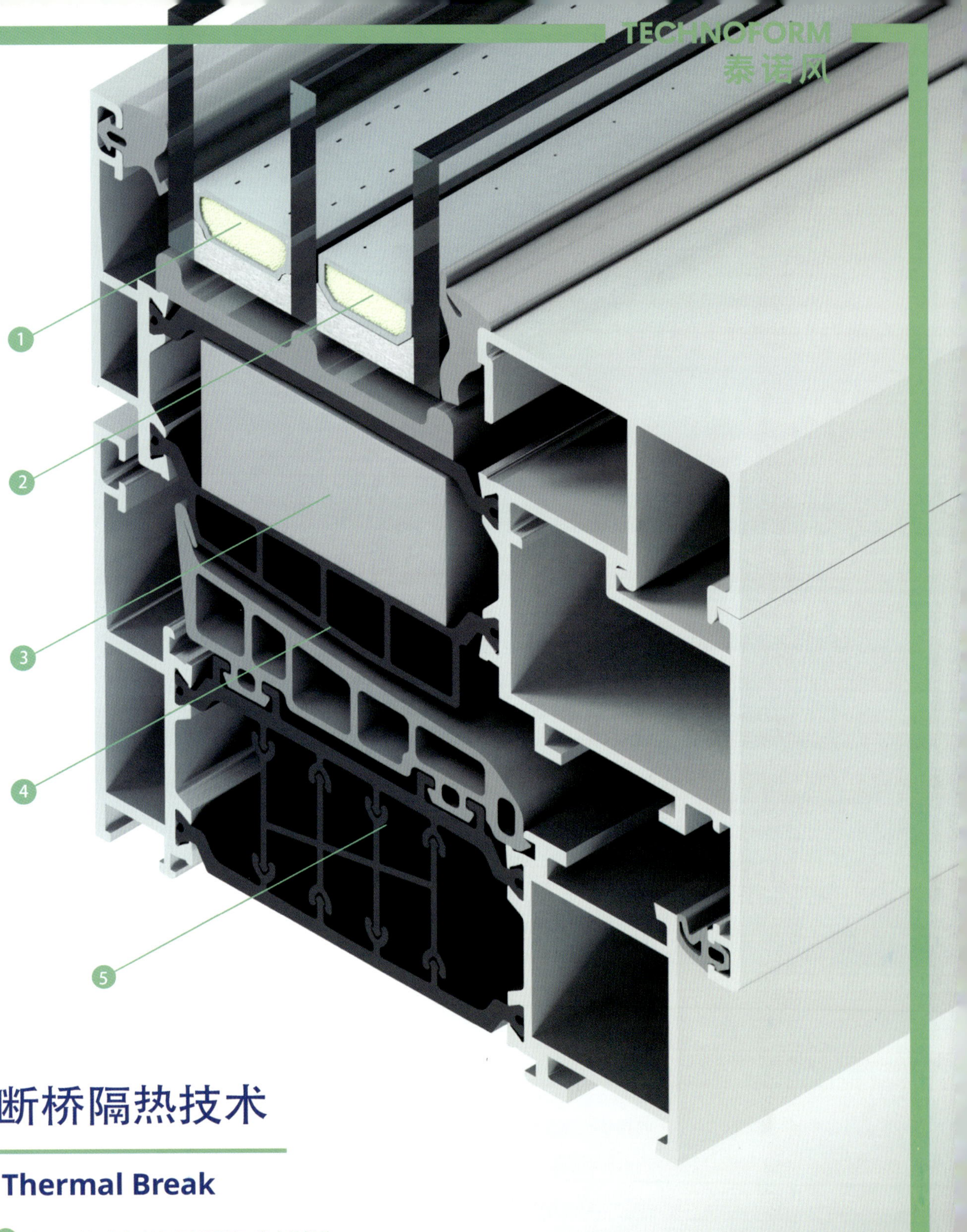

断桥隔热技术

Thermal Break

1. Spacer M，中空玻璃暖边间隔条，稳定性极佳
2. Spacer Precision，中空玻璃用高精密暖边间隔条，隔热性能优异
3. 带尼龙泡沫隔热型材，可阻隔热对流和热辐射
4. 带空腔的隔热型材，更高硬度，用于填充框架空腔
5. 组合式解决方案，很好的机械稳定性，减少热对流和热辐射

TECHNOFORM
泰诺风

喜悦伴着汗水，成功伴着艰辛，遗憾激励奋斗，十年风雨路，一路共同行。

我叫张健，任职泰诺风中国区服务中心总经理，同时担任中经联盟泰诺风指采委员会常务副主席。最初与联盟走在一起是因为共同的理念，“走正道，聚好人，做好事”，我与联盟这一走，不知不觉已走进了第十年，亲眼见证了联盟从初期组建到成长，再到壮大的过程，并有幸参与其中，也认识了很多业内的朋友。作为一位老联盟人，衷心祝愿联盟在下一个十年谱写新篇章，再创新辉煌。

志之所趋，无远勿届，穷山距海，不能限也。
志之所向，无坚不入，锐兵精甲，不能御也。

张健

KIN LONG 坚朗 Construction Hardware Expert 建筑五金专家 | gemvary 君和睿通 地产智能化专家

服务型物联网云平台 -“钢结构+装配式”

FEATURES OF IOT CLOUD PLATFORM

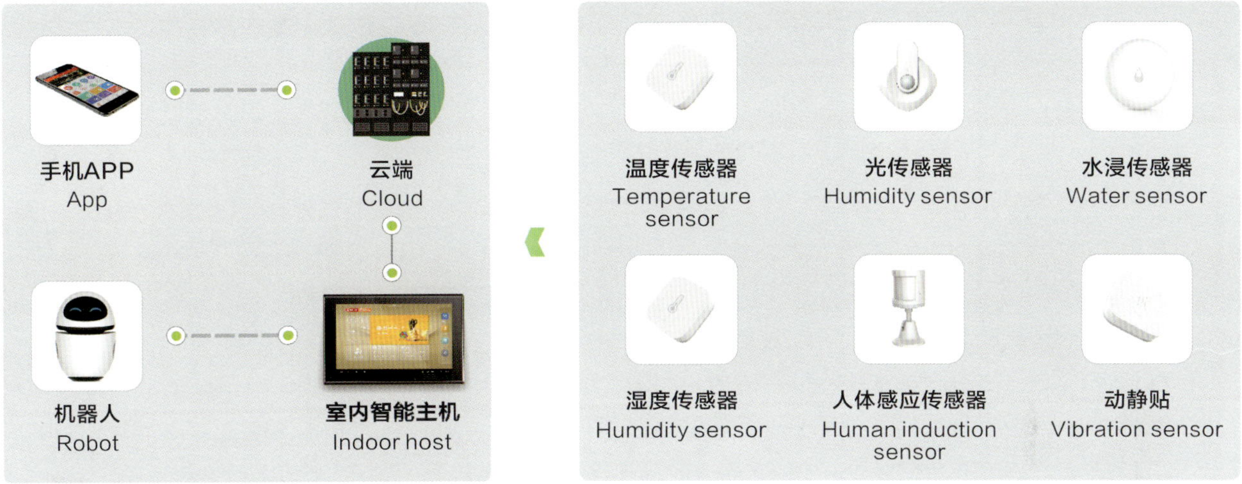

Modbus | Bluetooth | ZigBee | WiFi | RF | KNX | TCP/IP

灯光控制系统	家电控制系统	窗帘控制系统	家居健康系统	背景音乐系统	安防监控系统	基础信息设施
Light control system	Appliances control system	Curtain control system	Healthy home control system	Background music control system	Security monitor control system	Basic information facility

分层分模块: 驱动层、业务逻辑层、人机交互层、云端、主机、网关、模块、UI

全协议覆盖: 485、KNX、以太网、RF、WIFI、蓝牙、Zigbee、Zwave

全品类覆盖: 灯光、窗帘、 推窗器、晾衣架、空调、地暖、新风、 插座、红外电器、感知、安防、监控、厨电、背景音乐、语音控制...

有线无线混合组网: 主干用TCP，有线以太网为主、WIFI为辅
局端有线:KNX、Modbus等
局端无线: WIFI/Zigbee/BL E/RF/Zwave

多主机多网关分区管理，无限扩容: 一个主机可挂载多个协议网关。多个物理主机虚拟成一个逻辑主机。主机与主机/网关之间，采用主干网络。网关与模块之间，采用局端网络。

高定世界
在云端
NO.8
ROYAL
PARK

实景图

股票代码：1107.HK
MOMA 當代置業
客户服务年
CUSTOMER SERVICE
效果
通州万国城MOMA
MEGAHALL MOMA

中国房地产杰出人物志

《10年100人》

中经联盟 编著

下

100 Elites in China Real Estate Industry
(2008–2018)

人民交通出版社股份有限公司
China Communications Press Co.,Ltd.

图书在版编目(CIP)数据

中国房地产杰出人物志《10年100人》/ 中经联盟编著. — 北京：人民交通出版社股份有限公司，2018.12

ISBN 978-7-114-15139-2

Ⅰ.①中… Ⅱ.①中… Ⅲ.①房地产业－企业家－列传－中国 Ⅳ.①K825.38

中国版本图书馆CIP数据核字（2018）第253985号

书　　名：中国房地产杰出人物志《10年100人》（下）
著 作 者：中经联盟
监　　制：邵　江
主　　编：陈云峰
特约编辑：姜　敏　许雅君　高　上　吴玥宛
责任编辑：吴　迪
责任校对：刘　芹
责任印制：张　凯
营　　销：张龙定　童　亮　刘楚馨　陈力维
文字编辑：杜鹏岳
出　　版：人民交通出版社股份有限公司
地　　址：（100011）北京市朝阳区安定门外外馆斜街3号
网　　址：http://www.ccpress.com.cn
销售电话：（010）59636983
总 经 销：北京有容书邦文化传媒有限公司
经　　销：各地新华书店
印　　刷：北京印匠彩色印刷有限公司
开　　本：787×1092　1/16
印　　张：13.25
字　　数：295千
版　　次：2018年12月　第1版
印　　次：2018年12月　第1次印刷
书　　号：ISBN 978-7-114-15139-2
定　　价：268.00元（上、下册）
（有印刷、装订质量问题的图书由本公司负责调换）

与“十”俱进 10th China Real Estate ManagersUnion 大道当燃

中经联盟

定位于主体是开发商的社群组织。成立于2008年，注册会员总数近3000人，其中包括开发商集团公司董事长、总裁、总经理96位，开发商副总裁级别以上常务理事会员581位，担任俱乐部或专委会主席副主席职务的执委会成员285位，秘书处工作人员109位，下设28个专业委员会和俱乐部，囊括了中国房地产领域TOP200房企的近70%从业者、50%开发商企业。

成立10年来，始终定位于“公益公信、专业团体、学习园地、交流平台、友情家园、人才宝库”，致力于打造5大平台---事业平台、健康平台、资本平台、舆论平台、人才平台，房地产从业者都以能够加入中经联盟为荣，国内主流房地产企业的董事长、总经理、副总经理、总监、乃至经理，品牌商家，知名学者、投融资机构成为联盟的主力人群。

作为中国房地产业行业最具影响力的主流社团之一，中经联盟始终推动着行业发展和进步，充满着正能量！高举公益、公信、专业、健康的大旗，以丰富多彩的活动，搭建了有价值的行业平台，以“走正道、聚好人、做好事”享誉业内！

中经联盟

目录

牛卫东

中经联盟物业专委会主席、五矿地产物业管理部副总经理

物业服务的“变与不变”

作者：中经联盟特约记者　王秀娟

一身休闲 POLO 装，头发梳理得一丝不乱，中经联盟物业专委会主席牛卫东从头到脚透着儒雅绅士的味道。跟他聊天时，温和谦逊的态度让人如沐春风，尽显 37°C 暖男本色。

“37°C 暖男服务员”是五矿物业提出的特色理念，也是牛卫东一手策划的品牌形象。作为五矿地产有限公司物业管理部副总经理，牛卫东是一名地产老兵，已经拥有着 26 年的房地产从业经验。他曾从事过建筑、开发和物业行业，在山西省六建、第一太平戴维斯、恒大、万达以及中信、五矿等不同类型的企业中得到了锻炼，历经项目、城市公司、区域公司和全国性企业总部职能等多种管理角色的洗礼。一路走来，牛卫东一步步成长为公司的核心力量，并对现代物业行业有着深刻的理解。

变的是人生的场景，不变的是职业的信念

2018 年是中经联盟成立的 10 周年，也是牛卫东加入联盟的第二年。

在这不短不长的人生旅途中，我们会遇到许多人，看许多风景，它们都在影响着我们。十年下来，每个人总会有收获，收获什么在于你这十年种下了什么种子，用了多少心血浇灌它。

过去十年，对于牛卫东来说，是工作经验积累的重要阶段。他用心耕耘，将物业管理的每一个细节都认真对待，熟稔于胸。

牛卫东回顾过去十年的成长经历，丰富的履历让他在不同类型的公司积累了不同的工作经验。

2000 年，牛卫东从工程管理转型到广州恒大做物业管理，见证了中国房地产物业管理初期的艰难。“那时候，做物业管理要克服种种困难，很多条件不具备的项目要交付，还要把服务做好，这十分考验沟通能力和执行力。让地产公司、业主和物业公司三者达成相对平衡，是我当时做物业的目标。”牛卫东说。

接着，牛卫东又转战到外企第一太平戴维斯，在这里他学会了物业管理的标准化和规范化；随后，彼时房地产界最大的民营企业万达商管邀他过去，做总部物业管理，“万达的执行力十分强，且与一线联系异常紧密，让我得到了很好的锻炼。”从万达出走后，他又到了央企中信物业，在

此平台上积累了物业运营的企业管理经验，并从个人成长向组织成长进步。

2015年，牛卫东到了五矿地产有限公司赴任物业管理部副总经理，开启了另一番天地。“过去十年，我经历了物业管理的每一个环节。来五矿的3年时间里，我体会到了国有企业做地产物业的不容易，也理解了央企社会责任的荣誉感，过去的工作积累让我也更加有信心将国企的物业管理整合好，带上另一个台阶。”他说。

变的是思想和方法，不变的是企业核心诉求

世界上最美的场景，不是收获成功时的喜悦，而是努力解决事情时的努力认真。

多年的工作经历让牛卫东积攒了超强解决问题的能力，也形成了积极解决问题的思维习惯。

2015年，他入驻五矿集团，正面临五矿地产系统的合并整合。物业管理本身就是十分琐碎的事情，加上国有企业固有的复杂人事关系，国企改革的步伐进一步加快，也考验着身处其中的牛卫东。各种盘根错节的行政关系，并未让牛卫东产生畏难情绪，他总是想，世上无难事，只怕有心人。只要积极动脑，理解各方的需求，总会有解决办法。

他仔细梳理了五矿地产旗下各个物业管理公司的情况，发现每个地方物业公司虽然正常运转，但是在“各自为营”——组织架构、人员配置、业务标准甚至公司名称都不尽相同，同时存在着管理分散、规模有限、品牌模糊的现象。

既然是“整合”，那就大刀阔斧。

牛卫东着手将现有的五矿物业、五矿悦居物业、湖南嘉盛物业和铂海酒店物业这4家地方物业公司，分门别类地进行不同方式的整合。他先统一思想，明确了五矿物业的定位是为五矿地产和广大业主服务的，并通过统一品牌、统一架构、统一标准、统一平台、统一考核的“五个统一”策略，建立起一个具有职业化、专业化及市场化思维的现代物业企业，充分激活企业的潜力、提高央企活力。

牛卫东说，在历时3年的物业公司整合过程中，他遇到最大的难点就是打破原有的组织关系。由于国企的人事关系复杂，且牵连众多，除了业务上的整合化一外，最让他费心的就是顾忌各方人员的利益及情绪。

这并未让牛卫东胆怯。在取得各级领导支持后，他采取“老项目用老人，新项目用新人”的方式，不断沟通听取各方意见，再逐渐转化老同志的思想，加强他们的学习，将“整而不合”的表面现象打破，用新的方式和业务标准，提升物业公司的竞争力。

目前，牛卫东说，五矿物业公司的整合已接近完成，这是他近10年最大的工作成就。

变的是服务理念和手段，不变的是满足客户需求的初心

做服务的人都是情商高的人，心态平和且从容，这是我从牛卫东身上看到的。

他说:“物业是一个平凡而繁琐的工作,因而,需要我们的规范化、标准化、专业化;物业是一个与每个人生活工作紧密相关的工作,因而,需要我们主动、细心、真诚、耐心;物业是一个拥有众多资源而前景广阔的行业,因而,需要我们放开胸怀、拥抱未来!”

中国房地产业发展到今天,牛卫东并没有悲观,反倒认为这才是正常发展的状态。未来,房地产业将趋于成熟和规范,会像一个成年人一样,靠着平和、博爱的心态和冷静、稳重、细致的操作生存于世。

党的十九大会议上,习近平同志提出“现阶段我国社会的主要矛盾,已经转化为人民对日益增长的美好生活的需求和供应的不平衡不充分的发展之间的矛盾”。这个矛盾表现在房地产行业,就是大众的居住需求从“有的住”升级为“住得好”。而物业服务,就是完成这一转变的重要力量。

这是 37°C 服务应运而生的根本动力。

——从以往的公共服务向家庭生活服务进化,从被动式的“强推服务”转变为恰到好处的“顺推服务”。“就像一个暖男对朋友无微不至、贴心适度的爱护一样”,牛卫东这样描述。

这种“恰到好处”的服务,不仅仅让物业公司和业主的关系更加水乳交融,为以后企业的可持续发展奠定基础,同样也给地产公司增加了实实在在的效益。五矿地产广东惠州的某旅游项目,因设立了 37°C 生活馆,为自住业主提供空置房打理维护、入住前打扫房间等服务,为投资业主提供房屋托管、休闲度假“轰趴”等服务,促进了地产公司的项目营销。

牛卫东一直坚信,未来好的物业服务将持续在“变”与“不变”两个端口下功夫,“变”的是意识的转变,要跟上时代步伐,不停地创新;“不变”的是从满足客户需求角度出发的基本点。

“只要从满足客户需求角度出发了,物业管理就不会偏;只有站在客户角度考虑问题了,物业管理就能做得更好,物业行业的未来才更加广阔、更加光明!”牛卫东说。

欧阳捷

中经联盟(上海)主席、新城控股高级副总裁

地产圈的研究者

作者:中经联盟特约记者　刘莹

作为活跃在业内一线的知名大咖,新城控股集团高级副总裁欧阳捷同时运营着自己的公众号《欧阳先声》,每周一更,笔耕不辍,粉丝众多,阅读量稳居高位。同时,在很多大型的媒体平台上也都可以看到他的专栏。

他主张"以前瞻解析、用数据说话、与身份无关",文章观点犀利独特,笔锋干净利索,思维睿智敏捷,常常对当前楼市状况给出最具前瞻性的预判,并大多应验,是典型的地产圈"研究者"。

热爱才会专注研究

说他是"研究者",一方面源于他的务实,他的文章通常会引经据典,各种研究数字也是信手拈来,有理有据,扎实可信;另一方面,则在于他的理论涉猎面之广泛,善于脑洞大开,旁征博引,"能够更好地帮助大家理解政策、理解市场、理解行业,看清大势、踩准时机、做对自己",这是他即使工作再忙也要一头扎进研究的海洋里的初衷。

优秀的人大多是勤奋而努力的,欧阳捷也不例外。作为本就繁杂事务缠身的集团高级管理人员,他的行程通常安排得很满,早已习惯做"空中飞人",但即便如此,他的公众号《欧阳先声》依然坚持运营了三年多,每周日晚上八点如期跟大家见面,其中努力可见一斑。

欧阳捷语速很快,反应更快,所到之处总是伴随着严谨的表达和谦逊的微笑,看上去精力充沛、心态年轻。他称自己是典型的金牛座,金牛座是"专一"的,但欧阳捷不钻牛角尖,却显得十分专一,尤其是在新城控股的每一个不同岗位。

诚然,业内人眼里的新城控股,确实是一家有"野心"并且独具魅力的企业。这家起步于江苏的企业,今年刚刚过完25周岁的生日,2009年,总部迁往上海,自此以后,这家企业的战略发展重心逐渐开始全国化布局并越做越大。2017年,它跻身"千亿俱乐部",并在今年上半年再次带来高增长,成功跻身行业8强,发展势头强劲、增长速度惊人。

业绩快速增长的背后得益于集团"住宅+商业"双轮驱动战略的指引,不同于大多数的房企,新城控股是房地产行业内少有的将商业与住宅置于同等战略地位的企业,而且这一战略还取

得了重大成功。

欧阳捷已经在新城控股集团工作了 11 个年头，可见新城所具有的独特魅力。刚刚过完 25 周岁生日的新城控股今年提出了“再出发”的口号，在发展的过程中，商业住宅之间紧密互动，既能互相协同、取长补短，又能相互独立、各自发挥。凭借着骆驼的毅力，新城控股一路以磅礴之势开疆拓土，攻下了一座又一座城池，在全国 89 个大、中型城市都有布局，累计开发及在开发项目达到 428 个，为 30 余万户家庭带来了幸福的生活。

25 载峥嵘路，每一步成长都是一种进化。而今，这家中国体验式商业地产的领军企业，正在继续深化着以住宅和商业地产双轮驱动的战略模式，与时俱进地创新产品与业务，拓展城市布局，并凭借着“稳健”和“创新”的特点获得了持续不断的竞争优势，正大跨步地迈向中国最优秀房企的行列。

热爱和激情是奋斗的原动力，“基业长青的企业一定是企业文化具有独特竞争力的企业，新城控股‘让幸福变得简单’的使命富有哲理内涵，迎合了时代潮流，在地产行业独树一帜”，他对企业文化尤为看重。

“继续服务好企业品牌建设及形象塑造，在新城控股实现基业长青的征途中贡献绵薄之力”。这是欧阳捷对于自己未来的规划，他还将继续服务于这家企业，并发挥自己的长处，为其发展壮大贡献力量。

深入方能洞悉未来

1961 年出生的欧阳捷是房地产行业中名副其实的“前瞻研究者”。他善写作，也爱表达，观点睿智而独到。过去的三年，他将大部分的研究精力都集中在了对于国内外大势、经济金融格局、楼市政策解析以及房地产下市场走向的预判上。

而近期，他对于大城市“都市圈”的研究和观点也颇有见地。他认为，未来的五年，中国的房地产将会进入一个新的时代，人口渐趋向大城市、以及大城市周边的中小城市集中，因此，这些都市圈的中小城镇都将面临巨大的机会，成为城市化发展的新引擎。

而对于已经经历过高速增长黄金期的中国住宅市场而言，进入有管制、小波动的平稳发展期则势在必行，“大稳小乱”“零增长区间”将成为这个时期的新的发展特征。市场蛋糕不会变得更大，行业集中度则会加速提升，缺乏竞争力的中小房企逐渐淡出地产江湖也将不可避免。而留存下来的部分企业则将向资产管理运营者和投资者的方向转型，并且也会尝试介入房地产的上下游产业链中，如建材、设计、施工、营销、装修、家居、物业、中介、机器人、智慧生活等范畴，并带来新的改变。

那么这是否意味着对行业和市场的看法持“悲观”态度？欧阳捷对此表示了否认，他认为，传统住宅地产将有大房企继续开发并提升品质与服务，而伴随着“人民日益增长的美好生活”新时代的开启，人们在基本满足了物质需求的同时，会更加追求其精神消费，这也为商业地产带来更广阔的发展前景。而且伴随着老龄化时代的加速来临，养老地产也将为房地产提供新的市场增长点。

欧阳捷经历丰富，当过工人、做过老师、还干过公务员，而今，他又把主要的精力放在了公众号《欧阳先声》的运营上，时间不够用成了他最大的烦恼。“时间太少、资源不强、知识不够、信息不足，预判大势常有无米之炊之感”，他感叹道。成功人士往往具有极强的“延迟满足感”，有极强的目的性和规划意识，并对知识和进步极度渴求，还会时常对自己的行为作出反省，很显然，欧阳捷在这方面十分典型。

自然，空余时间的欧阳捷也会关注除地产之外的其他行业，比如高新科技、人工智能、万物互联和军工产业等，都在他的研究范围之内。他尤其坚信，在云计算、大数据和人工智能的驱动下，房地产的产业链将发生新的颠覆性变革，人工智能技术将带来智慧地产发展的新风口。

作为中经联盟的元老级人物，采访尾声，欧阳捷也向记者介绍了他眼中的中经联盟。他说那时和中经联盟秘书长陈云峰一见如故，他认为陈云峰的理念非常符合时代的特征，地产行业非常需要这样的一个平台，来聚合行业内所有年轻的、有理想、有抱负的管理者们，交流信息、提前预判，通力合作、合作共赢。

“那么您是否会一直陪伴它走下去”？我问。

“行业的健康平稳发展需要大家共同努力，需要行业自我规范、自我约束，需要谋大势、顾大局、讲策略、求理性，更需要‘影响有影响力的人’，中经联盟可谓是方兴未艾、大有可为”，采访中，常常可以感受到欧阳捷那理性的思维和年轻的激情。

祝福这个“专一”而“勤奋”的“年轻人”！

裴晓红

中经联盟写字楼专委会常务副主席、北京北辰中心写字楼副总经理

一个体育爱好者的地产人生

作者：中经联盟特约记者　唐珊珊

“过去的二十年的辉煌，特别对于这个关于城市建设的行业，它承载了太多人的光荣与梦想，它是几乎一代地产人共同成长的全部记忆。”和裴晓红对话的感觉就像打开一本厚重的书，每一页都沉淀着这个行业看似平凡又饱含运营之道的故事。

她所任职的北京北辰实业集团（以下简称“北辰集团”）成立于1990年8月8日，前身是第十一届亚运会运动员村服务中心，而裴晓红与地产行业的缘分也始于体育赛事，用她的话来说是：“抱着对体育赛事的热爱进入了北辰集团，却一个急转弯闯进了地产行业。”

“准确地说，我是先入行再开始慢慢学习地产行业的专业知识的。当时因为有一些大家都比较瞩目的赛事，赛事之后公司就开始进入房地产行业。1997年5月，北辰实业在香港发行H股并上市，后来又逐渐成为一家复合地产公司，所涉及的房地产开发业务包括住宅、公寓、别墅、写字楼、商业等多元化、多档次的物业开发和经营。随着集团业务的拓展，对我们来说也是一个很大的挑战，不断学习，每个不同领域的业务都是一次考验也是一个课程。从某种意义上来说，北辰的地产发展史也是我的职业成长史。”在说起初入行的那段时光时，裴晓红的眼中有着回忆。

在重资产运营的行业里，女性天然有优势

入行后，她在经历了房地产行业的冷静、繁荣、狂热，到如今的平稳，房企也从前几年马不停蹄地攻城拿地回归到存量市场的运营，开始认真地思考持有型物业如何代替销售型物业在融资收紧，政策加码的大环境下突围。

与销售型物业相比，写字楼、酒店、长租公寓这些项目就像定期存款，收益率和周转速度都相对较慢，从这个角度看裴晓红认为，持有型物业对公司的回报是一个稳定收益，因为它是一种资金回报方式，所以在市场没有跌宕起伏的时期，它对企业来说是一笔稳定的现金流。持有型物业运营最关键的一点就是要用心去经营。一是从对硬件设施的维护和经营。经营得好，那么硬件的生命周期就会长，客户体验就好。二是对客户的用心维护和服务。而在这方面，女性职业经理人天生有优势，因为女性更善于发现细微问题，并作出贴心服务，在处理用户关系时也更为

柔性。

“其实早期，传统写字楼仅仅是建好，租出去，日常一些小维护这么简单，更像是一个房东的角色，但我一直不太认同那种模式。办公室相当于职场人的第二个家，很多人在公司的时间甚至超过在家的时间，从我最早接触写字楼的运营开始，我印象最深刻的一句话就是：‘从客户的角度去想，去看，才能为他们做出最需要的服务。运营者的每一个用心举动，都是一个承诺，会被别人看在眼里，记在心里。’用匠心去经营，那可能我们的客户满意度就会高，续租稳定性也会提高，对持有型物业来说，运营是一个很核心的内容。”裴晓红笑称自己在这方面比较执着，所有细节的工作都尽量做到完美，可能是当年那句话让她突然找到了这个行业的灵魂。

最大的挑战来自日新月异的新生事物

现在的裴晓红在写字楼的运营管理上付出了很多努力，同时也做一些运行管理和市场趋势的研究，虽然在这个行业已经做了二十多年，但她依然不敢有丝毫懈怠。说到变化，她坦然笑言：这个时代变化太快，每一分每一秒都有新生事物出现，她的应对策略是：首先是学习，第二是融入。

智能楼宇也好、绿色办公也罢，其实办公已经被附加了很多新的概念、新的内容，办公楼也早已不单纯。所以作为运营者，行业的变化是巨大的挑战，因为这不仅仅意味着软件设施的更新，还意味着对建筑本身的改造以及管理模式的改变。

比如近几年刚刚兴起的共享办公，当她第一次听到这个概念时，直觉这会是未来一个发展趋势。那时在国内正在兴起“自由职业者”这个概念，虽然当时数量还不是很多，但她发现随着互联网文化的发展，这个数字一直在持续上涨，年轻人对工作的理解也不再局限于固定的格子间，他们更喜欢一种社群概念的互动，而共享办公这种模式正好迎合了他们这代人的需求，所以后来，北辰拿出奥运核心区一栋写字楼也做了一部分共享办公的尝试，并同时在空间里引入智能办公系统。

工作表格里塞满了压力

在裴晓红的生活里，一直有一张工作表格，里面制定了每天、每月甚至每年的工作计划和目标。用她的话来说，无论年月日或周，工作都一定要有一个总的目标，然后将总目标进行细分，在这些小目标里会有不同的环节和程序，只有这样一步步去完成小目标，才能最终接近全年的总目标。

让她形成这种习惯的，是多年前她参与的第一个地标项目，作为这个项目的未来经营者，项目的每一个环节都需要她所在团队的参与，从设计到施工甚至未来运营的环节都需要多次沟通。因为涉及的环节很多，所以每个环节的问题会不断涌现，于是将目标细分、分类、按轻重缓急排序并限定解决时间，用 Excel 表格制作完成并按此执行，成为裴晓红最终解决困扰的最佳方案。也成为她多年来一直不变的习惯。

说起当年这个项目，裴晓红感触颇深："因为这个项目应该也算是在我们所在区域的一个地标项目，其实这个地标项目在新建的过程当中，也是作为未来一个经营者，我们实际上和这个项目整个建设过程是同步进行的，就是项目在设计、施工，以及到最后各个方案的通过，我们都是全程参与，所以当时我们的工作量非常大，因为要和设计做很多沟通，包括在沟通过程中会有一些修改，而这些修改更多的是适合于未来经营的一个需要，所以在这样一个过程中，其实是历练了自己，也学到了很多东西，同时也为这个项目后续的经营，能够有一些很好的建议。"

生活中的计划一直没有时间去实现

严谨有序让裴晓红在职场中的计划都能够如期完成，但生活中的计划却一直被无限延期，在我问起她上次休假是什么时候时，她想了很久却没有答案，假期在她的 Excel 表中似乎没有排期。唯一留给自己的一点小奢侈便是不定期地打羽毛球了，当年对体育的痴迷，让她在生活中一直保留尽量每周打一次羽毛球的习惯。

在谈起工作之外的爱好时，她笑着举起手掰着手指一个个数着："其实我还蛮文艺的，我喜欢女红，经常做一些小手工；喜欢厨艺，更多是喜欢做出美味后，看着家人和朋友吃得开心的样子；喜欢电影，喜欢看书，喜欢旅行……其实我觉得只要是能为生活带来快乐的事我都挺喜欢的。"

在北京土生土长的她，一直想去埃及看看，笔者祝愿这个因工作被搁浅无数次的目标下次能够如期执行……

任儒鹏

中经联盟总裁俱乐部副主席、碧桂园集团北京区域执行总裁

唯有学习思考和勤奋工作让我心安

作者:中经联盟特约记者　唐珊珊

运气挺好

“记得那一天是2003年7月22日,刚毕业的我只身一人拖着行李箱来到中建报到,还没来得及逛一下北京城,入职培训结束后就被派去了工地。当时看到尘土飞扬、机器轰鸣的工地,心理落差还蛮大的。”在任儒鹏的记忆里,北京盛夏午后的阳光白亮刺眼,灼热了崭新衬衫领口的汗珠;原以为将在写字楼里写写画画的他,却转眼被派到了北京航天城的一处工地,虽然这工地上的漫天尘土并不比西安来得更为猎猎。

在建筑工地一待就是四年。当时的任儒鹏以为现场工程师的职责就是把建筑设计从图纸搬到工地,后来发现事实的确如此,却绝不简单。那段时间,他每天60%的时间都泡在工地上,剩下的时间是组织安排会议以及对下游资源进行组织协调,每天下班前还要梳理整个工作体系和工作计划。整整四年里,他从设计到施工,从挖地基到高楼起,工地上所有的活都干了一遍;当初清瘦白净的青年也已黝黑结实,褪去了青涩的书生气。

“我认为人的第一份工作对一个人的影响是永恒的。我觉得自己运气还挺好的:第一,很幸运我选择了一个很棒的大平台,或者说这个平台给了我机会;第二,我所在团队成员,都是很职业、很专业、很国际化的人才,能够与他们这些卓越的人为伍,我深感幸运;第三,甫一入职我就有机会参与若干重大项目,任由我去锻炼、去学习,为我今后的职业生涯奠定了扎实的基础,我何其幸运!”在任儒鹏看来,这份好运气一直伴随他带着新的目标和理想加入碧桂园。

以变图存

“我在中建系统(中建总公司、中建国际、中建地产、中海地产)工作了十四年,从工程管理业务到后来的房地产开发,那段日子稳定而忙碌,没有多余的时间去思考未来。如果不是2016年

一个偶然的机遇，我可能会一直安于体制内的工作节奏和生活状态。”说起当时的离开，窗外恰有飞鸟掠过楼宇间，他看着渐远的飞鸟脸上柔和起来。

“其实我曾纠结了好久：要不要跳到体制外？要不要离开自己待了十四年的地方？这是在心理上甚至是生理上跳出自己的‘舒适区’，存心是给自己找别扭嘛！”

2016年，履新碧桂园北京区域副总的任儒鹏带着不踏实的心接到了环京区域的任务。彼时的津冀环京地区正经历着一轮国家战略的落地，冬奥概念带动新的热点城市发展、迅速崛起，各方资本、各家企业都在逐鹿京津冀，面对优质土地资源往往杀红了眼。任儒鹏也不例外，焦灼着、渴望着，攻城略地。然而当时津冀环京地区的拓展并未如预想那般顺利——在北京所向披靡的战略战术在这里失灵了。

任儒鹏一时间感到很不适应。作为此前一直在一线城市从业的职业经理人，他意识到：在这些地区开拓业务的难点并不在业务本身，而是在于市场秩序的构建和政策的厘清。

“那怎么办？”

“没什么怎么办。”

面对不适应，唯一的办法是主动去适应。

任儒鹏带着团队用了不足半年的时间来熟悉环京区县的情况，结合集团战略，一城一策，因地制宜适时调整战略战术。也正是这样的经历让他深刻意识到：在这个行业里，与政府的沟通和属地的衔接，是核心竞争力。恰恰是房地产行业的政策，天天变。

没有什么会永垂不朽。

2016年注定是将写进房地产发展史的重要一年，政府调控政策密集出台以求建立长效机制。然而与接踵而至的2017年、2018年的暴风雨相比，显然2016年的那点“折腾”仅仅是山雨欲来的满楼小凉风而已。

“2018年发生的一系列政策剧变，应该是中国房地产四十年发展史上历时最长的一波操作。政府连发十二道金牌整顿房地产市场，限购、限贷、限商、限售、限价、限审批，加上后来‘限离婚’。这些已经超出了我们过去认知的范围、超越了过去的难度。”

任儒鹏第一次感到这个行业真正的压力和焦虑是来自不可抗、不可预知的政策变化；而作为一个职业经理人，此时除了带领团队迎难而上，他别无选择。

“在这个过程中，我们面临的最大挑战是与时俱进、以变图存。项目的投资逻辑和操盘思路要改变，金融、财务指标要改变。”

“人能看得到多远的过去，就能看得到多远的未来。仅仅看到过去四十年中国房地产发展史还远远不够。我曾以为靠那些就能判断未来的发展趋势，现在看来还是太自大了。我不知道这一波国家调控会持续到何时、何种程度，会带来哪些不可预知的深层的变化，这种未知让人不安。虽然中国现代意义上的房地产行业只有短短四十年，可是盖房子的历史几乎就是人类文明发展史，已经存续好几千年了。所以应该看得再远一些，对吧？”

“选择一个行业，就选择了一种生活方式。事实上任何行业都一样，只要你想把这个事业做好，就必须要付出。如今最让我心安和踏实的事情就是学习思考和勤奋工作。永远不存在什么‘舒适区’。”

沙 磊

中经联盟工程管理委员会副主席、泰禾集团北京城市公司常务副总经理

永远去影响关系人关系事

作者:中经联盟特约记者　李叶

原本安静的摄影棚忽然热闹了起来,工作人员你一言我一语地围绕在沙磊周围,摄影师不时地按动快门。初次见到泰禾集团北京城市公司常务副总经理沙磊时,他正在中经联盟临时搭建的影棚里拍写真照,时不时地问一问大家什么 Pose 更合适。

沙磊很健谈,与他的对话也十分轻松,以至于让人忘记是在采访,从而不自觉地把话题从行业聊向了美食、越野、爬山、南北风土人情的差异。

作为地地道道的北京人,即使回忆起曾经的心酸往事,沙磊也带着一份老北京人特有的幽默感,总是喜欢把那些难忘的经历化作一个个"包袱"抖出来。

他说:"回头再看,那些曲折也变成了人生道路上的丰盛收获。"

"人生就是战胜困难和被困难折磨的旅程"

从业 18 年,沙磊一直在行业一线,致力于房地产开发多项目管理的探索和实践,在开发报建、工程管理、成本招采、多盘运营等方面颇有建树。他亲历操盘的多个项目中,既有获得国家优质工程奖、詹天佑金奖殊荣的工匠项目,又有创造北京市场 9 个月销售 90 亿的传奇名盘。

让人感慨的不是他的成绩,而是他面对困难与挑战时,百折不挠逆流而上的勇气。他笑言:"困难是常态,挑战是修行。"

职业生涯中,他印象最深的是在金融街控股担任广州区域常务副总经理的日子。那时,气候和语言成了这个北方汉子面临的第一个考验,严重的"水土不服"。可是很快,带病上阵的他又迎来了当头一棒。新组建的区域公司严重缺人。团队仅有的 12 个人刚刚聚到一起,不仅人生地不熟,相互之间也不熟悉。

"无论如何,业务也得向前推进。当时新公司没有任何制度,只有一个目标:一年要在广州站住脚,两年要扭亏为盈。"沙磊攥着拳头回忆道。

时间紧,任务重。那段时间沙磊和他的团队成员像打了鸡血一般,不知疲倦。他苦笑说当时是"白天跑业务,晚上做制度。"缺人就在当地找新结识的朋友推荐,慢慢把人力部建立起来;缺

制度就加班加点把规章制度制定出来。常常是第二天大家上班后，忽然发现公司又多了很多新制度。

回忆起这段经历，他托着下巴说，虽然压力很大，但那却是最充实、最快乐的一段时光。那时每件事情都有目标，没有猜忌，没有内耗，大家一心向前走。“有一次，为了心无旁骛地想法子，我们在山上封闭了5天，借鉴国外工业建设经验创新了一种大总包承包模式。下山的时候董事长在山下请吃饭迎接我们。最忘不了的就是当时大家那种要把山下的鸡吃光的感觉。”

“梅花香自苦寒来，宝剑锋从磨砺出”，这段经历让沙磊收获颇丰。不仅从无到有建立了全新的公司团队，还因荔湾区和番禺区的两个项目质量和工期管理突出，受到了当地政府的高度赞赏。番禺项目还获得了詹天佑奖，创下了当时广州业内周转速度最快的经典案例。更有广州媒体朋友戏言：“北方过江龙反客为主，更胜一筹。”

他语速不快，履历中那些大风大浪也被他似有意似无意地用几句轻描淡写的言语带过，但是人生路上的修炼他从未停止过。他说，“没有困难不是人生，人生就是战胜困难和被困难折磨的旅程。”

担心房地产过度炒作

对于沙磊来说，地产行业的魅力在于不同时期、不同人生阶段有着不同的个体感受。

“做基层工作的时候，觉得地产行业的魅力就是可以给社会和客户提供一种产品，为世界留下一点东西或是一件作品。”进入管理层以后，他的眼界放得更加长远。“房地产对国家和人民来说，是历史发展阶段不可缺失的一部分，作为中国经济支柱产业之一，无论是上下游企事业单位，还是新闻、舆论乃至茶余饭后，大家都在不自觉地参与着、谈论着、观察着。从某种意义上讲，它更像是社会的润滑剂，影响着国计民生。”

乐观以外，他也有着自己的担忧。“这几年中国房地产市场起起伏伏，受不完善的政策、人口红利、产业布局、商人逐利等各种错综复杂的因素影响，房价总是呈现缓慢下滑，突然上涨的周期性规律，而不是持续平稳的健康发展。大起大落是不健康的，这种情况对投机者来说是好事，但对于真正做事的房地产企业来说却是坏事。”

“永远去影响关系人关系事”

他忧国忧民，却也是性情中人。“我特别喜欢自驾，我家有地图，无论国内国外，我都自驾，有种纵横四海的感觉。”他说自己从小就淘气爱玩，父母插队时就带着他到处走。他爱交朋友，父母和家庭的影响，使他变得更加开朗乐观。

在清华大学上研究生进修班时，沙磊得到了去位于成都的西南财经大学做两年学习和答辩的机会。课余时间，他会去品尝成都当地的名小吃，体会当地慢节奏的生活。后来去到广州，忙碌之余他也会细心观察广州的人文建筑，游历岭南山水。

回到北京后，工作越来越忙，旅游成了奢侈品，他就把爱好变成了爬山。“有机会就去爬山，通过排汗和征服高峰的感觉进行解压。”

纵横南北，文化的差异没有成为工作的阻碍，倒是让他积累了不少的经验，他潜移默化地被环境影响，也悄然影响着身边的人和事。

他自己发明的座右铭是，“永远去影响关系人关系事。”因为，他觉得人活着就要影响别的人别的事，不能默默无闻。

他说，“我的择业标准就是选择好的公司、好的位置、好的平台，使得我的势能能够影响别人，小到团队大到社会。工作上一要对得起老板股东，二要对得起客户。一定要影响他人，改善环境，创造价值。”

他选择泰禾的理由也是因为对泰禾公司社会责任的认同，比较直接的表现就是，“公司各方面，对于资金、成本都是严格控制的，公司上上下下都会想办法去节省无效成本，挽回预知损失。但是在对待客户的问题上，黄其森董事长始终明确：花在业主身上的钱一分也不能省，赔付业主的违约金一分也不能少。”

当下，地产调控正严，融资趋紧，不少房企感到担忧。他却对泰禾的产品非常自信，“大的政策环境对于我们这种豪宅产品影响不大，我们最关心的是最后交付的品质。”

沈力男

中经联盟常务理事、龙光地产副总裁

地产文青

作者：中经联盟特约记者　刘婷

行走在地产和媒体之间，龙光地产副总裁沈力男从来没有让自己变成一个纯粹的商人。作为一名地产人，他见证了行业的高光时刻，也正经历着行业最焦虑的时候。在他眼中，大起大落反倒恰逢其时，这能让他回望初心，知道文化和品质的烙印还刻在骨子里；作为一个媒体人，他不停地写诗、出书，享受着自我和世界的对话，毕竟身在高欲望、高强度的名利场里，做想做的自己太难。

沈力男的心里一直有回到南方的执念。这种执念在2018年夏天还是按捺不住了。做这个决定的那天，北方的阳光懒懒悠悠铺在桌边，尘埃都过分舒服地翻飞，有几分文人率性的他忽然觉得，该回去了。于是挥别旧东家，一路向南。“漂过城市座座，最忆是江南。”阔别十余年，他阅尽千帆，归来仍是少年。

换个步伐前进

9月12日，深圳天气晴。在刚入职不到两个月的新东家办公室里俯瞰深圳，沈力男想，我终于回到南方了。

从南京大学新闻专业毕业后，沈力男的履历在媒体的单行道上走得很出色。江苏人民广播电台记者、福州晚报周末部主任、福州日报编委、福建工商时报总编……那段时间在沈力男的记忆里是饱满而热烈的，年轻的他像文人更像侠士，喜欢结交朋友让他迅速积累起了大量人脉和视野。那时的他还不曾想到，在日后转向的人生里，这段经历会是他后来在商业世界中游刃有余的源头。

转向是从2007年开始的。在经历了媒体的巅峰时期之后，一些不甘于现状的媒体人和有商业头脑的广告人员，变现媒体内部资源优势和外部企业主的人脉优势，到大企业、公关公司从事品牌公关工作。

沈力男就是其中的一员。2001年，沈力男辞去媒体工作。报社序号为001的报社员工第一个辞职下海，同事错愕之外更多的是想不明白：为什么？沈力男对此的解释是，在改革开放的新局面来临时，如果不投身经济主战场，可能会错失一个最大的机遇。在辞职信上，他写下六个字：换个步伐前进。

不过，传媒出身的沈力男到底还是带着笔杆子走了。从转战商界开始至今，他变了很多，写字是个例外。直到现在，他的微博简介依然是“行走在地产和媒体之间”。“这支笔不见得在新闻单位才拥有，在哪里都可以捡起。这些年我也经常也愿意自己去写，提笔才有思考、提笔才有思路，所以我经常写一写动一动。”

2013 年，在观察房地产业 6 年之后，他决定将刻录“房事”点滴的《泡沫中的沉浮》出版。在作序时他写道：“在新闻界潇洒走一回，我要做观察家，体现‘中国房事’为由头，演绎‘房事’内外之种种人与物、思与想、欢乐与哀愁、嬉笑与怒骂的南北东西。”

时至今日，见过沈力男的人或多或少都有一个印象，他有一种不会随着时间流逝的文人心性。恍若少年迎着时间站立，对影便成诗。他将日常生活写成诗，记录在公众号“由己斋”中。在他眼里，写诗是一件水到渠成的事，不需要揣摩。“写诗是我的爱好，有灵感了十分钟就可以成文，比较适合我现在的工作状态。”他的计划是，今年内再出一本诗集，给自己一个交代。

勿忘初心

沈力男说，他是歪打正着地见证了中国房地产最辉煌的十年，有幸地进入规模化的企业。在这次看似偶然的选择背后，沈力男的职业生涯被彻底改变了。

2009 年，骨子里爱着中式文化的黄其森将自带文化基因的沈力男纳入麾下，让其出任泰禾集团品牌部总经理、集团副总裁。此后的故事，业内已耳熟能详，泰禾打造的“泰禾院子”的品牌 IP 至今仍为地产圈的标杆。

那一年，泰禾改造后推出的北京新中式院落别墅亮相，大获市场追捧。2009 年，泰禾以品牌价值 16 亿元人民币入选“中国房地产企业品牌价值 20 强”，是当年度入选排行榜地产企业中唯一来自福建的地产开发商。

一时间，泰禾声名大噪。外行人和内行人都想要窥探其中的经济逻辑。但事实正如中共中央党校国际战略研究院教授赵磊所言，一个企业的崛起，绝不仅仅是一个众人皆知的经济事件，它更应该成为一个耐人寻味和细细品味的文化事件。

泰禾院子系产品的初生和成长，背后是泰禾团队对文化的执拗，是泰禾集团董事长黄其森先生的文化情怀。彼时国内盛行“欧风美雨”的建筑风格，普罗旺斯、托斯卡纳、首尔城等楼盘名字成为潮流。这让中国房地产从业人员感到痛心，在文青沈力男眼里，没有中国文化的建筑也根本没有灵魂可言。

不过，当时绝大多数买房的人还意识不到房子应该有除了居住属性以外的东西。这就导致了做高端产品甚至是文化产品并不具备市场条件，也曾遭遇同行的冷眼和嘲笑。为了传播泰禾的价值与理念，沈力男的文人心性再次显现了出来，他选择跟着团队一起死磕，这一磕就是 10 年。沈力男和他的团队梳理了院子产品系列的门、庭、巷、院各种产品的体系。让沈力男感到欣慰的是，当下中国新中式已经替代了“欧风美雨”式的建筑，成为开发商竞相仿造的产品。“作为家的载体，房子有天、有地、有院子的精神归属是根植于中国人的基因里的，即使被忘记了也很容易被唤起，很容易呈现在我们面前的。”

当开发商在争相秀肌肉的时候，泰禾与沈力男在埋头做文化。他始终相信，不管市场如何变化，做企业的初衷不该被忘记，品质一直都要放在第一位。不管规模怎么样、利润怎么样，品质一定是所有的基础。

回到南方

沈力男没有想到，自己的一次辞职，会引发媒体的过度解读。2018 年，沈力男辞去泰禾集团职务，加入龙光地产任职副总裁。“职业经理人跳槽，真的不是什么大事。”沈力男告诉媒体，他对泰禾集团很有感情，对泰禾黄其森董事长充满了感激，只是想寻找一个机会回到南方，也给自己重新证明与挑战的机会。

既来之，则安之。驱使他作出这个选择的，是他心中的南方情结。辞职下海之后，沈力男一路北上，回到南方却一直在他的日程上。南方出生的他，一直拖家带口北漂，多年过去了才发现梦里最多的还是南方。在《泡沫中的沉浮》中，他写下：“漂过城市座座，最忆是江南。”

在外界眼里，沈力男跳出了舒适圈，从北方来到南方，仍然是一个略带文人色彩的任性选择。谈及职业规划时，他笑称自己现在还未过试用期，仍须努力。“先把龙光这份工作做好，我喜欢这一份职业。我从泰禾过来，已经做到了一定的阶段与高度。这边是新的平台，是要重新拼一把做出东西来的。”

不过，让人感到戏剧性的是，沈力男回到南方的这一年，风亦从南方来，房地产江湖进入了“多事之秋”。行业老大高喊“活下去”，中介老大中原降薪过冬，成交数据持续下行……焦虑忽然成了时代最鲜明的印章，房企每向前走一步，焦虑反而愈加深重。

有人好奇，打开南方的门回到家的那一刻，沈力男该是怎样一副表情？

也许没人能看透他真正的表情，唯一能看到的是，他笑容淡然，依然有种文人的修养。焦虑似乎和能热血坚持、也能说走就走的他毫不相关。作为一个媒体人的时候，沈力男站在楼市的窗外朝里望，广厦千万忽然成为名利场，那时他波澜不惊；成为一个地产人的时候，沈力男置身起落不定的江湖之中，参与、观察、记录，这时的他依然心如止水。

在他看来，正如他的诗从来都是水到渠成，从来不需要被过多揣摩一样，不管房地产行业怎么变，基本逻辑从来没有改变过。“房子就是空间，可以承载太多的内容，可以无限地丰富，从来都不需要去焦虑。”

盛英泰

中经联盟产业地产专委会副主席、洪泰产业社区创始人兼CEO

40岁的年纪开始创业，源于一个男人的梦想

作者：中经联盟特约记者　回燕雯

初次见面，盛英泰先生给人的印象是一个有话直说的产业人，坦诚随和得不像话，采访之前我还在紧张地做调查，搜索着关于他的一切，避免见面的时候太尴尬没话聊，直到见面的那一刻，才发现是我多虑了。

航海经历决定了我的一生

“很多人问我那一刻是怎么想的，说实话，我什么都没想，就直接去做了。因为我在航海院校读书。1992年入学，正值两岸关系最紧张的时刻；陈水扁一发炮弹打到厦门的时候，我正在厦门西山警备区军训。”

说起那段年轻时的过往，盛英泰的情绪有些激动，对于他来说，毕业后出海远航算是一个被动的选择，因为在中国，航海业是一个受保护的行业，毕业后必须出海。但是没想到，当时的无奈之举，却让他一生受益。

盛英泰，与我回忆着每一次难忘的航程，那一刻，他的眼里有光。

“从韩国釜山到美国洛杉矶，全程42天，那时候才懂得什么叫寂寞，什么是没有事做。过白令海峡时看到海鸥的场景，我终生难忘，大家都激动得不由自主地高喊。因为看到海鸥，也就意味着我们离陆地不远了。”

“从温哥华到智利的航程，期间突遇台风，船机瞬间失去动力，由于我是学发动机的，赶忙与大家一起在船舱中修理设备，如果你问我，当时在想什么，我可以跟你说，什么都没想，也不敢想，那就是求生的本能，你如果修不好，整船人的命都可能会没有，我永远记得，当船机重新启动的那一刻，心里的放松，一屁股坐在地上，很久都不能动。”

他说，放到现在来看，曾经的航海经历，是他一生最大的财富。我想正是因为这段经历，才让他在47岁的年纪，还能如此真性情，用他的话说，“活得像个孩子”，可能经历过生死的人，会更懂得活着的意义。

我的另类是将来的必然

2014 年，盛英泰在接受媒体的采访时，分享了他对于产业地产未来发展的理解，他认为统一化的产业运营管理模式，将会是未来的发展趋势。这在当时并不是主流思想。此想法提出后，被多家媒体称为“产业地产的另类模式”，但是在现在来看，确是将来的必然。

“2014 年那个时候，大家还是以买卖的形式做不动产，最早的商场售后返租模式现在来看，已经失败了，因为缺乏统一的规划和布局，产业地产也是如此。”

整个构思，盛英泰，沉淀了好久，经过前期的试验，终于在 2017 年 9 月联合洪泰资本成立洪泰产业社区，定位为趋势定制化的产业服务平台，他用两个词形容洪泰产业社区的作用—“孵化器 + 加速器”，简单来讲，洪泰产业社区是围绕产业展开，提供给入驻企业他们所需要的服务，例如，资金，技术，平台，交易市场，专利，园区等。

“洪泰产业社区的运营模式是这样的：开发商拿地建造后，洪泰租过来，再招商，让企业入驻，管理这片社区，同时给他们提供他们想要的东西。在一个区域内，一个楼宇，形成产业集聚，两个楼宇，形成产业链条，多个楼宇，多个社区，就形成了产业生态。我们要做的就是产业生态。例如，中关村，适合做研发阶段的产业园区；亦庄区域，适合从研发到转换；华南华东地区，适合大规模生产。我们会根据产业自身的需要，结合地域的特色，寻找最适合的落点，使一个一个的产业社区，形成产业生态，包含从研发到产出的整个产业链条。”

说到进入产业地产以来，最得意的一个项目，盛英泰聊起了，亦庄 22 万平方米的机器人产业园项目，由于那时此类产业刚刚起步，再加上国家政策的大力扶持，在这个大形势下，招商速度非常快，无论从最终的数据还是从品牌影响力来看，它都是最成功的。洪泰产业社区目前又在亦庄增设四个产业园区，用于对它的延续和辅助。

40 多岁出来创业，奋斗至今日，可能并不仅仅为了生计，更是源于一个男人的梦想。

“到今年为止，我想要呈现的，正是我想要的，我正在努力的路上！并且在我眼里，洪泰产业社区是一个肯定可以实现的目标。产业是永恒的主题，就看我们可不可以坚持下去，过程注定漫长，以产业人的情怀，去坚持，结果并不是唯一目的，过程才是最重要的。”

创新，是一个企业的魂

洪泰的基本理念是奔跑。

“我是一个坦诚布公的人，是一个很 open 的人，这个社会越来越简单，很多事情没有必要藏着掖着，懂得分享更重要；在我眼里没有商业秘密，为什么说三年一个代沟，因为现在世界发展很快，祖辈三十年一个代沟，而现在三年就会有一个代沟，根本原因在于社会发展的迅速，对企业而言，更是这个样子，企业墨守成规，抱着秘密不放，很容易被淘汰，后边有人在追赶，你只好快速地向前跑，这是我对企业基本的认识。”

从以往的经历也可以看出，盛英泰，是一个不服输的人，无论是坚持还是创新，对于一个企业来说，都太过重要，他说每次做事情之前，都会先思考这件事是不是一定要做，当他确定要做后，就没有做不成的。

我与中经联盟的 10 年

10 年前，机缘巧合下，进入产业地产行业。那时的盛英泰，在地产界还是个新人，他需要一个专业性的机构，让他迅速了解行业，融入行业，自此与中经联盟结缘。

“中经联盟的理念‘聚好人做好事’感染了我，说起来简单，做起来很难，不以自己为出发点做的事情都是好事，做好人也一样。加入中经联盟的这几年，在与大佬们接触的过程中，真的学到很多，我一个圈外人士，能快速在圈内成长，都是中经联盟的功劳。”

已过 10 年，未来百年，让我们继续传承下去，期盼更多优秀的地产人的加入，我们一起“聚好人做好事”，感谢中经联盟。

苏　波

中经联盟常务理事、新华联文旅集团总裁

文旅产业的 IP 打造之路

作者：中经联盟特约记者　林振兴

深色西装外套，说起话来铿锵有力，笑起来不失亲和，苏波习惯在适当时候舞动双臂以加强讲话力度。那宽厚而不失威严的眼神，足以穿透对话者的心灵。他的神态气质和感染力，让人很难相信他已过知天命之年。

回忆他下海经历，谈起对地产行业的见解，聊起文旅的未来，苏波的锋芒慢慢显露。鲜少有人知道，这位新华联文旅发展的掌门人是从警察转业过来。如今，他已在行业里摸爬滚打二十余年，经历房地产蓬勃发展的黄金十年到白银时代。

（一）

20 世纪 90 年代，一趟南国之旅带来了“下海潮”。1994 年，苏波响应号召投身商海，辞去了中国人民公安大学团委工作的铁饭碗，放弃了二级警司的职位，一个人只身来到海南。

早期，他从底薪一百块的广告业务员做起，到物业公司总经理，再到酒店部门经理。至今回忆起来，苏波始终认为那段值得回味的经历，培养了他吃苦耐劳的精神，造就了他坚忍不拔的品质，使他坦然应对之后的各种挑战。

在这样的潮流中，他正式踏入房地产行业。1996 年，他担任海南嘉华实业有限公司副总经理，开始了操盘之路。四年后，他重新回到北京，相继担任北京珠江华北置业总经理，北京合生集团华北区的总经理，合生集团的助理总裁。

合生创展是中国第一家百亿级地产企业，公司被王石尊为“地产航母”。作为地产界“黄埔军校”，苏波在那里受益良多，积攒了爆发的潜质，他坦言，“主席朱孟依的最大闪光点就是把事情做到极致，教会我很多房地产专业知识和经营学问。”

在他看来，“90 年代初，南派地产的代表合生进入北京，开辟了北京房地产的新时代，万科则带来了物业管理方法，解决房地产运营管理的问题。”正如中国改革开放的进程是由南及北慢慢推进，最早从深圳、海南发端，逐渐把一些先进的管理模式、开发模式带到北方，全国才进入到真正的市场化时代。

在合生、珠江工作的十年时间里，他见证了北京从地产不成熟地区迈向国际化大都市的过程，亲身参与了城市化建设，操盘了众多著名的项目，比如北京霄云路八号，珠江帝景、珠江罗马、珠江峰景、合生麒麟社等。他开发项目的荒凉地段，如今筑起了鳞次栉比的高楼大厦，使他成就感满满。

苏波拥有极强的分析能力，能把战斗精神贯彻当中。同时，他又具备敏锐的洞察力，善于与市场沟通。位于北京东四环的霄云路八号是苏波最引以为傲的项目，也是当时最具挑战的楼盘之一。

除了要面对非常复杂的拆迁任务，还需要在适应市场需求的同时，定位产品价格，苏波悉数解决了各种疑难杂症问题。实践证明，霄云路八号成功开创了北京豪宅市场的第一个楼盘，获得市场的高度认可。

2011 年，他加入新华联，现任新华联集团高级副总裁、新华联文化旅游发展股份有限公司副董事长兼总裁。

（二）

房地产业正面临着深刻调整，资金监管越来越严苛，高利润、挣快钱的模式已难以为继。房企转型发展，谋求多元化发展，靠拢“城市运营商”等概念，拓展长租公寓、健康养老等领域。其中，新华联转型发展文旅产业备受关注。

事实上，新华联的文旅产业战略在上市之初就已形成。细究新华联文旅发展脉络，每一步都突显了“稳而准”的特点。2011 年，它将文化旅游产业确立为未来发展重心；2012 年，它又确立了“文旅 + 地产 + 金融”的发展定位，致力将文旅产业打造成战略支柱型产业。

转型文旅产业的新华联，发展动力源于哪里？苏波坚定地认为，中国的文化旅游业发展潜力巨大。数据显示，2017 年国内旅游人数 50.01 亿人次，比上年同期增长 12.8%；全年实现旅游总收入 5.4 万亿元，增长 15.1%。全年全国旅游业对 GDP 的综合贡献为 9.13 万亿元，占 GDP 总量的 11.04%。

在打造新华联文旅项目过程中，苏波有严格的标准，只有具有厚重的文化底蕴以及能再现历史、传承文化等良好基因的项目，才能进入新华联文旅发展的视野。

落到实地，以新华联集团的 1 号工程、新华联文旅转型的标杆产品—长沙铜官窑项目为例，按照“文化为魂、旅游为体”的发展思路，新华联文旅发展对项目所在地的历史文化进行了深度挖掘。

8 月 28 日，历经 1000 个日夜的拼搏，铜官窑古镇正式开放。苏波一年 365 天，其中 260 天都在“飞”。他是完美主义者，甚至亲临一线，即便 40 多度的高温让人无处遁形，他仍然在现场检查指挥，一遍遍叮嘱着需要改进完善的地方。

长沙铜官窑古镇位于悠悠的湘江河畔，依托有着 1200 多年历史的长沙窑国家考古遗址公园。该古镇共有 30 处人文景点、19 大民宿客栈群、7 大博物馆、4 大实景演艺、3 大星级酒店，是一个集旅游、艺术、人文、商业、餐饮等于一体的多功能综合特色文化旅游项目。

苏波说，铜官窑海上丝绸之路这段历史也有见证者，它正是千年沉船“黑石号”，这艘沉船载了六万八千件瓷器，其中有五万七千五百件瓷器产自铜官窑。去年习总书记在“一带一路”国际合作高峰论坛开幕式演讲时提到，千年沉船“黑石号”见证了古丝绸之路的历史。为此，铜官窑古镇所有文化 IP 也都紧紧围绕着陶瓷元素来打造。

为达到铜官窑最好效果，每一幢建筑落成的过程非常复杂。其中有一处拍案叫绝的复建古建筑“古戏楼台”，每一根梁、每一根檩条都要编码，重新复建在这里，期间反反复复地拆过四五次，可想其中的难度。

除了规避“千镇一面”，产城融合也是苏波的杀手锏。据他介绍，铜官窑古镇采用的是“古镇＋”的商业模式，文化传承、IP 创造、旅游元素、产城融合四大方面是整个景区建设的基本面。除了“文、商、养、学、闲、情、奇”等旅游新要素外，铜官窑古镇还拥有“吃、住、行、游、购、娱”等传统旅游要素，项目多业态、多产业的布局，为经济发展提供了一个强有力的支撑。

项目具备陶瓷的产业链条形态，使得铜官窑古镇不限于单纯的旅游业态，其中陶瓷贸易是一亮点。一个细节是，铜官窑古镇打造了集陶瓷贸易、博览、教研、艺术设计等产业于一体的陶瓷一条街——舜子街，形式是前店后坊。

文旅项目“盘子”较大，为回流部分资金，平衡长短期收益，如何有效配置自有物业与可销售物业的关系，是一道难关。苏波颇有经验，他表示，新华联文旅的项目将采用“销售 + 自持”的运营模式，通过文化旅游项目带动产品销售，获得稳定现金流，实现资金良性循环。

铜官窑古镇是湖南省首个投资百亿的文旅项目，受到省政府的诸多支持，且寄希望于打造成湘江古镇群的龙头。十一期间，它共接待将近七万人，市场 OTA 打分在 4.7 分以上。借着长沙铜官窑古镇的“经验东风”，新华联文旅发展文化 IP 力作——安徽鸠兹古镇和西宁童梦乐园也将陆续落地。

平日里，苏坡喜欢踢足球，他是一名专业的国家级裁判。每届世界杯都会有新星脱颖而出，今年的俄罗斯世界杯轮到了法国队 19 岁的小将姆巴佩。苏波很是赞赏这位活力十足的年轻球员，正如他看好不断涌现的地产新秀。

苏波坦言，“地产是一个需要张扬个性的行业，二十年前是跑马圈地，如今需要更加谨慎、更加修身养性，更加展现自己的水平才可以生存下去。”

长江后浪推前浪，越来越多新人出现在地产行业。对苏波来讲，他需要把多年的地产从业经验发挥到极致。正所谓传道授业解惑，未来他说不准会去当一名职业讲师。

孙　帆

中经联盟常务理事、当代置业副总裁、北京当代地区公司总经理

以史为鉴正道沧桑

作者：中经联盟特约记者　梁笑梅

在接受采访时，孙帆穿着精致的服装出现在镜头前，透露出一种绅士气质。他总是以西装革履的形象出现在各种场合，他认为这既是对他人的尊重，也是对自己的一种要求，正如他喜欢的球星巴乔一样。

“认准一件事，不抛弃不放弃。对每一个热爱足球的人来说，你可以不热爱巴乔，但你不能不尊重巴乔。”孙帆说。他对巴乔的评价很高，巴乔的球技伟大，但精神更伟大，从年少轻狂到低迷彷徨，他总是用不屈的态度去拥抱美好的梦，他在一次又一次伤病之后，凭借意志的拼搏赢得了全世界的尊重。

孙帆从 2006 年进入目前所在的公司——当代置业已经有 12 年时间，他的工作成果是在他手里经历的土地收并购项目达到几十个，他亲眼看见了房地产行业的黄金时段，也深刻感受到了行业的“严寒”，他经历了地产行业的“面粉贵过面包”，又看着它逐渐回归理性。

作为项目开发及土地拓展的“操盘者”，孙帆对土地市场的精准判断，让他一路披荆斩棘。他又是绿色地产的“践行者”，他所处的企业自创立之初便开始提出“绿色地产”，并始终坚持绿色科技地产，他对房屋品质也有着自己的想法，“如果建筑是一个人的骨骼，那么科技就是他的脉络，而绿色则是他的精气神。”

工作之余，孙帆喜欢运动和阅读，因为运动后会让人精神充沛，他喜欢历史书籍，可以从书籍中汲取养分，通过历史上的人物和故事，学会处理问题。

土地收并购的“操盘者”

孙帆是项目开发及土地拓展的“操盘者”。

作为当代置业副总裁、北京地区公司总经理，他曾主管集团投资发展工作，在 3 年半的时间里，实现首次进入了上海、苏州、佛山、西安、南京、泉州等地，获取 40 余个项目，储备货值 1400 余亿，实现了全国化布局。通过企业资源的梳理，不断发掘市场机会，选择收并购、招拍挂双管齐下的方式，以很好的时点进入了上海、苏州、佛山、西安等核心城市。

数据显示，自从2012年开始，房地产并购市场已经经历了近5年的高速增长，交易数量及金额连年创新高。2017年，中国房地产并购交易数量超过480笔，交易金额同比增加31%，达到800多亿美元。

一个值得注意的客观现实是，在招拍挂市场，国企央企能拿到性价比高的地块。但民企不同，收并购成为它们进行土地扩张的最主要的方式。

在孙帆多年的收并购中，在面临很多非常复杂棘手的收并购项目时，因为不抛弃、执着的个性，拿下过很多看似不可能的项目。2015年，在收购北京通州项目时，孙帆面临规划调整及剩余20几户拆迁户的不确定性，在短时间内判断了风险快速推动获取，后期带领团队顺利完成拆迁及规划调整工作，成功地盘活了一宗历时14年货值超百亿的项目。

中国指数研究院发布的数据显示，今年以来，各大房企拿地态度普遍趋于谨慎，拿地规模纷纷回落。据统计，2018年1～9月，受监测的20家主要品牌房企共拿地2.2亿平方米，同比下降20.9%；累计拿地金额9534亿元，同比下降27.8%。

这两年来，土地出让条件变得更加严苛，房企融资上也受到影响。

这些客观因素对孙帆团队影响并不大，收并购才是他们公司进行土地储备的杀手锏。

绿色地产的“践行者”

其实孙帆还有一重身份，那就是绿色地产的“践行者”。

2006年9月，孙帆进入了当代置业。和别的房企不同，当代置业自创立之初便提出“绿色地产”的概念，并始终坚持绿色科技地产。为客户打造绿色科技+舒适节能+数字互联的全生命周期生活家园。

“当代置业18年一直坚持做绿色科技节能地产，目前有30余个项目获取绿色建筑评价标识，这些建筑每年可以节约用电4100万千瓦时，节约碳排放3.5万吨。”孙帆自豪地说。

“但目前更高品质房子还是不够多。”孙帆说。

改革开放以来，房地产行业已经发展了整整40年时间。房屋质量问题层出不穷，房地产行业发展模式还属于粗放型。

很多业内人士发出了这样的心声：在制度上、体制上、理念上、技术研发上向建筑现代化发展转型，建造长寿命、高品质、绿色低碳的新型房地产产品。

孙帆认为，随着消费升级，人们对高品质房屋的要求越来越强烈。不仅是对建筑材料的要求，更是对和谐的社会关系的要求。人的活动范围和社区息息相关，居民幸福感大多数来自社区，居民在各个年龄阶段都可以找到相适配的生活方式。他们公司会在社区内进行四大产业创新，教育产业创新、文体产业创新、办公产业创新、养老产业创新。

孙帆表示，在这个新的市场环境下，对居住的理念的迭代，对于新的建筑技术应用，就是能够为大家打造更适合居住的房产，他们公司已经与房协合作了一些百年住宅项目。

以史为鉴　正道沧桑

在工作之余，孙帆会选择运动或者看书。他本人最喜欢的书籍偏历史类，比如《大秦帝国》。该书描述了在礼崩乐坏、群雄逐鹿的春秋末年，面临亡国之祸的秦国于列强环伺之下，从秦孝公开始，筚路蓝缕，变法图强，经过几代君臣的不懈努力，最终扫六合而一统天下的艰辛悲壮历程，完成了一场伟大的帝国革命。

他认为通过古人的故事，可以学会如何去处理问题。以史为鉴，可以知兴衰，历史总能给后人以启迪和明鉴。

这一两年来，身处房地产行业的从业者感受到了整个行业都被一层阴郁的气息笼罩着。

房企需要转型和发展才能去面对整个行业的压力和不确定性。孙帆坦言，当代置业会沿着两个方向前行。一是孵化，从传统模式中剥离，例如51VR正是他们孵化的明星产品，目前已全面覆盖地产百强及汽车、教育、游戏等消费行业。二是聚变，聚合不同资源与产业，形成生态综合体。不断链接新空间、新科技、新消费，持续赋能商业模式。

此外，智能化、绿色化、品牌化也是房地产企业行业发展的方向。绿色随着国民消费升级以及服务业在国民经济中占比提升，房地产向高质量发展转型存在内在驱动力。

公司需要转型去面对不断变化的行业，于自己而言也需要不断提升自己。

孙帆给自己定了长短期目标。“短期目标是操盘好目前手上的项目，长期目标是关注城市更新、利用先进的建筑技术改变并提升居住品质。”孙帆说，他会一直坚持在提高居住品质的道路上。面对困难，不要抛弃在困难中挣扎的自己，给自己机会。

孙环宇

中经联盟商业地产专委会副主席、爱琴海商业集团助理总裁

爱琴海加速发展进行时

作者:中经联盟特约记者　袁秀丽

采访爱琴海商业集团助理总裁兼华北区域总经理孙环宇并不容易,他更多的时间是在全国各地的爱琴海项目之间“飞来飞去”。这些即将开业和正在开业的爱琴海项目,倾注了孙环宇全部心血,他将这些购物中心看成孩子。每每说起都如数家珍,并且能细致入微地讲述出每个爱琴海在规划及运营中的点点滴滴。

孙环宇有着十余年商业地产的从业经历,这十几年来,他一直置身商业地产的第一线,见证了中国商业地产的各个发展阶段,并因此形成了敏锐的观察力和独有的判断力。

在他身上可以看到职业经理人的干练、果断和豁达,更有感染他人的气场和亲和力。他认为是专注和坚持让他走到今天。在采访中更多强调的是团队作战。他说:“所有对个人的肯定,不如说是对所在团队的肯定。”

“飞来飞去”推动项目筹备

7 月 21 日,凤城爱琴海城市广场开业,首日客流近 15 万;4 月 30 日,烟台万行爱琴海购物公园开业,首天客流达 17.8 万;1 月 19 日,大同魏都爱琴海购物公园开业,成为山西省内第一家爱琴海购物公园……孙环宇向记者介绍着 2018 年各地爱琴海的开业情况。“目前,爱琴海在北京、上海、天津、重庆等城市开业了 14 座项目,而未来,爱琴海将走向全国更多城市”。

除了爱琴海商业集团助理总裁兼华北区域总经理,孙环宇的另一个职位是中经联盟商业地产专业委员会副主席兼常务理事,他有着多年商业地产项目操盘经验,自 2012 年底加入爱琴海商业集团,不仅是爱琴海高速发展的见证者更是参与者。

爱琴海是从 2012 年开始进入市场的购物中心品牌,虽然时间不长,但是起点很高,从全国来看,在资产管理这片市场上,爱琴海处于领军者的地位。在模式上,爱琴海更注重运营,而且是从消费者及商户的角度和考虑推动运营,这也是爱琴海赢得市场认可的关键。

此外,爱琴海商业集团业务贯穿不动产商业运营的全产业链,从前端到后期,尤其是在开发设计阶段就介入其中,这样既能节省后期开业的时间成本,更为日后的运营打下基础。“因地制

宜，根据当地特点和习惯定制场景，定制体验、互动的内容，这已成为爱琴海商业的特色之一。”孙环宇如此说。

经过前期的积累，爱琴海商业集团已在近年开始发力。据孙环宇介绍说：“目前爱琴海在全国各地已经签约了超过 70 个项目。”而孙环宇除了负责华北区的商业项目外，也要负责全国各地其他地区商业项目的建设筹备。这也是他一直在全国各地“飞来飞去”的原因。

“老公寄存处”“发呆区”满足消费者体验

很多人认识爱琴海，是从 2013 年开业的北京太阳宫爱琴海公园开始的，这也是爱琴海商业集团第一个开业项目。据悉，整个项目从改造到筹备招商再到开业，仅用了 10 个月时间，孙环宇和他的同事们创造了一个业界瞩目的“奇迹”。

作为爱琴海商业集团第一个项目，北京太阳宫爱琴海也为整个爱琴海体系贡献了诸多标志性的创新，像“老公寄存处”“发呆区”“亲子卫生间”“特色母婴室”等功能区都成为之后爱琴海购物公园的标配。孙环宇能详细地说出每一个功能区当时规划时的来龙去脉。

功能区这样的设置，是因为爱琴海认为在当下消费升级的背景下，消费者的需求不再简单停留在购买商品，商业空间同样要扮演更多公共空间的角色，这才不辜负公园的名字与定位。由此孙环宇和团队在北京爱琴海购物公园三楼一个很便利的位置设置了发呆区，代价是舍弃了一个黄金店铺的租金。

在北京爱琴海购物公园项目开业后，市场反响出乎意料地好。2013 年开后的 2015 年、2016 年连续两年被评为“中国商业地产创新运营项目”及“商业地产金地标奖”，2017 年北京爱琴海购物公园获 CCFA 金百合最佳区域购物中心奖、2018 年获商业地产优秀运营项目等奖项。

在北京爱琴海购物公园项目成功运营的带动下，天津、唐山等华北区项目也在迅速发展。2 年的时间天津项目不仅跻身天津最热门的购物中心，还以其为核心，让爱琴海在天津地区迅速完成了天津静海、蓟州、滨海三个项目的布局。因为在天津商业地产领域的卓越成绩，2015 年，孙环宇也被聘请为天津工商业联合会房地产商会商业地产专业委员会副主任委员。

“幸运遇到一个好团队”

“爱琴海之所以能做到开一个火一个，背后是整个团队艰苦的付出。”孙环宇话里放外总是离开团队。他说：“一个人的成长，取决于周围的人，所以很幸运能和这样的团队伙伴合作。爱琴海商业集团提倡‘家文化’，我们团队在一起的时间要比和家人在一起的时间还多，情如同兄弟姐妹。在一个团队中，做好自己就是对团队的支持。”

对于孙环宇来说，最开心的是看到付诸心血的项目成功开业。在别人眼里，高楼大厦就是钢筋混凝土，但是用他的话说，一个好的商业项目是从钢筋混凝土变成有灵魂的项目。“每一个爱琴海都不是产品而是作品，虽然创作过程很艰辛、压力很大。”孙环宇的压力不仅来自外界，也来自于自己。他时刻提醒自己要关注创新，否则无法在瞬息万变的市场中占有一席之地。创新也是在商业地产领域他能一直带领团队高速行走的原因。

孙环宇以前一直在低头做事，现在开始更多地思考。他坦言行业发展还需要更多优秀的人才，现在最缺的也是人才。所以他希望未来能做一个老师或者是写一本书，把这么多年来的从业经验和同业者分享，尤其是分享给一些新入行的年轻人。为后来者提供一些经验，可以让他们少走弯路。

在孙环宇的工作中，在全国各地飞来飞去是常态。时间一长，反倒适应了这种工作节奏，闲不下来了。在接受记者采访的前一天刚刚回到北京，而当天的下午，他又要出差。家人和朋友对他的评价也是一个字“忙”。他知道自己亏欠对家人的陪伴，遗憾错过了孩子的成长。但是作为职业经理人，孙环宇一直认为自己身负责任。这种责任不仅是对家人的责任，还有对工作和团队的责任。“一步一个脚印，踏实做事，付出了就会有回报。”他认为。

孙环宇喜欢运动，喜欢足球，但是工作太忙了。不过，下一步他给自己定下了一个锻炼目标。他说拥有一个好身体，是对企业也是对家人负责，他也希望身边的人多锻炼身体。

对于中经联盟的十年发展，孙环宇认为，中经联盟从无到有，从小到大很不容易。在中经联盟不仅可以实现资源共享，而且对整个行业都有推动作用。未来十年，希望有更多的专业人士加入，补充新鲜血液，助力中经联盟及整个助力行业的发展。

索　颖

中经联盟营销专委会副主席、和裕地产营销中心副总经理

行走在地产营销路上

作者:中经联盟特约记者　秦龙

地产营销人没有双休日,这个业界的“潜规则”一直适用在所有营销人身上。

“营销团队是没有双休日的,即使有双休的机会,也基本处于全工作状态,时刻盯着手机与工作群,处理各种问题,推进安排后续工作。”这是北京和裕地产营销副总经理索颖的日常。

这位毕业于清华大学的高材生,毕业后的十来年间一直“摸爬滚打”在地产界,积累了十余年的地产豪宅营销经验。她从房地产顾问做起,一路经历了融科智地、远洋地产等公司的“打磨”,如今来到了职业生涯的又一站——和裕地产,坐在了营销副总经理的位置上,操盘北京豪宅市场最高端的精装修豪宅项目之一:北京庄园。

职业生涯新一站

去年六月份来到和裕地产的索颖,在谈及在新公司的感受时,她这样感慨道:“感觉和裕地产是一个用心做事的企业,一直在坚守着产品方面的情怀,不是在做快周转,是在做精品项目的思路。”

从 1999 年一直做精装修豪宅的和裕地产,给索颖带来的是思路与眼界的开阔。她对记者说,“我来之前北京庄园项目已经开始运作,现在还未面市。但我在和裕地产的这一年多里,最大的感受是自己开阔了眼界,以前虽然做过豪宅项目,做过样板间,但很少做过精装修交付的豪宅产品,而且是别墅物业。项目一直在寻求国际上最顶级品牌的深度合作。董事长带着上百人的研发团队和采购团队往返于欧洲,深入意大利和法国等国家,和最顶级的欧洲皇室与奢侈品牌商谈合作,挑选最能匹配项目定位的产品和品牌,不计成本地做精品,这种用心的态度和对产品力的执着对我来说也是一种学习。”

“市场环境好的时候或许大家比较专注产品,但市场遇冷下行期,大家更多考虑的是利润。”索颖说。

事实上,放眼今年北京整体的房地产市场环境并不太乐观。北京许多豪宅项目土地成本的高企,再赶上北京的限价政策,开发商的利润空间变得越来越小。这也导致了一种现象,大多开

发商较少专注于产品力的研发上，更多的是控制成本。而和裕地产反其道行之，依然坚持在产品上下功夫，不得不说是一种难得的“以慢为快”的营销情怀。

地产营销人的日常

地产营销人没有双休日，这个业界的“潜规则”一直适用于所有营销人身上。做了十多年营销工作的索颖，与其他地产营销人一样繁忙。

“营销团队是没有双休日的，即使有双休的机会，也基本处于全工作状态，时刻盯着手机与工作群，处理各种问题，推进安排后续工作。”索颖这样说，从亦庄总部到顺义项目上得用一个半小时的时间。“因为总部在亦庄，项目在顺义。前半周在总部开各类策略和汇报会，下半周去项目盯现场，只要来项目就有很多工作要处理，基本上午饭都没有时间吃了。”

地产营销人算是房地产行业最忙的一批人。从每个项目建设到开盘再到加推每个环节都有他们的身影。但周而复始繁忙紧张的工作，并未给索颖带来太多的迷茫与焦虑。“我享受当下做的每一件事和每一个决定。在工作当中开心了，就会坚持做下去，哪怕会面临各种挑战和压力，当在工作中得不到快乐与收获时，那就不一定继续往下走了。”这是她当前面对工作时的心态。

“目前在和裕地产，我操盘的百余套精装独栋别墅项目北京庄园还没有开盘，还有很多故事有待挖掘，依旧有很多让我兴奋的值得学习和挑战自己的地方，营销创新机会也很多。如果可能，我愿意陪着这个项目一起成长。”

职业经理人的感悟

索颖可谓一个不折不扣的地产营销老兵，自从业以来，经历了 2008 年的金融危机和房地产近几轮的房地产调控，让索颖对房地产市场有了自己的了解与思想的沉淀。索颖这样总结道：“无论在房地产寒冬的季节，还是房地产的销售旺季，我现在基本能够客观地去判断市场的情况。对于行业政策和市场各类表现也慢慢变得更加理性，能更加科学地把自己营销的产品通过合适的方式呈现出来。”

经历让她面对这个行业时充满自信。如今在日趋严厉的房地产调控大背景下，整个房地产行业内弥漫着悲观的气息。房地产下半场企业该如何发展成为行业人士讨论的焦点话题。对于这个话题，地产营销老兵索颖却表现得相对乐观。“在当前的市场经济环境下，房地产市场还是一个相对稳定的市场，我认为 5 年之内，它还将呈现一个坚挺稳健的状态。”

随着国家对房地产政策的调整，市场形势也在变化。近两年来，北京住建委为回归房子的居住属性，建立长效的房地产机制。在土地市场上，大量的共有产权、限价住宅用地的入市，使得北京的土地供应结构开始慢慢发生变化。

与此同时，北京豪宅市场也发生了变化。对于自己“久经征战”的豪宅市场，她分析道，“从整个豪宅产品市场来看，目前在售的5000万以上的产品基本上都是老项目后期，新增批复的项目是非常少的。这些对应高端需求的产品供应，无论从总量上还是地块供应的速度上来看都是逐渐趋少，而高端市场的需求相对稳健。”

采访的最后，在波荡起伏的房地产市场摸爬滚打十余年的索颖，以职业经理人的身份分享了自己的管理经验，她认为作为团队的领导者，要敢于担当。“好的职业经理人，一定不是只有你自己优秀了就可以，而是职业经理人能够通过自己的管理思路带出一个优秀的团队来共同为企业创造价值。”

人物简介

索颖，本硕连读的清华大学高材生，现任北京和裕地产营销副总经理，十余年豪宅地产营销经验。精耕北京高端别墅市场，近年来参与营销的多个项目不断刷新业绩标杆。她以敏锐的市场触觉、精准锁定客群的策略能力、以及优秀的团队管理能力，使公司业绩屡创新高。

目前操盘北京满配精装独栋别墅项目——北京庄园，洞悉顶富阶层别墅生活痛点，重新定义别墅空间规划与精装交付标准，被誉为开启中国顶豪别墅新时代的里程碑钜制。在她的操盘策划下，北京庄园短短数月就完成了市场高站位亮相，产品尚未正式入市，就已经形成极好的口碑与声量。策划打造包括围炉庄园、中法生活艺术之夜等在内的高品质顶豪圈层活动，通过展览、跨领域合作等方式促进文化交流，获得多方的交口称赞。

谭　笑

中经联盟乒乓球俱乐部主席、北京华侨城斋堂文旅发展有限公司总经理

“地产文科生”

作者：中经联盟特约记者　刘莹

在我眼里，文科生做地产是件很困难的事，但是谭笑似乎把它做得很好。

作为北京师范大学毕业的文学硕士，2002年，谭笑辞去北京市工商局稳定的公务员职务，加盟华侨城集团，开始涉猎地产行业，这一干就是16年。改变是件不易的事，尤其是改变原本光鲜的过去，我把这种改变归因为“热爱”。

热爱是永恒的主题

谈及为何突然想要放弃稳定的职业，而转型多变的房地产行业。谭笑表示，大概是年轻气盛又志向高远的年轻人想要踏踏实实地去做一些事情了，于是就毫不犹豫地加盟了。谭笑那个年代的公职人员，一定是可以称得上“铁饭碗”的职业，这样的转变需要不安现状的决心，也需要很大的勇气和魄力。

加盟华侨城之后的谭笑，几乎涉猎了集团内部的所有岗位，从一线的行政文员、人力资源、物业客服、前线营销干起，到后来的地产投资、项目一线操盘手，再到现在的北京华侨城副总经理、斋堂文旅总经理，从一个务实一线的专业人员到带领团队的管理人员，他的一路走来并不容易，实践方能出真知，谭笑深知这一点。

他的语速很快，思维更快，在谈及这个行业及其所供职的企业时总是会滔滔不绝，也正是因为这样，才彰显出他作为文科生擅表达的主要特点。入职16年，华侨城的文化基因已经深深地嵌入谭笑的血液里，说到这个企业他也满是自豪，他说早在十几年前，“文化经济”还没有在国内普及的时候，敏锐的华侨城人就已经意识到，今天的文化就是明天的经济，文化的潜在价值必将无限，并深深地抓住了这个机会，将文化与产业结合了起来，为文化潜能的释放开辟了一条畅顺的新渠道。尤其是，多年来，其两大主营业务——房地产和旅游都保持了强劲的增长，这让谭笑感到欣喜，也感到骄傲。

“我喜欢这个企业的企业文化，‘成为优质的生活创想家’”谭笑说。

多面人生

多面的人生才让人觉得立体，也更觉得真实。闲下来的谭笑更愿意去读读书、写写字、打打乒乓球。尤其是乒乓球，在众多的球类运动中，谭笑对它爱之最甚，再加上技术水平极佳，他加盟了中经联盟的乒乓球俱乐部，还当上了主席。他算得上是一个很称职的主席，在他的带领下，俱乐部活力四射，队员出勤率颇高，积极参赛，还拿了很多奖。

1971 年出生的谭笑同时又是一个实打实的微博爱好者，他的粉丝众多，发言活跃，微博里时不时爆出的生活照，让近乎 1.7 万的粉丝见识了这个严肃地产高管的另一面。谭笑是追求年轻的，心态也是年轻的，这在他的微博简介里可见一斑，他写道："有理想和良知的知识分子，重庆崽，北师大文学硕士，华侨城房地产从业，中经联盟常务理事， 40 多了，开始赶潮流"。

谭笑的潮流还体现在思维层面，爱家人，爱一切新鲜的事物，爱尝试，爱挑战，乐观生活，并身体力行地主动在传统的房地产行业里开辟新业务，发现新的机遇。不油腻，健身，试图去尝试更多有意义和有意思的事。"专情"也是这个文科生的典型，这个"专情"不仅是于地产而言，也于他供职 16 年的华侨城而言，还于入会多年的中经联盟，恰值中经联盟成立的十周年，谭笑亲笔写下了祝福信来寄语这个在自己的生活中存在多年又发挥重要作用的组织，"我永远的精神家园"，他写道，短短一句话，又饱含了全部的情谊。

真实生活

多年的北京生活，让重庆人谭笑少了些许家乡口音，瘦瘦的脸颊上，多了太多积极向上的精气神，这种精气神甚至让我一度觉得，眼前这个四十多岁的中年人朝气蓬勃得竟像个二十多岁的小伙儿。我好奇这种精气神来自哪里，究其原因，这似乎来自于他规律的生活以及对于未来的无比期待和自信。他始终看好房地产行业的发展，也看好华侨城的未来，表示尽管白银时代已经不可避免地到来，但这尚不能改变房地产在国民经济中的重要地位，房地产的发展还将通过开辟新的思路和角度来实现继续增长，然而他的评价又足够的理性客观，他同时承认了未来的行业内部，大企业将通过小房企实现规模化，而缺乏竞争力的小房企逐渐被兼并或渐次消失也会不可避免，地产人应该更加积极向上，而绝不能故步自封。

谭笑是个很真实的人，整个采访的过程，随时伴随着他说到动情处的爽朗笑声。他真实地交代了自己的生活现状和对未来的规划，坦诚得仿佛他并不是稳重的巨蟹座，而更像是单纯的白羊座。如今，年过不惑，他开始更多地思考行动背后的广度和厚度，以及团队管理和业务开辟上的可执行、可以带来改变的东西，低调睿智、积极务实、严肃活泼，应该是这个地产精英的代表用词。

20 年沧桑，无论身份如何转变，然而他对地产的初心并未改变。昔日那个为自己奋斗的年轻人，已经转变成如今为了团队和企业以及社会责任所奋斗的管理者。谭笑坦诚，在华侨城

16 年，每年都会遇到各种各样的难题，然而有挑战说明有进步，也说明有改变，经历都是财富，挑战也往往能够带来惊喜，他时刻准备着调整自己的心态以迎接各种改变，这让他兴奋。

迎接改变不仅是人的共性，也是企业的共性，具体到华侨城而言，尤其是近年来，伴随着“人工智能”科技的逐步走热，华侨城在此方面开始了布局和涉猎，并试图在坚持构建并实施“文化 + 旅游 + 城镇化”“旅游 + 互联网 + 金融”的创新发展模式下，探索人工智能，孵化出新的头部 IP。

外人眼中的华侨城确实是有眼光的，而且综合实力也很强。尤其是近些年来，华侨城主动顺应潮流，践行“共享”价值，其着力构建的“文化、旅游、新型城镇化、金融投资、电子”五大战略性产业，无论是在资源数量，还是质量上，都实现了飞跃。

纵观各路文化企业发展历程，“内外兼修”是一大共性：对内，要有核心吸引物，提炼独特性；对外，需发挥产业整合能力，将自身的优势和外部各种优质资源进行有效整合，以利益共享、风险共担的方式提升经营效率，最终实现效益最大化。近些年，华侨城这个企业逐渐成长为中国文化产业的领跑者、中国新型城镇化的引领者和中国全域旅游的示范者，我们有理由相信，这家有着众多 IP 集群的央企，会给我们带来更大的惊喜。

那么谭笑是否还会一如既往地伴随华侨城一直走下去呢？他给出了肯定的答案：坚持比选择更重要，多年陪伴，谭笑与华侨城之间已经形成了一种深入骨髓的信任和依恋，他愿意继续伴随着这个文化底蕴深厚而又充满着开拓创新精神的企业一起成长，并继续在这里燃烧自己的青春。

祝福这个真实又性情的中年人，愿这个地产界的文科生可以成为一股清流。

唐　耀

中经联盟创业家俱乐部主席、同昌盛业董事总经理

我最喜欢的一句话是谢谢您

作者：中经联盟特约记者　刘宝丹

唐耀当下的状态是满负荷工作，夜里通常很晚睡，随着公司的逐渐壮大，他只能在夜深人静的时候将一天的工作复盘总结，白天需要处理和协调的事情特别多，能够静静地思考战略及企业发展的时间只有晚上。

作为生长在北京的湖南人，唐耀凭着一股对事业不断追求的热情，在过去二十年一路见证着中国商业地产的发展，作为同昌盛业的董事总经理，他未来的目标是带领公司成为中国领先的商业地产运营商，把最好的购物体验带给中国的消费者。

与多数人鸡汤式的感悟相比，唐耀非常接地气，他最喜欢的一句话是谢谢您，他感谢那些相信并给予他支持的人，而对于他人的感谢，他也会很开心，这说明自己对别人有所付出，他喜欢这种相互帮助的状态。

初入社会

唐耀从小在北京部委大院长大，父亲是湖南人，在中南财大毕业后分配到北京工作，虽然母亲是北京人，不过家里都说普通话，让唐耀感觉有点像“移民”。父亲在科技单位上班，经常在书房里研究资料，唯一的乐趣就是散散步，跟孩子聊聊天，唐耀最佩服父亲，父亲身上那股倔强的韧劲以及刻苦的精神，对他日后的工作影响很深。

1999年，唐耀初入社会，那时候，中国刚有商品房概念，房地产处于比较粗犷和野蛮式的发展，拿地政策没有像今天的制度这么完善，存在不规范的地方。资管行业还十分小众，服务对象主要是外籍人士，唐耀当时觉得这个行业未来有很大的发展，于是选择进入这行。

在当时，国内的人通常把资产管理等同于物业管理，在认知上存在混淆，中国也没有真正意义上对资产的管理。市场上存在内销和外销公寓的概念，很多外籍人士热衷于购买外销公寓作为投资产品，外国人有固定资产的意识，衍生了经营和租赁需求，需要一个机构来处理房屋出租、税务、资产打理、国际转账，通过对不动产进行管理，来达到保值升值的目的。

就这样，唐耀通过刻苦努力的专业态度，一路从资产管理到商业地产投资运营，不断积累。

过去 20 年，唐耀先后服务于摩根士丹利、安祖高顿、LG、远洋地产、新华保险等，并曾服务于麦格里在中国收购的商业物业的资产管理服务。

创业新阶段

2009 年对唐耀来说是特别的一年，在这一年，他成立了自己的公司——同昌盛业，而几乎与此同时，妻子怀孕，并在第二年生下一对儿龙凤胎。令唐耀最满足的事情是公司和孩子都一样茁壮成长。

前十年的工作经历，让唐耀积累了很好的资源。2009 年，在光大安石投资的支持下，唐耀成功创立了自己的公司，2012 年，全球历史较为悠久的专业产业投资集团——美国华平投资集团战略入股同昌盛业，由此，同昌盛业正式开启中国零售商业房地产资产运营管理与投资的历程。

创业过程并非一帆风顺，唐耀坚持的原则是逆境当中求创新，顺境当中求发展。

2014 年，随着咨询服务行业门槛越来越低，很多开发商觉得咨询公司对结果不负责。唐耀迫于公司的长远发展考虑，开始做转型，并确定了新的业务模式，即通过公司股东出资购买或者包租的形式，同昌盛业拿到物业，然后进行装修，开业运营。这种模式相对很重，因为前期投入资金基本全靠自有资金，与开发商的高杠杆完全不同。

纵观国内的行业生态，目前还很难找到类似于同昌盛业这样的公司，唐耀笑称自己还没有竞争对手。

电商最近几年非常火，谈及是否给实体零售带来压力时，唐耀认为电商和实体相加大于二，谁也不会消亡，电商带来了挑战和改变，并没有使传统的购物中心消亡，从百货业态到购物中心，再到体验式综合体，传统的购物中心一直在升级。

以新荟城为例，唐耀受到电商启发，开始引入大数据分析，来确定社区购物中心三至五千米范围内的有效家庭、年龄、特征、支付能力等，然后确定商场的导流措施和货品陈列。望京新荟城是目前最成功的社区购物中心，它增加了儿童和餐饮等符合社区消费特征的业态，工作日这里是周边 10 万员工的大食堂，周末这里是 10 万家庭的托儿所。

发展新契机

经过 4 年发展，国内目前有九个新荟城商场，遍布北京、上海、天津、常州、成都等城市，租金每年都是超过 20% 以上的增幅，已开业的商场出租率都在 96% 以上，接近 100%。在唐耀看来，当前开始即将进入社区商业发展的好时机。

社区连锁购物中心的发展与城市人口密切相关，城市扩大化发展不过是这几年的事儿，四年前，望京卜蜂莲花撤店，阿里巴巴、美团是近两年才陆续进入望京的，望京在国内发展了 10 年之后，才开始具备社区商业购物中心的条件。这说明社区购物中心一定是城市发展到一定级别之后才会有的需求。

唐耀对于城市的变化很有体会，在他小时候，三环外就是郊区，大家都不愿意去，那时候，外籍人士来国内，都会有外驻补贴，中国就好像待开发的处女地一样，如今大家都抢着来中国，已经不可同日而语。而城市人口增多，城市也在扩大，现在大家已经住到通州、回龙观这样的地方，一线城市才刚刚形成社区商业的土壤，二线城市已经有这种现象，而三线城市还在完善城市中心商业区。

对同昌盛业来说，当前最重要的工作是建立市场声誉，培育商户，在一线城市作出标杆项目，在北京已经有三个项目，今年会再增加两个项目。他们的未来目标是成都、杭州、重庆、郑州等城市。“只要声誉好，在这个基础上发展会很快。”这是唐耀当前的心态。

十年之后

“高楼万丈平地起” 这是唐耀反复提及的一句话，他现在的工作重点是人才培养和员工激励，现在行业内比较浮躁的现象是跑马圈地，但如果基础不稳，跑得越快越容易绊倒，唐耀有很强的居安思危意识。

唐耀现在的状态是满负荷工作，夜里通常很晚睡，从几个人到几百个人，公司在逐渐壮大。不过，他最幸福的事情是两个孩子的出生以及望京新荟城的开业。

谈及职业理想，唐耀认为最根本的是把公司办好，对这么多员工和股东负责，在这基础上，他希望把最好的购物体验带给中国的消费者。

展望下一个十年，唐耀相信会越来越好。

田 丰

中经联盟常务理事、远洋天著春秋营销总监

不忘初心的房地产职业化历程

作者：中经联盟特约记者　李红梅

近午的北京，阳光和煦，洒满城市的每一个角落，远洋天著春秋“操盘手”田丰端着一杯清茶走进采访室，自信沉稳地与我们侃侃而谈，营销人的风范一览无余。初次见面，话题自然是从他的职业生涯谈起。

“我已经不把它当作职业了，而是一项事业。换句话说，我觉得地产营销是可以成为一份事业的，而不是在公司背景下挣钱的职业。”在北京房地产营销行业一待近 20 年，这位老的地产营销人在不同类型企业待过，他从华远地产、华润置地、伟业顾问、润泽地产，一直到 2016 年 1 月，来到远洋集团。“感觉今年是从业以来市场形势最复杂的一年，但我对这个行业依然充满信心。”

不忘初心，真诚与信任最重要

作为一名地产营销人，田丰认为自己算得上是一名房地产追梦人，不管在什么样的工作场景，都去追求做到不忘初心。近 20 年时间深耕房地产开发、管理和运作的一线经验，田丰心里清楚，赢得市场，真诚与信任最重要。

谈及入行多年印象最深刻的事，田丰手执茶杯，轻松地讲了一个关于真诚与信任的故事。

那是 2016 年 6 月 30 日晚，是远洋集团半年业绩收官的截止日期，所有人在拼命地为半年度业绩冲刺。一位外地客户决定当晚 21 点乘飞机抵达北京签约（航程一小时），但碰巧赶上雨季，客户的飞机晚点了，原定 21 点的航班延误至 22 点半起飞，这意味着 23 点半落地，但远洋的业绩考核系统 24 点准时截止。他当时通过微信视频与客户隔空沟通了三个小时，为了赢得客户信任，最终决定亲自带领团队带着 pos 机、打印机、 WiFi 等移动办公用品，在首都机场到达大厅为客户办理现场签约。庆幸的是，客户没有托运行李，当天 23 点 48 分时出现在机场到达出口。

短短时间内面对初次见面的客户，田丰没有过多的时间寒暄，而是直接掏出自己的“家底”。给客户看了他所有的证件，包括身份证、学历证、工作证以及电话通讯记录等。

“您请这边刷卡。”

说完客户真就刷了几百万的首付金额。

回想起这段经历，这种与客户之间短时间建立起来的信任，仍然让他觉得有些不可思议，甚至开玩笑地说当晚的行为就好像打劫一样。在以后的工作中，田丰始终牢记与客户交往的法宝：真诚与信任。

市场改变，但信心没变

楼市变化波折起伏，有一些和田丰同时期入行的伙伴大多选择了转行或是退出。

“近 20 年一直在房产营销行业，我从来没有改变，未来也不会改变”田丰坚定自己的选择和对行业的热爱。

消费者在互联网经济影响下，变得更加大胆释放和表现自己的需求，这给房地产行业带来了更多的挑战和压力。田丰说不害怕变化，个人成就感的衡量指标会随着市场的变化而变化，要时刻保持不迷茫不动摇。“原来我们把销售额当作我们的成就感，但如今，我们更多的是要提高自身的产品能力，去面对复杂的市场情况，做到操盘结果多元化，这就是我们目前衡量成就感的标杆。”

田丰目前所在的远洋北京分中心西部片区主要在面世项目是天著春秋和五里春秋。这两个在售项目都是远洋打造的高端产品体系的标杆。针对现阶段的营销统筹管理工作，田丰并不讳言营销的挑战性，2018 年受到网签、取证限制以及客户对市场信心变化等多重影响。面对高速发展至今的后地产时代，他认为信心更为重要，不盲目悲观和乐观，回望初心中坚持信心，是目前市场环境下最大的个人驱动力量。

据其透露，远洋集团今年开发的大型石景山限价房项目“五里春秋”也即将面世。五里，源自五里坨，“天著春秋”与“五里春秋”直线距离五里，是巧合，同时也暗含传承的寓意。

“五里春秋作为限价房项目，但我们并没有因此降低建筑品质。我们不会简单地因为房子售价的便宜与贵，户型面积大与小，就按照传统思路去按照品质划分人群。”田丰说，两座春秋的作品，均由远洋西部片区春秋核心团队成员开发打造。五里春秋以中小户型的供应为主，总价在 500 万元以内。这是偏刚需住宅产品，90 平方米的房子，如何在有限的空间实现无限的可能？远洋集团引入了日本设计大师本间贵史专门进行针对性设计，三房两厅双卫的多样空间，满足三代六口人的共同居住需求。“我们传统地认为空间小就会带来制约，但通过与日本设计师的多次沟通，我们真正理解了‘小才是大’，因为小反而能激发出很多更加贴近于实际生活功能的设计。”

田丰感慨由于国际团队的加盟，大家的工作思路被打开。远洋集团开始对客群进行细化和研判，以客户需求为主导，倾听消费者需求，顺应时代变化，尊重市场。田丰说，“以前是客户需求的升级，迫使我们的产品去改变；现在是客户需求的导向，结合专业、职业的工作方法，指引我们的产品去细化、去升级”。

田丰分享了自己对于行业的信心来源和自己的管理经验。他提醒作为一名地产营销人，要记住三点：一是要客观真实地了解信息。大多数营销人会随着年龄、时间等变化带来一些职位上的变化，但这并不代表可以脱离真实的市场情况，脱离最鲜活的数据。二是要更为沉淀。在不断的市场变化中，地产营销从业经验人都会有自己惯用的打法，但当这些运用娴熟的积累面对市场变化时，就可能会遇到挫折，或是迷茫。只有在沉淀中不断创新和拓展，才能突破复杂的市场变化，反而也是更深层次的沉淀。三是要进行更多开放积极的沟通交流。在互联网时代，无论是业内公开交流，还是业外多元化的交流，对房地产行业都有莫大益处。

工作生活都要"保节点"

如何平衡职业与生活，对于多数职业经理人来说，都是一个难题。田丰也不例外，经常晚上10点半还要通过手机开视频会议，他一度处于工作和生活的矛盾之中。不过，他慢慢在工作和家庭时间中找到了一种平衡——"保节点"。

"在关键时刻占用关键时间，这个概念是非常重要的。"田丰对于保节点的解释是，"在工作过程中要保节点，比如什么时间开盘、什么时间完成策略决策、什么时间达成业绩指标。在家庭生活中也一样要保节点，我争取在孩子临睡前的那一刻给他一个晚安吻，在家人任何一个纪念日及重要时刻，都能够陪伴在家人身边。"

对于未来，田丰坚定他的职业生涯全程会在房地产领域，希望自己秉承奋斗者精神的同时，成为一个职业、专业和敬业的人。

田丰谈到提升自己的三个方式。一是要开放。大量地与合作公司交流，尊重每一个合作方，例如会带团队去门窗公司考察，去解读每一个门窗产品的细节问题。二是要主动学习，包括企业内外的。远洋集团本身也有多种培训模式，例如远洋集团有每周的下午课堂。三是要个人驱动，即永远把自己定义为一名职业人，永远让自己处于不断汲取知识、获取信息的过程中。

"从职业经理人的角度来讲，'职业'这两个字最重要。我们不是靠时间在行当里混日子，而是在市场变化中不断地积累和提升自己。"田丰认为，对于自己的东家远洋集团也一样，背后支撑这个多元化发展的综合性公司的，正是"职业"二字。

不忘初心，方得始终。破茧成蝶职业路，有苦有痛也幸福。

王海天

中经联盟健身俱乐部副主席、北京新锦城房地产经营管理有限公司总经理

为自己开启人生新航道

作者：中经联盟特约记者　赵建萍

法国思想家罗曼•罗兰说，生活最沉重的负担不是工作，而是无聊。

对此，如今远离国企工作环境、担任北京新锦城房地产公司总经理的王海天深知其中况味。

大学毕业后，在同事和亲友们看来，主修企业管理专业、毕业后进入国企上市公司包头钢铁集团的王海天，人生正值事业顺遂、前途稳定的大好阶段。

殊不知，在他看似平和、冷静的个性中，骨子里渴望的是迎接更多挑战、向往人生有一番作为。“一眼就能望到几十年后生活的模样，知道自己将来可能会在某个处长或其他管理层的位置，循规蹈矩等来安逸的退休时光，那种平静无波的生活绝非我所愿。”王海天直言。

一方面，他的内心期待生活中有无数新鲜的变化，甚至有些起伏波折也在所难免；另一方面，大型厂矿企业中四平八稳、按部就班的工作氛围，禁锢了他对于未来的想象和创造力。“大多数传统国企面临的问题是思维固化，维护资源和人际关系排在首位，展现才智和施展能力放在其次。很显然，这并不符合我对未来事业发展方向的规划。”王海天坦陈。

于是，毅然决然地，他作出了人生中第一个至关重要的选择：打破现状，告别过去。包括放弃上市国企的管理岗位、放弃国家干部身份，投入外界看似不确定，但充满新奇变化的未知。

此时，个性中理智的一面，为他选择了一条最见实效的坦途。

“相比专注于技术研发、生产条线的人，我的个性趋于中性，乐于与人沟通、与外界交往，对企业管理既有浓厚的兴趣，也有所专长。因此，在三十岁‘高龄’之时，我首先选择了赴天津南开大学攻读 MBA。”王海天分析道，无论从教育背景，或是对职业生涯的塑造，MBA 对于他的管理思想和方法无疑都能够进行系统性的梳理和提升。

而今十五年后，回想当初的选择，他再次予以了肯定。

在他看来，他不缺乏自断后路的勇气和魄力，也不缺乏专业的判断和能力，所需要的只是一个改变的契机。因此，他申请将原本在职学习的 MBA 课程调整为全职学习，充分融入外面的世界，并决定留在北京发展。

很快，王海天迎来了人生中第二个重要的选择：加入万达集团，进军商业地产领域。

2008 年，他来到万达集团西安公司，负责西安民乐园万达广场的运营和管理。

不可否认，以挑战各种不可能著称的万达，的确为他的职业生涯带来了巨大的历练，也留下了耀眼的徽章。

众所周知，不同于住宅产品的以售为主、品牌效应和高周转，商业地产是一项长期持有的过程，涵盖全产业链条，主要通过租金而非销售来实现资金回报。因此，从规划阶段就要考虑招商的需求，部分项目甚至需要前置三到五年。并且，操作过程中风险较大，前期工作是否扎实，直接关系到后期的运营成果。

投射到项目中，王海天带领的团队需要从前期取地阶段，就对用地作出全面、深入的研判。

例如，针对城市目标客群、周边人口数量和结构、消费习惯、客单价、消费能力和理念，以及品牌喜好等多种因素进行翔实的调研。基于大量数据统计和分析，从品牌打造和招商运营的角度，为商业地产项目提出全过程管理方案。

与所有万达人一样，在万达的两年间，王海天承受了强大的工作压力和心理极限。

“但是，很多在年初看起来不可能完成的任务，坚持下去，努力到底，到年终竟然也圆满地实现了。”对此，他不无感慨。这段经历无疑极大地满足了他内心对变化和挑战的渴望，同时也坚定了深耕商业地产领域的信心。

而对于加诸自身的企业文化烙印，他自觉并不明显。究其原因，则因他有着“医生”的本能，着眼于企业管理的视角，惯于透过现象分析企业的发展本质。在他看来，体系化的发展既是优势也存在某些局限性：优势在于体量宏大、执行力强、拓展速度惊人，且企业发展模式不容易为同业所复制，但是同时也意味着对创新和个性化的压制。

于是在2009年底，他成为金地商置北京公司负责人，主管金地中心和金地广场项目的管理运营。

而前身为金地中心购物商场的北京金地广场，从设计、定位到招商存在着明显的缺陷，导致前期有着一段失败的经历。遇到这样的项目，王海天踌躇满志，再次感受到挑战带来的兴奋感。

在集团的全力支持下，他着手带领团队进行整体调研，于2011年6月确定改造方案，对项目重新进行定位、设计和招商。首先，他主张差异化的打法。为区别于东长安街沿线众多高端奢侈品定位的商业项目，他主推与都市青年白领阶层最贴近的潮流元素，充分融合与地铁1号线大望路站无缝连接的交通优势，将项目定位于“北京CBD时尚中心”。

在此基础上，王海天主导项目的招投标、商业规划、建筑设计以及品牌招商等全过程，统筹各方资源并推进资源落地，确保项目于2012年9月完成升级改造并正式亮相。“对于这种几乎推倒重来的商业地产项目，来自平台的支持很重要。同时，需要团队具备强大的专业实力、协调沟通能力和执行力，三者缺一不可。”他总结道。

此后，在西安金地广场、京汉生活广场等项目中，王海天陆续展现了自己在商业地产领域的前瞻性和专业性。并且着手培养年轻梯队，密切关注并引入当下最具潜力的商业物种和业态组合，打造时尚、前沿的商业内容。

而在某种层面上，年轻、丰沛的内心必然来自健康、积极的生活模式。在他看来，既是医生也是全省老年组网球冠军的父亲，给了他深远的影响。

同时担任着中经联盟“飞度”健身俱乐部副主席，王海天笑称自己在健身领域“广而不精”。然而，从潜水、滑雪、高尔夫球、网球、羽毛球、乒乓球，到游泳，斯诺克，足球等，曾拿下金地集团羽毛球双打季军的他擅长十余项主流运动项目。

至今，即便工作繁忙，他依然会为俱乐部的赛事和活动摇旗呐喊，甚至代表联盟参赛，并与伙伴们保持密切的日常沟通和专业交流。

如今来看，从一种安定、规律的人生跑道，转入充满变幻、开阔无比的新航道，从借助偶然的机遇进入商业地产领域，到成功管控多个大体量商业地产项目。王海天不仅实现了最初对于完成挑战、成就一番事业的理想，并且对于深耕未来拥有了更多鼓舞和期待。

对他而言，随着时间的推移、阅历的丰富，透过很多事情本身，逐渐看到了生活真实的本质。毕竟，人生不过短短数十载，对于不被外界所动摇，透过纷繁的世界，能够坚定地追寻内心理想和目标并努力去实现的人，生活自当有所厚待。

王 锐

中经联盟常务理事、招商蛇口华北区总经理

一个地产老将的初心

作者:中经联盟特约记者　刘宝丹

作为地产老将,王锐行事十分低调,甚至媒体上鲜有他的新闻,外界最熟知的事情是2017年11月,王锐升为招商蛇口华北区域总经理,除此以外,几乎找不到别的消息。

2018年是招商蛇口的"改革年",站上"千亿销售"台阶后,招商蛇口在认识转型、深化转型的基础上,拥抱变化、主动变革,整体发展势头良好,并朝着质效提升方向有力推进。

如果用一句话形容王锐和招商蛇口的变化,也许用共同成长较为合适。很多业内人士都知道,王锐1993年至今,历任招商地产开发部工程师、工程采购部、营销部经理、常务副总经理、总经理、董事总经理、董事长等职位,是招商蛇口最资深的老将,一路见证招商蛇口的壮大。

10月某个周末的早上,在王锐开会的间隙,记者有幸采访到这位略显神秘的地产老将,听他讲述了25年来的地产故事和精彩人生,最难能可贵的是,王锐以真诚的态度坚守初心,他希望通过大胆创新,带领华北区域取得更大的成绩。

25年,王锐与招商蛇口共成长

4个人,一个小办公室,这是招商蛇口1995年刚刚进驻北京时的配置,除了财务、工程、行政之外,还有王锐。他的工作比较灵活,要负责项目报建、工程、招投标以及营销等工作,总之哪里有需要就去哪里,回忆起这段经历的时候,王锐表示很感谢,那时候公司创造了很好的成长机会。

组建团队后,招商蛇口开始在北京开发项目。那时候的房地产行业还处于粗放式的阶段,若是接手一块土地,还要负责拆迁赔款以及土地整理等工作,但就是在这样的行业背景下,王锐稳扎稳打,从基础工作做起,带领华北区域一路壮大。

对王锐来说,职业生涯前段的主要成绩和进步来自1998年。那一年,招商蛇口在北京开发了50万平方米的写字楼,其中包括航华科贸中心、西长安街的国际金融大厦以及西直门的凯旋大厦,项目一开始的时候销售非常顺利,王锐成功引进了中国印钞造币总公司、中国储备粮管理总公司等非常优秀的公司,不过随着亚洲金融危机的到来,房地产市场情况急转直下,公司总部对王锐的要求是如果年底项目卖不出去,北京公司就要解散,高压之下,王锐开拓了多渠道销售途径，包括实体广告和软文的配合，现在虽然看着普通，但当时非常创新，而且取得了非常优异的成绩。1999 年，招商蛇口实现了 10 亿销售额，而且都是来自于写字楼整售。

1999 年，王锐打赢了这场战役，坚定了招商蛇口走出去的决心，战果就是招商蛇口从此开启了全国性布局。

去年，招商蛇口正式迈入千亿房企梯队，今年招商蛇口的业绩仍然十分亮眼。公告显示，2018 年上半年，招商蛇口实现营业收入总额 209.88 亿元，同比增长 6.60%，华北地区对整体营收贡献 24.17 亿，占比 11.52%。

2017 年，招商蛇口华北区域贡献的销售额达 160 亿元，2018 年这一目标是 300 亿元。

展望未来，希望提携更多年轻人

王锐是一个敢于创新的人，2015 年北京楼市比较低迷，但他看好核心区域的未来发展潜力，并果断拿下二环边上的一个稀缺地块，88 亿元成交额让该地块成为名震一时的“地王”，这就是后来的中国玺项目。中国玺不仅在收益上回报丰厚，对招商蛇口的产品能力也有很大提升。

基于住房需求正在经历“从功能需求到性能需求的提升、从生理需求到体验需求的升级、从居住需求到生活需求的升级”阶段，招商蛇口推出三大住宅产品系，包括品质好房成长系、轻奢舒居成就系、传世资产传承系，中国玺就属于后者。

在王锐心中，最佩服的人是邓小平和华盛顿，他们都有敢为天下新的精神，都能站在国家和民族的角度去看待社会发展，他很庆幸招商蛇口是最具备这种基因的企业。

作为招商局集团旗下城市综合开发运营板块的旗舰企业，招商蛇口创立于 1979 年，39 年前，它建设开发运营的深圳蛇口片区是中国改革开放的发源地，为中国经济发展做出了重要的历史贡献，孵化并培育了以招商银行、平安保险、中集集团、招商港口等为代表的知名企业。

2015 年 12 月 30 日，招商蛇口吸收合并招商地产实现无先例重组上市，打造了国企改革的典范和中国资本市场创新标杆。

2019 年，招商蛇口将迎来 40 岁生日，站在中国改革开放新起点，招商蛇口正在积极探索尝试，深化转型实践，要求各大城市公司必须具备片区综合开发理念的理解力和执行力，有效融合公司港、区、城业务优势，统筹城市区域综合发展，择机抢占市场蓝海。

对王锐来说，现在几乎每周都有不同方向的培训。为了适应不断增长的业务规模，解决国企存在的一些低效问题，实现扁平化管理，华北区域今年最重要的工作就是组织变革，以山东为例，将原来的城市公司变成项目制团队，责权问题明晰，让干劲儿更足的年轻人走上领导岗位。

另一项重要工作是人力资源梳理，主要涉及运营、设计、商管等部门，把原有的管控体系进行更新，在遇到一些重点难点项目时，能从体系上发挥作用，指导和支持城市公司快速解决问题。

华北区域的布局战略是两条腿走路，以核心城市作为重点发展，辅以集团主业相关联的业务，比如园区开发和邮轮产业。从资金投入来讲，很多项目都有一个培育期，目前已经布局的城市有北京黄村、大连港和烟台，值得一提的是烟台结合了邮轮母港业务，在烟台城市中心拿下

400 万平方米的地块，是非常大的布局。

从 4 人到 800 人，业绩从无到 300 亿元，招商蛇口华北区域发展的步伐很坚定，对于自己这 25 年来的变化，王锐笑称是从一个技术男成长为具有全局思维的人，能够跳出既有框架看问题。

在 50 岁即将到来之际，对于下一个 10 年的展望，王锐第一个希望是提携后辈，让更多年轻人走上领导岗位；第二希望是招商蛇口越来越好，做中国最好的城市综合服务商；最后一个希望，王锐留给了自己，他希望自己身体健康，能有时间和中经联盟的朋友们经常聚聚会。

王亚平

中经联盟商业地产专委会副主席、华宇商业集团副总裁

这么多年的工作历程，只有一个关键词——商业地产

作者：中经联盟特约记者　回燕雯

这是我与王亚平先生的初次见面，他身上带着一种独特的文人气质，走进来，坐下，说“燕雯，我们开始吧。”然后就静静地等着我发问，搞得我莫名有些紧张，同时又心生敬畏。

（一）入行

在长达50分钟的采访中，王亚平先生提到最多的一个词就是商业地产，他说，“一个人一辈子能做成一件事就很不容易，而我想做的事是商业地产。”

找到自己热爱并决定奉献一生的事业，不是一件易事，至今，这个问题仍困扰着无数年轻人，他们迷茫着，不知前方的路向何方，年轻时的王亚平也不例外，北大毕业后的第一份工作并不是在商业地产领域，他也是经过了12年的探索与思考，才确定了事业的方向。

“大学毕业加入联想，做电脑城，也算是商业地产，但并不系统，一待就是12年，当京东苏宁开始冒头的时候，我就在思考，这种模式可能快不行了”。

这时王亚平开始思考着转型，大概是在2010年底，他加入到万达，这个选择，被他称为他的人生中最大的转折，开始聚焦做商业地产。他坦然，万达对于他的影响非常大。

“从万达，到泛海，再到宏立城，以及现在在嘉宝，工作上用的思维逻辑及方式方法，都是受万达体系的影响，这也是万达对整个商业地产领域最大的贡献，它其实是把本来并不明确的商业地产概念或者说是一个领域，变成了一门自然科学，今天我们回过头去看，万达对于一个项目的建造标准、业态规划、品牌落位、收支测算等问题，都进行了解析，形成了行业通行的做法。”

自万达以后，王亚平虽然在不同平台切换，但他再没有选择离开商业地产，如今进入嘉宝股份后，更是将商业地产的运营管理理念引入到嘉宝本身的物业体系中。他认为，自己对商业地产的理解加上嘉宝本身的基础，可以改变一些行业的打法，是一件很有意义的事情。

（二）“小而美”的社区商业

近两年，在商业地产的发展中，“小而美”的社区商业越来越受到开发商的青睐与关注，王亚平看到了机会，迅速将社区商业理念引入嘉宝物业，目前嘉宝管理的面积有将近 7 千万平方米，本身就含有 300 多万方的社区商业。

“我们现在对它进行经营管理，而且从目前来看，对于社区商业，不能够像以前一样以底商的管理形式去管理，而要以类似购物中心这种非常规范化的理念进行管理，它对外是“小而美”，对内则是“大而全”，也就是说我们的经营计划及经营理念应该是大而全的。”

嘉宝在管理小区的同时，也将周边的社区商业等资产一并打包经营管理，由于嘉宝的科技物业已经做得非常出色，基于大数据互联网，可以轻松串联起整个社区。

“C 端是居民服务，B 端是商户管理，用科技物业的手段再延展到社区商业的经营管理来，也会是非常现实的路径。”

王亚平，对此非常有信心。

“如果你问我能不能实现？我会回答：一定能实现！”

（三）人生的遗憾

当年选择加入万达，让王亚平找到了想终身为之奋斗的事业，但是人生中的选择太多，他也如普通人一样，并不是每一个选择都那么如意。

他说，现在回想起来，最遗憾的一件事，就是大学毕业后没有选择出国深造。

“我在北大学习理科，那时成绩很好，全班排名第八，在当时出国是没有问题的，全班一共 49 名同学，29 个同学选择出国留学，但是我却选择了直接参加工作，这是我一直遗憾的地方。”

他认为，走出去，并不代表一定要留在外面，而是去学习国外的先进技术与理念，出去读一个硕士或者博士，然后再回来工作，也是一种不错的经历。这也是他对年轻人的忠告，“时间还早，出去看看，最可怕的就是思想的封闭。”

（四）奔跑让我拥有一颗年轻的心

聊到这里，我暗想，王总是不是摩羯座，一口气聊了半个小时的工作历程及内容，这简直就是一个工作狂嘛，没忍住，向王亚平透露了我的疑惑，他不紧不慢地说，“我也有业余爱好啊，就是跑步，长跑我坚持了三年，至今，全马跑了五次，半马也跑了二三十次了，与大学同学一起组成一个跑团，大家聚在一起，仿佛又回到了年轻的时候。”

（五）行业的发展

说到整个行业的发展形势，大家都在说之前10年是房地产的黄金十年，如今在国家政策的紧逼下，前10年的盛况将不复存在，但是王亚平并不这么认为。

“房地产发展了这么多年，一直谈不上是哪一个十年最好，因为它一直都不错，尤其在中国，未来的发展我也相信会不错，只不过每一个十年中，大家的玩儿法不一样。2008年，万达开始在商业地产发力，继而在房产业位居榜首；近几年，最热的是以碧桂园为首的高周转企业，那下一个十年，房地产行业可能会有很多新的变化。”

我与中经联盟的10年

王亚平先生在泛海工作时，通过陈云峰先生的引荐，加入了中经联盟，自此与中经联盟结缘。

“我加入进来后，中经联盟对我的帮助很大，尤其是在工作方面，他们经常会组织一些活动，邀请各大地产开发商参加，大家坐在一起就会交流心得，有时了解同行们都怎么做是必须的，同时观点的碰撞可以激发灵感。”

“但同时，我认为中经联盟也是负有社会责任的，希望中经联盟，可以对行业资源进行整合，形成一些行业规则，同时在重点问题上发声，像最近爆出长租公寓的一系列问题，被大家所诟病，但是舆论的声音总是偏向感性的，社会的发展需要理性的深层次的思考，长租公寓是有效利用存量资产的一个非常好的手段，它是具有社会意义的一件事情。这个时候，我们中经联盟，应该站出来，发出理性的声音，让大家看到这个行业的正能量。”

“未来十年，希望自己能够从一线变成行业专家，大家都认可的顾问，如果可以，到大学做讲师，开一门商业地产的课，让新人少走一些弯路，有一个参照，这是我个人的一个愿景。”

可以看出，王亚平对这一行业深入骨髓的热爱，既然选择了，就为之奋斗一生，尽管年岁渐长，也要用自身的正能量去影响中国的下一代商业地产人。

王玉玲

中经联盟月亮会常务副主席、华银基业集团副总裁

双子个性的完美平衡

作者:中经联盟特约记者　赵建萍

与众多面对镜头光彩照人、镜头下依旧侃侃而谈的女性管理者迥然不同。虽然面对市场的机遇和变化,王玉玲能够做到果断机智、雷厉风行,凭借多元化的营销方式和灵活的领导力将项目成功推向新的台阶。但是,相比事业上的成就和高频的社交,她说:“我更在意内心的自我感受和沉淀,希望坚持读书、瑜珈、拉丁舞和旅行等等喜欢的事,不断汲取新的能量,让自己更加丰沛并焕然一新。”

双子座这种天然的双重个性,在王玉玲身上展现出矛盾而和谐的统一:面对热爱的事业,从思考分析到谈吐气质,充满了机敏、思辨且光芒四射;然而面对自我和内心,她却毫无张扬的意愿,甚至颇为内敛,不经意间为自己镀上一层低调的保护色。这一性格底色,几乎贯穿了她历年来专注投入的所有城市运营项目,也让她的日常生活如同一曲交响乐,生活的每一时刻,都是几重唱的结合。

2003 年,工商管理学专业的王玉玲在机缘巧合下参与了华银基业集团的创建,并担任集团副总裁至今。而后随着事业版图的扩张,她又增添了京津冀产城融合项目营销总经理这一身份。

可以说,随缘的个性为她打开了城市运营者的职业生涯,而坚守的个性,则支持她与集团并肩成长至今。从集团创建、石家庄起步到深耕涞水、雄安、张家口等地,项目遍布京津冀,稳扎稳打形成了围绕中心城市北京的“小镇攻略”。如今,在她的带领下,华银基业集团又向海南伸出橄榄枝,在全国重点城市群布下一盘更大的棋。

王玉玲的“小镇攻略”缘起于 2004 年的石家庄。当时,特色小镇还远远没有上升到国家战略层面,但王玉玲及其团队已敏锐地发现,作为大中型城市周边的第二居所,项目除了相应的文化、商业配套,必须有自身特色资源或内容主题,才能真正为业主提供品质生活和服务。

因此,“位于石家庄以西 30 千米的平山县温塘镇‘阳光河谷’项目可以说是较早意义上的特色小镇。虽然以住宅销售为主,但由于打造了温泉入户的主题,引入当时颇具引领性的足球场等娱乐休闲配套,不到两年间,项目即圆满完成了销售目标。”王玉玲说。

事实上,不同于城市住宅项目,文旅小镇、城市新区这样大体量项目的开发和运营,对于开发企业的资金、团队以及操盘能力等都是巨大的考验。特别是资金,除了畅通的融资渠道,高效、

精准的操盘能力是资金获得回报的重要保障。

“而实现这一切并没有捷径，最大的诀窍就是坚守初心以及精细化的产品品质。”王玉玲说。对于自己的这份心性和坚持，她认为有一部分来自华银基业集团根深蒂固的军旅文化。在她的团队中，上至董事长，下至普通同事，相当一部分人曾拥有过军旅生涯。在他们心中，笃信务实深耕、锲而不舍的发展理念。这一文化属性与她个性中的坚韧如出一辙，并成为一种企业文化传承至今。

如天鹅湖项目的从无到有，就是长达五年的坚守和迎难而上。在原有地块基础设施为零、高速公路尚未开通的3200多亩土地上，要打造一座人人向往的生态城，难度可想而知。但王玉玲没有退缩，一方面，她和团队在前期逢山修路、遇水架桥，铺设水、电设施和市政管网，皆所费不赀。另一方面，在项目施工过程中，王玉玲还须提前规划好项目后续的营销战略、资金回收路径与周期等，以保证资金的再投入和再开发。

为此，王玉玲于2008年开始在北京区域大力扩充队伍，吸纳优秀人才加盟。“团队的组建难度很大，在当时的阶段，项目销售的是未来利好和预期的蓝图。因此，如何激发潜在置业群体的购房意愿，是当时最大的挑战之一。”

而要实现这一目标，除了多元化的营销方式，更要沉下心来做好产品并不断创新。王玉玲从不缺乏这样的信念，这或许也是一个优秀的城市运营者必备的心性。在此之前，她曾带领团队远赴瑞士、奥地利等欧洲国家考察了很多小镇，使思路进一步清晰、明确。

“首先，要从业态和内容方面进行创新，从多个方面完善小镇配套，力求实现宜居宜业的最佳效果。比如正在导入的科技创新产业，国际教育、职业教育和互联网教育资源，以及打通诸多三甲医院的航空医疗体系等；其次，围绕项目属地已有的5万亩山林、2千亩大湖，如何发展丰富的主题旅游资源。包括开发历史文化旅游景区，在峡谷中开辟极限运动、团建文化等主题产业资源，以及将部分沿湖底商设计成商墅形态，一层用于孵化或引入各种体验业态，二层则作为特色客栈或民宿。”王玉玲认为，这些基于先天优势的创新，使她对项目未来数百万平方米的销量充满了信心。

与此同时，女性的细腻赋予了王玉玲运营理念的源泉，她对于社群运营也有着敏锐的关注力。特别是之于生态小镇，吸引人们留下来的原因，除了以公园绿化的标准来营造居住环境，专业而丰富的社群活动同样不可或缺。“譬如围绕环湖生态公园，打造不同的主题广场，策划不同的社群主题内容，是我希望项目具备的生态属性和生活品质。”王玉玲说。

能够在竞争激烈的北京市场打出一片天下，产品无疑是最好的敲门砖。但是，市场和政策千变万化，既要立于初心，还须敏于洞察。在紧锣密鼓的工作中，王玉玲仍会抽出时间来让自己冷静须臾。包括落子海南，就是站在创建团队的视角，对集团南北文旅项目资源和客群需求进行互补的重要布局。

正如她所描述，双子座的双重个性，在她工作和生活中都担任了重要的角色，不仅毫不冲突，并且有种奇妙的平衡。

她的心态可谓非常开放，内心充满激情并反应迅速，与新鲜事物同步。包括用心研究如何发挥 90 后团队的创意、思想和价值，迅速在脑中盘划关于企业和项目下一步的走向；也可以静下心来独处甚至宅在家中，用音乐、瑜伽、健身、慢跑等方式调节自己。同时，她希望未来抽出时间练习钢琴，让生活偶尔展现一种月光般宁静的美好。

“凡是美好的事物、追求品质的生活，我无不向往，希望去尽力感受。”王玉玲说。唯一的遗憾，是繁忙的工作让她很难得暇陪伴父母，令她始终心怀歉疚。所幸随着团队越来越成熟，阶段性地放个假、陪父母定期旅行的计划终于可以提上日程。

而当谈到目前正在学习的拉丁舞，王玉玲骨子里深藏的动感和热情瞬间迸放，“其实从未放松对自我的要求，练习拉丁舞是因为它能够调动我的活力和激情，驱散沉闷并令我始终保持一种新鲜、投入的状态。”

这种状态或许就如法国思想家罗曼·罗兰所说，幸福是灵魂的一种香味，是一颗歌唱的心的和声。发自内心对于事业和生活的双重追求，让王玉玲把人生过得美妙。

王玉龙

中经联盟产业地产专委会主席、荣盛兴城投资集团副总经理

产业园的忠实践行人

作者：中经联盟特约记者　武亚光

9月8日，由中经联盟牵线，记者有幸采访到了荣盛兴城投资集团副总经理王玉龙。这个面貌俊朗的中年人，用他对产业园行业独特的见解和多年工作累积的经验。让记者认识到，在产业园这个地产行业的冷门分支里，也有忠诚的信徒。

面对记者的提问，王玉龙毫不掩饰自己对产业园的热爱、和为之倾注一生的热情。

王玉龙的地产生涯，可以用两个十年形容：十年传统地产，十年产业园。当记者提到，如果能回到十年前，再给他一个选择的机会。王玉龙表示，他仍旧会义无反顾选择做产业园。

在王玉龙眼里，做传统地产和做产业园，是相辅相成的两种模式。产业园是传统地产的一种升级，传统地产是产业园组成的一部分，但是两者又有本质上的区别。

在产业园面前，传统地产算得上是“快消品”，一块地从拿地，到最后成型出售，可能只需要几年就能完成，资金也能做到最快回笼。

产业园则不同，建园如同造城，不仅仅规划住宅、商业这些基础建设，更多的是统筹、是产业的引进和维护，建好平台，还要做到职住平衡。

当一个产业园建成，它将服务几万甚至几十万人，存在几十年甚至更久，这种成就感是传统地产不具备的。因此，每一个做产业园的人，内心都会有一种特殊的使命感和自豪感。作为主持建设多个产业园的领导人，王玉龙更加珍惜这份自豪感。

可是，做产业园并不是一条好走的路。相比传统地产，它不仅繁琐、困难、烧钱，而且从投资到取得回报更是漫长的，每年肉眼可见的成果，也不那么明显。

当记者问到王玉龙，传统住宅一般工期短，只需几年就能做出来，投入能很快收回。那么做产业园，则是耗时耗力，长时间不见回报，会不会觉得有落差。

王玉龙表示：做一个产业园，不能只盯着最后结果，而是要统筹规划分步实施，有一个阶段性的预期，每年都会定几个小目标。比方说中间修一条路、哪里建一座楼，就像一个大机器里面不同的小部件。每个小部件的形成落定，都会让人觉得开心，这是逐步完善、充实自己的过程。

王玉龙做了多年产业园，他心里比较认可，能代表他对产业园的构想的，是他曾经操盘的北京TBD云集项目。

尽管在他眼里，TBD 云集在规模上，不能算一个真正意义的产业园，只能算园中园，但是其中科技属性的展现，智慧园区、生态园区、文化园区及 24 小时生活园区的打造，却能代表王玉龙对产业园的构想，用科技改变产业园的传统业态。

王玉龙现在负责的固安产业园区，就是按照心中的构想逐步建设打造的。

固安产业园位于北京市和雄安新区间，拥有得天独厚的地理优势，也是荣盛产业兴城打造产业园的主力军。王玉龙作为该项目的掌舵人，努力打造一个智能化的管理平台。

对于产业园，王玉龙曾经表示他最大的理想，是要做一个无人小镇。当记者提到这个问题的时候，王玉龙表示，无人小镇并不是真的无人，而是通过智能产业服务小镇，要小镇做到高新高科技，利用智能化服务解决服务链条的问题。将研发端和配套端聚集在一起，争取打通研发、制作、生产、销售一条龙的智慧产业链条。

王玉龙认为，这将是未来产业园的趋势所在。同时，固安产业园也是荣盛产业园走向智能的一个先驱，未来会有更多的产业园参考固安的模型，转型智能化。

聊完了产业园，记者又和王玉龙聊到了他的日常生活。

业余时间，王玉龙最喜欢做两件事，一个是跑步，另一个是旅游。

每天早上六点起床，然后至少锻炼一小时，成了王玉龙生活的“标配”，锻炼能强健体魄，让工作更有效率，给自己工作增添更多动力。

说到旅游，是王玉龙生活中，另一项不可缺少的调味剂。有时候工作闲暇的碎片时间，或者工作需求，王玉龙就喜欢出去旅游。不过不同于一般游客的旅游，到地方打卡拍照发朋友圈。

王玉龙更多将旅游看作一个学习的过程，他喜欢在旅游的路上，去参观各种不同的产业园，不同建筑形式，不同的城市规划，这是一个博采众长的漫长过程。不同的产业园有不同的优点，每个产业园的存在，都会有它独特的闪光点。王玉龙痴迷地寻找着不同产业园的特点，它们为什么要做成这样，又是如何做成这样？

对于一件事，最大的热爱，就是时刻将其放在心里。王玉龙对产业园的热爱，显然如此。

提到自己未来十年的发展和个人规划，王玉龙没有犹豫，直接告诉记者：“未来十年，甚至更久都会留在固安产业园。”他当初接手操盘这个项目，最大的梦想，就是能在这个园区做到退休，将一个产业新城做精、做好。

他说做产业园就像养一个孩子，需要耐心和不断调试。对于他而言，最欣慰的事，莫过于看着自己精心的作品像孩子一样长大成人。

当问到关于房地产的现状和未来发展，王玉龙也表述了自己的看法。

他认为房地产行业不能用“黄金”或“白银”这些词一概而括，目前房产的最大的趋势，在于产品的升级。

最早的地产，就是开发商建一个房子，然后里面放上一张床，摆上家具；但是现在不一样，随着人们生活水平的提高，人们对于住宅有了更多的需求，不会单单满足一屋一室、遮风避雨。这就是为什么现在很多企业开始做科技住宅和绿色住宅，将更多的文化属性和需求嵌入进去，他们要跟上现代人们的思想和需求。

最后，王玉龙提到了自己和中经联盟的渊源。最早在朋友的介绍下，王玉龙加入了中经联盟，这是一个给地产从业者准备的平台。在平台上，有行业内的资源，也有上下游产业链的朋友。给地产从业者提供了交友和拓展业务的平台。

王玉龙也表示，在中经联盟十周年之际，祝愿中经联盟能够将平台做得更规范、更大、更好，为企业搭建一个交流、学习、合作的平台。

王 越

中经联盟摄影俱乐部主席、凯德中国质量督导经理

建筑师也有潜藏在数字里的快乐

作者：中经联盟特约记者　李燕星

被问到艰涩的问题，“他的身体向椅背仰斜了几度，短暂蹙眉，额头的细纹蹴然舒展，嘴角绽开微笑，爽朗地交谈起来。”这个 5 秒钟的镜头，在记者与凯德中国集团工程技术管理支持中心（CMSC）高级经理王越对话的过程中，时而发生。

王越爱笑，他最大的娱乐便是研讨建筑基础，换句话说，如果眼前有一个技术趴和一个娱乐趴，他会毫不犹豫选择前者。王越还有另一面，与外界对“技术宅”严谨较真的刻板印象不同，他身上透着几分青萃的好奇与顽皮。

两种迥然不同的风格，在王越的身上碰撞出一种不同寻常的穿透力。从龙湖到凯德，从设计到质量管理，这位职业经理人的成长充满故事。

“强拆”4000 块石材幕墙的启发

王越与工程质量管理工作的结缘，始于 7 年前。

7 年前的一天，王越的“新加坡师傅”带着他，站在北京一环的一处项目工地上，极力地说服项目经理“拆掉幕墙”。要知道，这面幕墙近 4000 块石材，已经完工近 70%，“拆除”一词说出口后，费工、费事、费力，是所有人可以想到并推脱的借由。

那一年，也就是 2011 年，凯德中国单独成立工程质量管理部门，在业内十分罕见，也十分前卫，建筑师王越就是在这个档口从设计部门转到工程质量部门，一环的这个项目，是王越“微跨界”之后第一件印象深刻的事情。

因为图纸设计的是长槽，施工方使用的却是短槽挂件，师傅带着王越以“不符合规范”为由，要求“强调”。彼时项目顾问的话让王越记忆犹新，“长槽短挂件也可以，但要用上胶等方式来弥补”。

不过，考虑到长槽短挂件会影响地震力吸收，王越的师傅要求项目拆除重建。这件事对于刚刚步入职业新阶段的王越，是一次重大启发，“任何问题在质量面前都必须妥协”。

就这样，建筑师出身的王越，带着建筑设计的经验与好奇初涉工程质量管理领域，开始了对

结构设计与现场工艺工法这些领域的探索。

2011 年，是王越职业经理人生涯的第 3 个开始。重溯以往，他的第一个开始是 2002 年到 2006 年奉职龙湖的 4 年，那时，龙湖董事长吴亚军时常开展企业内部 MBA 课程，这为王越职业经理人的成型埋下伏笔，也留下珍贵回忆。第二个开始便是他进入凯德后长达 5 年的设计生涯。

一个烟头与 800 多页合同

“新加坡师傅”是王越口中的高频词汇，这位师傅带他走南闯北的细节虽未被过多提及，但看得出，这是王越职业经理人生涯的又一段珍贵回忆。

“龙湖给了我积淀，凯德给了我更大的平台。”王越说。

在单独设立工程质量管理部门之前，凯德就已经有自己的 BCAT 团队（品牌和客户保证团队），负责代表业主提前验收、提高房屋质量。不过，验房环节更多得是接受一个工程质量结果，对提升的意义微乎其微。因此，为了将工程质量检测前置至建设过程中，凯德 2011 成立了 QPDD。

QPDD 实行闭环检测。“QPDD 负责招标过程中的质量技术要求和竞标考察队的产品评定；同时具备传播功能，将全国各地所有项目的优势劣势进行点评分享，促使项目方互相学习借鉴，比如如何降低成本、如何管控质量；此外，我们提倡施工样板先行，提前发现问题、解决问题；最后，再根据问题督促各个项目整改。”王越介绍称。

QPDD，是企业高效运转的一个监控器。在检查与被检查的过程中，偶尔也有冲突。这样的现象虽然很少，但王越有一条行事准则，那就是“互相无法说服对方时看规范”，结果可能是总包方失误，也有可能是监测方失误。尽管身为甲方，但王越时常抱有谦逊的学习态度，“我们要向总包多问，他们的经验更加丰富。”

更多的时候，QPDD 像是开发商、施工方和工程项目监理之间的调和剂与助推器。QPDD 有一份 800 多页甚至 1000 页的施工合同是避免多方推责的有效措施。“小到一根烟头怎么处理，一个接线要怎么操作，合同清清楚楚。”王越说，“如果你有机会见到凯德的合同，一定十分震惊。”要知道，行业里的合同页数一般是 200 页到 300 页。

700 多条大纲与一个小目标

凯德的 QPDD 分为四个大区：华北、华东、华南、西南，集团每年例行检查两次，区域每月例行检查一次。与万科、龙湖等“飞行检查”模式不同的是，凯德 QPDD 会提前一个月发出检查通知。在王越看来，“突击检查是让项目被动整改，提前通知可以让他们主动整改，扣分不是目的，提高质量才是目的”。

在 QPDD 成立 4 年后的 2015 年，王越的“新加坡师傅”离任，最后留下一句话“让王越接替我”，这或许是一个职业经理人在职场更新迭代中获得的最大褒奖。

王越开始独当一面，从华北区负责人变为中国区负责人，尽管要独自面对和处理更多的困难与问题，但他的好奇与冲劲只增不减。“面对困难，与其绕过去或者退回去，不如冲过去”。王越笑着表达了他的坚定与执着。

2016年，为了进一步提升项目质量工程管理工作，QPDD计划引进外部“飞行检查”公司来合作，但考虑到保密问题，最终还是舍弃了这个念头。不过，这次未成的合作让王越生出新的念头：做一本自己的《检查大纲》。

3个月后，凯德“质量管理大全”问世。这本《检查大纲》有700多条内容，分为A、B、S三级。A是常规性问题，B是比较重要的容易出现的问题；S是业主非常关心的问题，B和S级问题加起来不到200项。根据A级问题6分、B级问题8分、S级问题12分的规则，凯德内部实行全员制检查与打分，根据实际问题的变化来互换级别，更新大纲内容。

“还有几年就退休了”，王越尽管嘴上自我调侃，但对于未来的职业经理人生涯，依旧有着崇高的热情，“每年给自己的KPI加码，比如2019年会考虑配合BCAT团队完成精装修房的质量检测工作。”

每一个精准的数字，对于王跃来说，是责任，也是理想，每一次解决困难，对于这个职业经理人来说，是挑战，更是乐趣。

王　臻

中经联盟(天津)营销专委会主席、泰禾集团天津公司总经理

从事业到生活的制高点

作者:中经联盟特约记者　高拯坤

王臻,泰禾集团天津公司总经理、中经联盟天津营销专委会主席。初见时,尊崇"五讲四美三热爱"的他,正靠坐在椅子上喝茶。举止中多了几分儒雅之气,使人心生亲近。

"世事洞明皆学问,人情练达即文章",在房地产行业赤膊20年后,步入中年的王臻锋芒内敛,休养生息,凭空多了几分超然。但骨子里仍留有几分"偏执"的他,依旧是个完美主义者。如他所言:"过去一直在坚守本心,不断试错和反思。"

作为土生土长的天津人,王臻最大的愿望就是找到家庭与事业的平衡点,发挥自己的主场优势,在"家门口"为企业做点实事。

简单平淡的生活是他向往的,他低着头说:"孩子、工作、打球是他现在生活。"回想起当年生意场上意气风发,麾下八百子弟兵,如今花开遍野,他又不自觉地挺直了腰杆。

栉风沐雨20载

荀子《劝学》里说:"不积跬步,无以至千里,不积小流,无以成江海。"

王臻便是这句话的实操者,从业20年,任高管15年,独立操盘项目累计400余万平方米,获取项目270万平方米。

在房地产圈,懂得换位思考的他,操起盘来比任何人更熟练,更游刃有余。"烂若披掌,听者忘倦",讲起故事来,又会自然而然地把人带入到那段峥嵘岁月里。

2016年3月10日,时任金茂天津公司常务副总经理的王臻,使了一招釜底抽薪,以底价成功拿下天津市海河边上最好也是最后的地块,而参与此次竞拍的8家企业竟无一举牌。这一被业内津津乐道的经典案例,成为他职业生涯中最闪亮的一笔,个中缘由至今仍有人想一窥究竟。

"用自己的能力把它控制住,用自己的经验办到别人办不到的事情,可能也是一种成就感。"他仰着头说,做事之前一定要想明白企业和政府各自需要什么,做到知己知彼,方能百战不殆。

这是他的骄傲。20年前还在上大学的王臻,绝不会想到往后的时光会扎进房地产的浩瀚海

洋里。

1997年，在天津音乐学院毕业后，进入国企的王臻却阴差阳错干上了房地产营销。从此中国少了一位音乐家，却多了一位优秀的房地产职业经理人。

2000年，他加入顺驰中国，从普通销售员干到了项目总经理、区域总经理、华北集团副总裁，组建了山东顺驰地产公司。

此后，王臻又辗转去了天津津滨、绿城、中投发展（天津）和金茂（天津），依旧在一线为企业不断扩张版图。

创业初期的王臻结识了很多优秀的管理干部，遇到了很多伟大的企业和企业家。那几年，他的眼界和格局有了快速提升，为未来工作中快速领悟先进企业理念，学习优秀文化打开了通道。

“更换工作的原因除了为开眼界，提升个人能力，也是因为经常被老领导喊去帮忙。”他摊着手说，在顺驰中国的日子很难忘，学习与成长的同时，也积累了管理经验，而创业初期的孙宏斌更是教会了他很多。

历经时间沉淀，攒了一肚子金戈铁马的悲喜故事，但王臻并不愿意过多地去谈论成长的艰辛，相反，他更愿意把快乐与人分享。

睿智与感性

乡音是最难改变的，言语中零碎的天津方言配上棱角分明的脸颊，王臻无疑是天津男人豪爽豁达的代表。他把自己的家乡看作是一方宝地，会举起手热情地介绍不同的美食给你，顺带着聊一聊哪个老朋友曾到天津大快朵颐。

现在的王臻愈发清楚自己想要什么，他说要追求品质，最大的愿望就是在家门口做点事情，离家人近一点，离朋友近一点，找到家庭与事业的平衡点，发挥自己的主场优势，在“家门口”为企业做点实事。

过去全国化企业的干部外派制度让王臻伤透了脑筋。他说自己有一个“坏毛病”，精神洁癖，有固定的生活圈子，总想靠真心实意交朋友。“经常是在一个地方工作两三年，刚刚依靠自己的能力建造好人脉，就要换到另一个城市。”

他不赞同有的企业为了利益，不顾一切盲目发展，毕竟没有一个人的精力是可以无限透支的。2018年年中，王臻转战泰禾，担任天津公司总经理，他更是直言不讳地说，文化是软性的，有温度的，喜欢泰禾的中国古典文化和氛围，以及渗透到血脉中的工匠精神。

对高品质企业的追求使王臻选择了泰禾。他笑言在董事长黄其森的带领下，泰禾向着全方位服务第一品牌快速发展，这一过程中自己也在不停地学习和成长。

王臻的朋友很多，愿意雪中送炭的不在少数。“人要有底线和原则，做过之后要拍拍自己的良心说，这件事没什么问题。”自古商场如战场，但王臻更愿意保持本心。他向往古代战场能致一伤不致一死，却不喜欢现在商场的尔虞我诈。

“要善于吸收信息，用最大的包容善待团队，适度激进，适当求稳，树立目标意识和目标分解意识。我永远不会让我的团队因为个人而急功近利。”他说，一个职业经理人要有责任，有担当，如果把家庭和亲情都抛去了，他一定什么事情也干不成。合格的职业经理人不要为了业绩和奖金而去拿地，要认真思考这块地拿下之后，有没有发展，对企业有没有帮助。否则企业就会面临求生不得，求死不能。

静下心来是生活

极简是一种生活态度，回归质朴与本真的王臻没有多余的爱好。孩子就是他的全部，中年得子的他最大的成就感就是看着孩子成长。

捧着茶杯，王臻仿佛回到了青年时代，脸色红润，时而向往，时而凝神。他知道，做父亲永远是一个男人要经历，要逾越的高峰。他憧憬孩子能够茁壮地成长，更聪明，也更淘气。

现在，王臻首先是一名父亲，然后才是职业经理人。除了照顾4岁的孩子，他的生活里只有安排满满的工作和每周各抽出两个小时的时间去打棒球、羽毛球。

四十不惑，褪去浮华的王臻在改变，他更加明白与人为善这四个字意味着什么。

他说有了孩子以后，思想有很大的转变，性格开始变得温和。不再坚持唯工作论英雄。完成工作以外，他希望能和大家有更多的交流。他相信信任感和亲切感的增加，大家会更加集中精力做好一件事。

顺驰中国的老员工印象深刻的是王臻当年近乎苛刻地严守底线，经常绷着脸颊，说又要辞退了谁。不过他们多把王臻当作偶像与榜样，即使后来他们中的很多人成了行业佼佼者，却依旧会尊称王臻一声“老大哥”。

除了孩子与工作，他一手创建的业余棒球队（天津玖连山棒球队）是他生活中的另一面镜子。据说，天津的棒球队存活时间很难超过5个月，但是这支球队却屹立5年不倒。

王臻把自己过去所有管理经验和中年的热血，都注入到了这支队员平均年龄38岁却个性十足的球队里。棒球队成立5周年的那天，王臻在朋友圈写下：“两年前全国赛首战冠军热门清华BBS，我和大家一样惧怕，但我和大家说，输赢都是打出来的，于是我们神奇取胜。无文化不棒球，无凝聚不团队！我们有人比赛时会把红花油倒进鞋里，也有人小指骨裂、膝盖受伤依旧不退场。但是截至今日，几乎没有主动退出的天津爷们儿，几乎没有任何社会角色差异。”

王臻对于事业的理解在不断加深。他把对生活的热情投入到自己所在的行业、企业和城市，把球队的管理经验反哺运用到公司团队的管理中。他说：“用温度和爱去感知，让大家感觉到我们是一家人，工作才会更有激情和战斗力，才能更好地去回馈社会。”

王智明

中经联盟商业地产专委会主席、绿地商业集团商旅文事业部总经理

商业地产正从配角走向主角

作者:中经联盟特约记者　徐青

穿着白衬衫的王智明步履轻盈地来到采访间。

虽然已到中年,王智明身形瘦削,神采奕奕。他调侃自己道:“我们做商业的要有一颗年轻的心啊,不能像油腻的大叔一样。”

眼前这位资深的商业地产运营专家,拥有着 12 年百货商场经营管理经验, 13 年商业地产前期规划、中期招商及后期经营管理经验,先后任职于百盛、万达、凯德等商业地产企业,兼有中、外双重商业运营理念。现在,王智明担任绿地商业集团副总经理、商旅文事业部总经理。

回顾来时的路,王智明感恩自己经历过的一切:“我们要善于抓住时代的脉搏,善于学习,拥有开放的理念,只有这样,我们才能走得更远。”

谁说“商业不过长安街”?

“老王,你可要三思啊,搞不好会成为滑铁卢的……”

在来到绿地北京大兴区缤纷城项目之前,业内好友曾经这样劝王智明,毕竟在 2010 年,北京大兴区还是一片“荒凉得不能再荒凉的地方”。

王智明说:“那时候,北京有一种说法,就是‘商业不过长安街’,毕竟商业是需要人流量的,地段非常重要。当时确实很少人看好大兴这样的地方。”

“我更愿意迎接挑战”,王智明就这样单枪匹马地来到了大兴,从 0 做起,开始创业。

在对大兴区进行一番调研后,王智明发现,大兴区现存的商业多是百货类的小门店,没有统一的规模化的社区商业。最大的挑战就是消费能力不足和消费意识的培养。在调研基础上,王智明将绿地缤纷城定位为社区型商业,引进市区内品牌餐饮和潮流服饰。

在招商运营初期,绿地缤纷城一层有家咖啡店 costa coffee,起初销售业绩非常差,costa coffee 负责人急得直问王智明:“大兴区的人民是不是不喝咖啡?”王智明耐心地给对方解释,顾客的消费习惯转变需要一个过程,有些消费习惯要靠培养。“其实,我们认为做商业,不仅要满足消费需求,更要引领消费。所以,我们通过整个购物中心氛围环境的营造,通过举办各种

接地气的活动，慢慢地吸引目标客群的到来，也逐渐扭转了原有居民的消费习惯。”

王智明强调说，社区型购物中心虽然位置偏、体量相对小，在困难重重的招商和营运过程中，绿地缤纷城并没有因此降低定位和品质感，这才逐渐竖立起品质型购物中心的金字招牌。

如今，在 costa coffee 的营业额已经名列北京营业额的前三甲时，其他的租户的生意同样蒸蒸日上。而大兴区也已经成为北京南城发展炙手可热的区域。作为操盘手，王智明也一战成名。

当初，为什么能够义无反顾地来到大兴？王智明答道：“在城镇化进程中，在大城市发展中，从中心往郊区发展，这是大势所趋，我正是赌这一点，所以，我们要善于抓住时代的脉搏。”

“结果把控，过程放手”

从 0 开始创业，如今王智明的商业团队已经从 1 人扩展到了 500 人。

由于先后经历过中外多家商业公司，王智明总结出了自己独特的商业运营经验。“外企管理过‘松’，而国内企业又过‘严’，缺乏个性和创造性，那可不可以‘宽严相济’呢？”

经过多番思量，王智明在管理团队时强调“节点”，并不强调“过程”：“过程中你可以发挥主动性、个性化，而我管控的主要是结果。”

在商业地产趋于同质化的当下，王智明的团队开创了上海徐汇缤纷城又一标志性项目。在市场调研后，王智明团队发现上海徐汇缤纷城附近年轻人居多、上班的白领多，消费具有潮流化和夜间化的特征。

于是，上海徐汇缤纷城在招商上独树一帜，引进时尚餐饮、电竞、书店、山地自行车、滑板等，在设计上，打造开放式街区，营造年轻、潮流、时尚的感觉。在开业后，上海徐汇缤纷城果真受到年轻人的热捧，不少商家主动找来签约。

“我们敢于放手让年轻人去做，和年轻人学习，结果管控，过程放手，充分发挥他们的创造性。”王智明称。

“该从配角晋升到主角了”

在多年商业开发和运营的经验中，王智明也发现了国内商业地产发展中的一些问题。比如，重开发、轻运营；重商业、轻物业等，所以，在绿地商业的体系架构中，王智明试图打破瓶颈，尝试开发与运营一体化、商业与物业一体化、招商与营运一体化。

“过去，商业是依附于地产的，是从属地位，开发商往往重视住宅地产，重视去化和回款，而商业对于地产来说只是辅助作用，而随着商业地产的持续发展，未来 REITS 等融资渠道的打通，商业地产将真正从配角走向主角，迎来属于自己的黄金时代。”

在黄金时代下，购物中心需要更体现服务化、体验式、交互性等特征，购物中心的灵魂就是消费生活方式的打造。

“比如，我现在就有一个设想，针对年轻人的社区商业，有没有专属于年轻人的菜市场，针对年轻人的烹饪习惯，有什么熟食和菜式可以一热就吃，有没有特色社区食堂，像大学一样各种菜式俱全？商业就是解决人们生活痛点的。”王智明称。

“我也愿意有一个十年之期”，王智明说道：“十年后，商业人的情怀将受到认可，商业人的地位将受到尊重，商业人真正从幕后走到台前。”

在中经联盟10周年之际，对于联盟、房地产行业的发展有哪些想说的话？

中经联盟将职业经理人聚在一起，这是值得行业赞许的。目前，房地产业还是国民经济的支柱，职业经理人在各自的企业中做出了自己的成绩，但是他们也迫切需要互相交流，而中经联盟设置了这样的平台，给予了交流的机会。

中经联盟对房地产行业的发展做出了贡献，对行业的资源整合做出了贡献，为职业经理人的发展做出了贡献。

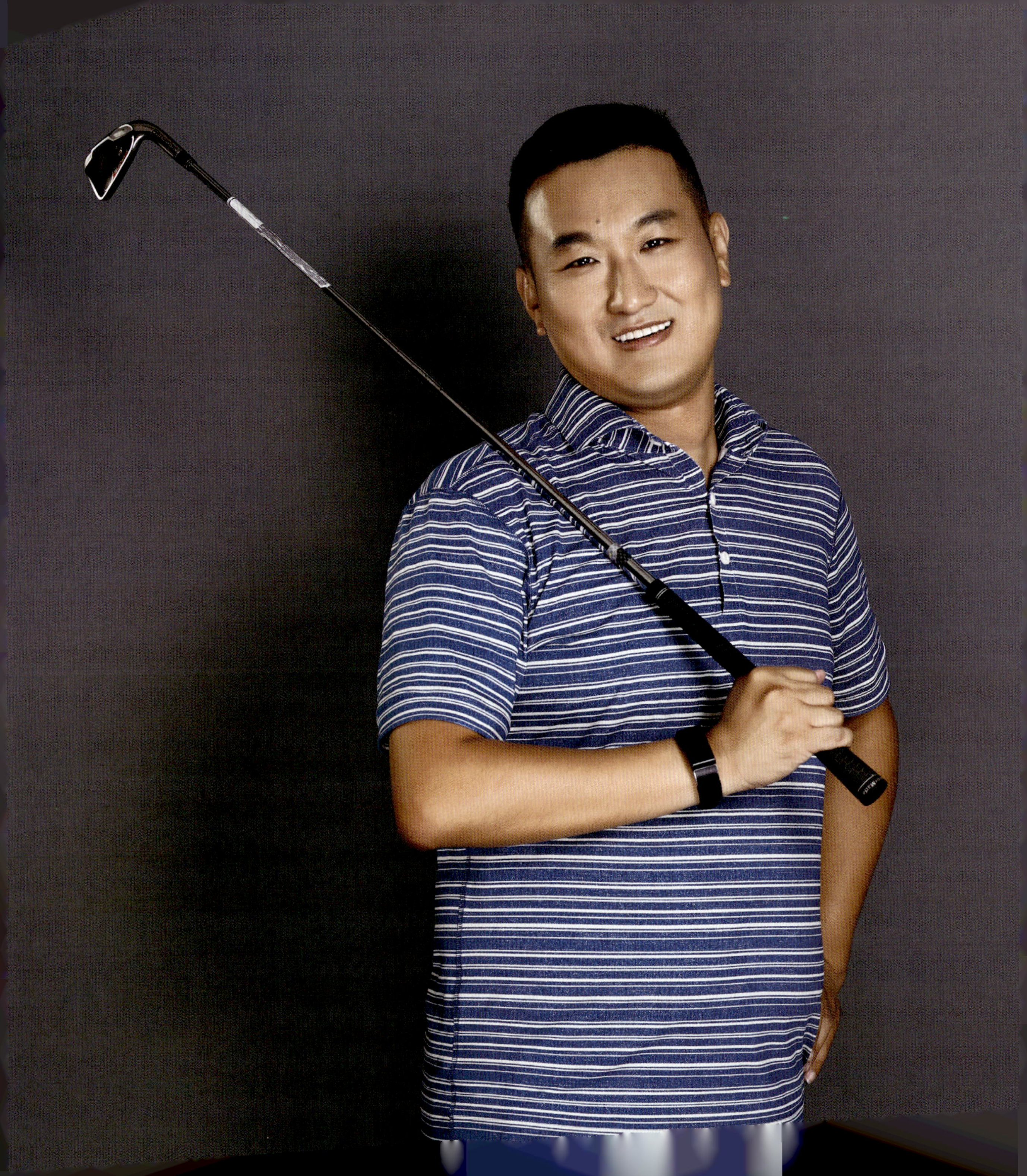

吴林和

中经联盟常务理事、众美集团冀南大区外埠区域总经理

燃梦，我们的青春在路上

作者：中经联盟特约记者　高拯坤

“人无癖则无趣，我大概就是那个无趣的人，中经联盟的集体活动也经常缺席”。语速不快，开口前会略微斟酌，做事适度激进又不失章法，已近不惑之年的吴林和更懂得隐忍和守住底线。

采访中他坦言自己平日里除了工作，没有什么特别的业余爱好。始终处于工作状态的他强调，职业经理人最重要的是不忘初心，知道自己能做什么，想做什么，该怎么去做。不过他也时常调侃自己是不合格的中经联盟会员。

“做人除了要真实和坦诚，更要懂得感恩。‘人在事先，守正道，出奇迹’”。2018 年是吴林和从业的第十五年，也是他成为职业经理人整十年的日子。已经是区域总经理的他自称没什么职业成就感，但随和的交流中却不难发现他饱经岁月磨砺的厚重。

人生不是故事　摸爬滚打才不辜负功名尘土

吴林和在房地产入行时就选择了营销一线，十余年来从现场销售、企划到渠道，再到销管，营销中所有的岗位他都“陷”得很深。

十五年前，吴林和放弃留校任教的机会，被提前录用进入当时地产黑马企业孙宏斌的顺驰中国，这是他一生中最难忘的时光。在顺驰摔打的日子里，奠定了他对行业的价值观，养成了快营销并高效完成业绩的职业习惯。那时遇到的伯乐，后来的河北顺驰营销总经理孙波更是教会了他很多，不到一年他就快速成长为营销骨干和公司中层。

2006 年，吴林和 26 岁，他离开顺驰第一次北上创业。当时，他觉得能在北京做自己的公司，养活一个近 30 人的地产服务团队已经是人生赢家。但直到公司交给别人那天他才明白，当初“白天不懂夜的黑”，并没能真正融入北京地产圈。

“那时候自己像是小寄生虫一样，起得快，死得也快。”他笑着说。

创业两年后他卖掉公司，加入易居中国这家海派上市地产服务企业，以职业经理人的角色辗转于北京、天津和成都。

在吴林和作为职业经理人的第一个十年里，地产开发市场份额趋势集中化，文旅项目逐渐成为热点，他从服务 Top 企业传统住宅与文旅项目的前期顾问和整案营销中受到启发，义无反顾地回归到地产开发领域，一头扎进了本身就是旅游地产高地的海南岛。2014 年他再次回到北京，加入中弘控股担任集团销售中心总经理，他形象地称之为“二次北上”。

他感慨地说：“回到开发领域在海南做文旅产业项目，以及二次北上去管理中弘的全国项目营销、搭建新奇世界国际度假区全国销售网络的日子是他触摸这个行业和从业者变化最直接的光景。”

用他的话来概括这十几年的经历，就是大半个中国的人和“房事”，给京津冀、川渝和海南的一二三四线城市都当了一遍房客，走街串巷地把城市文化全都感受一番，在这些地方卖了十几年房子。

36 岁以前的吴林和是一个随性的人。现在他用“如临深渊，如履薄冰”来形容这个行业和从业者的生存环境，坚持用“三思而后行，知行合一”来劝勉自己。

理解客户 唯有真正“入局”

2008 年到 2013 年初吴林和在易居中国的五年里，先后从集团传媒板块调入营销代理板块担任区域业务总。他说这段日子是他视野最广、收获最多的。

“人在事先，守正道，出奇迹。”他说：“无论何时都要和人打交道，要做到人在事先，做到这点，就要不忘初心，拿出自己的专业素养，把事情推演清楚，这样才能取得良好的沟通条件，产生好结果，甚至发生奇迹。”

这五年，吴林和经营过成都、重庆、天津的全案服务公司，管理过成都营销代理业务、获取和服务集团大客户。当时服务的基本都是全国 Top20 开发企业，需要时刻在不同的企业操作逻辑和价值观中变换频道，尽可能与之契合。

“作为服务商，必须是‘志同道合’，才能争取到好的支持，达到双方共赢。”他说这个过程中，既要做好生意又要做好服务，二者之间的平衡拿捏是一件富有挑战的事情。当双方相互支持把房子卖出去，客户也高兴成为业主的时候，有一种“三军过后尽开颜”的感觉。

这五年的时间，也是吴林和观察和思考自己从业维度的日子，回到开发领域是他最终作出的决定。他说“房地产企业真正要解决问题的根儿还在房地产企业自身，传统服务商所创造的价值永远是开发企业所赋予的锦上添花，它来源于资本实力、来源于土地储备能力、来源于产品打造能力，更来源于市场和客户。”

从入行开始，吴林和就习惯了钻研行业案例，跑到一线了解客户需求，探寻市场变化。在刚入行的年代，行业与客户的信息是不对称的，为了卖公寓类产品，了解投资客的需求，他甚至很“极端”地倾其所有，找家里借钱买现房公寓，当房东收租子。他说只有真的成了一位投资者，使客户的问题都变成了他自己的问题，才能更好地与客户沟通，再逐一落地解决，行动才会更有力。

2016 年，当大量传统开发企业和资本介入长租领域，吴林和又尝试从财务投资的角度在北京当二房东，还以联合创始人的身份尝试在共享办公领域做投资。他说这些方法虽然需要付出代价，却能实实在在地入局，这也是他在关注行业新举措中透过表面触摸本质的一种方式。恰如当年易居中国董事局主席周忻所说："不要看单点的商业事件，这样你看不懂，也看不真。要看它内在的商业脉络，脉络永远比事件更重要。"

焦虑与创新 是时代感悟的"症状"

谈到未来的规划，吴林和说自己有点焦虑，既要在自己擅长的领域继续精耕细作，也要不断追求创新，跟上时代的步伐。

结束了在中弘控股疾速奔跑的日子，吴林和强迫自己安静下来，慢下来，去适应行业环境的瞬息万变，同时强大自身的素质道场。

在吴林和看来，企业有生命周期，但行业如同潮水，无论涨潮退潮，总不会干涸。对于未来房地产市场，职业经理人的自信心源于自身的行业站位和自己能够为行业、社会创造的价值。

"认识众美是在2006年创业时做服务提案，加入众美算是十年后的再续前缘。"这家企业规模并不大，但不同于传统开发企业，有着自己创造价值和创新探索的原动力，和面对诱惑时懂得取舍的初心，强调定制化和以服务客户数量为核心。其"敬天爱人，向善利他"的企业哲学更是影响着当下的自己。

对于现在的工作，他认为自己很幸运："做区域总，虽是经营管理行为，但更是个系统活儿，干活就得有结果，在众美，这个阶段有大区帮助统筹，很多精力可以放在整合资源与专业判断上。" 一头连着投资、土地和政府，另一头连着回款和客户，中间是企业为客户营造的空间和生活方式，这种端到端的工作土壤，让吴林和始终没有离开一线，没有离开大营销战场。

谈到期待，他说："自身的期许很重要但又没那么重要，他看似决定了你的行动方向，但又反映出你自身的续航能力和行业里的拉力。我很佩服中经联盟第十任轮值主席刘肖，他是同龄人里少见的推力与拉力并存的职业经理人。既有忠于平台和坚守一线执行战略拉动区域公司持续向前的企业使命，又能够向上在传统开发领域和新业务领域推动创新。找到差距所在并弥补，这就是我的期待。"

咸东旭

中经联盟常务理事、绿地集团京津冀事业部工程管理部总经理助理(主持工作)

“任性”做自己

作者:中经联盟特约记者　陈红艳

“人最大的‘任性’就是不顾一切坚持做自己喜欢的事,只有这样,人才可以说,我这一生不虚此行。”这是贾平凹写在《自在独行》一书中的不顾一切和坚持,也是咸东旭的不顾一切和坚持。

2017 年 3 月,咸东旭从建工这家老牌国有企业跳槽到碧桂园,从体制内到体制外的一跳,用足了他前 10 年工作的所有勇气。

咸东旭最早接触碧桂园是在 2016 年,通过行业前辈了解到碧桂园在招聘项目总经理,于是有了第一次面试,也许那时还没有做好跳出去的准备,并没有成行。第二次是 2017 年,碧桂园北京区域人力资源打电话给咸东旭,还是同样项目总经理的岗位。

“这时的我已经开始对跳出体制内跃跃欲试了,就欣然答应了。面试很顺利,三轮很快通过, 2017 年 3 月上旬正式入岗。入职的第一天我被带到一间会议室,门上贴着中、高管临时办公区,人力资源的同时也一再解释最近在调整、装修办公区域,办公场地紧张临时安排在这里,让我见谅,其实我那时的心情还挺激动的, 10 年的体制内工作,跳到这样一家当时已经年销售收入 2000 亿元的大型上市公司,可能是对我连说抱歉的人力资源同事所不能理解的。”

但一年后,咸东旭还是选择离开碧桂园。

一直觉得跳出来可能适合我。想起我在入职碧桂园之前向一个行业前辈讨教体制外地产公司的奥妙时,他跟我说“碧桂园节奏很快,会很累,但要坚持,如果能待上 3 年堪比读了一个 EMBA 课程,将来碧桂园一定会达到 5000 亿元的销售额,会成为一家伟大的公司。”现在回过头来看此话所讲有过之而无不及。咸东旭对这段工作经历感慨万分,“在碧桂园工作虽然短暂,只有一年的光景,给我带来的成长却是几何倍的,犹如进入了一个知识大爆炸的环境,让我不断地汲取。”

谈起在碧桂园快速运转工作的一年,咸东旭更是感慨不已,“在区域不到两个星期接到通知,被分配到天津蓟县的项目做执行项目总。碧桂园盘山墅当时是一个合作的别墅项目,合作方已前期完成一部分的土建施工,正处在调规状态。一接手就要面临合作方原有的问题和危机,这些问题都是我经历过的事情,有应对办法和能力,和以往不同的是速度,在运行效率和运转速度上碧桂园给我上了跳出体制的第一课。”

2018 年 3 月入职绿地，之后咸东旭写下《我在碧桂园的 365 天》的心路历程："在我感受到强烈碧桂园文化的同时，也很清楚地认识到如果全身心投入工作状态我将失去现有的生活状态，几乎没有投入爱好的时间、投入生活的时间，工作让我应付了事我又做不到，这决定了我离开的决心。不能按公司要求尽职不是我的做事准则，降低生活品质也会降低我的工作回报，既然双向匹配不成功，就好聚好散吧。"

说起来很搞笑，地产圈每一个跑步达人离职，都与毛大庆有关。咸东旭的人生轨迹发生变化，跟毛大庆确有交集。

2014 年，咸东旭 31 岁，因为蹭了一节庆庆哥的跑步课而心生荡漾。"前 30 年的我是跑步不及格的代名词，虽然打篮球，但依然无法接受长距离的耐力运动。大学时期的 1500 米测试，经常气喘吁吁地趁着老师不注意穿过操场而达标。"

2015 年 1 月，开始第一次跑步训练，在零下 10 度严寒的冬日凌晨，只能走走跑跑坚持 1.65 千米，那时他困难得看不见光明。"也许是因为庆庆哥的那一席话，也许是因为厌恶了 30 年平淡的生活，也许是因为第一双从美利坚飞来的跑鞋，我就这样开始了我的跑步生涯。" 回忆起第一次跑步的情景，这个 80 后大男孩曾哭得唏里哗啦，后来竟迷恋上跑步，还是毛线团公益跑团成员。

伴随着跑步开始的还有咸东旭写下的文字，一点一滴地记录了三年来的心路历程。有无数的第一次、有不断地变化、有更多的激励，更多的是超越自己的心情。随跑随写，他看到了更广阔的世界，明白了内心的向往。

3 年参加 14 场马拉松，其中两场京都、两场净月潭，都是咸东旭的挚爱。虽然冒着小雨，满路泥泞，但当你穿到树林中央踩在那厚厚的树叶铺满的地面，松软至极，而音乐又恰到好处地响起那首《You are my sunshine》，这不就是一直寻找的幸福瞬间么？

自由，是咸东旭跑步三年来不断摸索到的最能描绘自己未来的词。

那么，工作和生活岂不如此。

他的灵魂需要自由，是心灵的自我救赎，解放它去寻找内心深处那个真正的自己。

咸东旭的人生追求，就如同他的英文名 Neo 一样。在词典中可以查到 Neo 是新的意思，词的前缀，也可代 New，如 Neo Tokyo 新东京。Neo 更多地代表了"新"的含义，一种新的生活、一种新的向往、一种新的状态、一种新的理想，更是他脱离前 30 年的行动力。

绿地显然是咸东旭全新的开始，现在工程线条上工作对他是一种挑战。他说，"我需要从未知到已知，从零到有的状态。"而他从体制内跳到民企再跳到混合所有制企业，一直在找寻适合自己的大方后。

在他看来，国有企业稳扎稳打，肩负社会责任；民营企业追求资金运转，利润高效化；混合所有制企业可以有工作、生活、效率之间的平衡点。绿地可以实现他热爱工作也热爱跑马的诉求。于他，生活与工作从来都不是二选一而是同等重要，两者皆不可抛。

在自由宽松的环境下，更有灵感、更有效率。所以他离开了快节奏、高速运转、力求效益最大化的碧桂园，剥离了束缚；离开了"理想建筑，建筑理想"的建工国企的稳扎；所以他从不要求员工加班，生活不被工作绑架。

这在视加班为常态的房地产公司，他的做法似乎另类得很奇葩，然而他坚持做“咸东旭式”管理者。

德鲁克曾说过：“管理者要做的是激发和释放人本身固有的潜能，创造价值，为他人谋福祉。”管理不是控制，而是释放。真正好的管理是释放人性中本来就有的善意。“凡是没有明确规定不准做的你都可以尝试！”这种信任的力量，往往才能够激发人内在的责任感。我一直坚信管理的至上信条：无为而治！

谈及未来10年发展目标时，咸东旭期待，未来5年的一个目标是实现为期两年的自驾环球旅行，开着房车看遍不同国家的日出日落，风土人情。环球旅行之后，再考虑下一步要做什么，工作要再上一个台阶。“我没有10年、20年那么长远的规划，一切遵循内心，从心出发，做你想做的。”

随着时间推移，咸东旭反而透过很多事情看到了生活本来的面目，人生不过这几十年，不要被自己的欲望所控制，透过它看到自己真想要的，然后努力去实现。

生活的理想是为了理想的生活，不是吗？

我是一个喜欢生活，热爱生活的人，就像杰克•伦敦说的一样：“愿我的生命如同那最绚烂的流星，愿它的每一颗都绽放着动人的光辉。”

肖 勇

中经联盟媒体俱乐部常务副主席、中国房地产报总经理

凡是过往，皆为序章

作者：中经联盟特约记者　徐帅

一身黑色装，非常有精神，这是初见肖勇的印象，寥寥数语之间，肖勇并没有想象中的距离感，显得格外亲切。说到过去二十多年，时间跨度从20世纪90年代到2018年，从二十出头到知命之年，他从中国房地产行业野蛮生长初期，跨越了黄金时代，到如今的白银时代，肖勇的职业生涯，可以用“精彩”两个字来形容。

他的履历十分辉煌，曾任职搜房网运营副总裁、资讯集团总经理，搜狐焦点运营副总裁，中国房地产报执行总经理，主语传媒董事、总裁，中央人民广播电台记者，并在深圳商报、深圳特区报从事房地产媒体经营10年，为地产业界较有影响的营销策划专家和媒体专家，是中国房地产媒体营销“深圳模式”的主要创立人和践行者之一，是中国房地产媒体营销领跑者。

从深圳到北京，从深圳特区报到搜房网再到中房报，风起云涌的二十年，肖勇是这段关键时期的重要参与者，身处其中、零距离的体会与观察，经历的变化与身份的转换，使他拥有更加冷静客观，运筹帷幄，超然于物外的体会与看法。

地产圈人来人往，同时期的地产从业者或相继离场，或纷纷自谋出路。而在肖勇看来，人生的精彩之处，在于坚守在所热爱的领域里亲身经历行业的潮起潮落，跟随时代生动跳跃的脉搏，拥抱时代带来的变化。

深圳报业的光辉岁月

地产的繁荣，成就了媒体的繁荣。在媒体圈二十年，肖勇的职业发展轨迹，也印证了房地产二十年来媒体营销的发展与媒体变革。

20世纪90年代，肖勇入职深圳商报，彼时的报纸、杂志作为传播信息的重要媒介，迎来大发展。发行量百万级的俯拾皆是，报业大楼纷纷拔地而起。那时候，不仅报纸非常抢手，采编人员也是令人羡慕的职业，非常风光。在深圳商报，肖勇创刊了许多专版，包括家电、汽车、家具等十几个系列，后来房产编辑犯了一点小错，轮岗到肖勇代管，从此，他正式进入房地产行业，之后的将近二十年，再也没有离开过。

2002 年，克林顿作秀深圳楼市，在市场引起强烈反响。直到今天，肖勇仍旧印象深刻。“克林顿旋风”期间，肖勇所在的深圳特区报刊登了 16 连版的“新闻 + 广告”来营销、宣传。在全国来讲，应算得上第一。16 连版出街，让人大开眼界，它也成为房地产文本营销史上的经典案例。当时，业内人士称，这次营销策划“不仅为中国策划界创造了一个经典案例，对深圳老百姓来说，也将多一条茶余饭后的谈资”。

深圳拥有太多的第一，中国第一个进行商品房开发的开发商在深圳，第一个进行银行按揭的楼盘在深圳，第一个样板房营销概念在深圳，第一个打造花园洋房产品的开发商在深圳，第一家成立物业管理公司的开发商在深圳，第一家通过拍卖拿地的开发商在深圳，第一个入户花园在深圳，第一套商品房复式楼在深圳，第一家上市房地产企业在深圳。

在深圳的两报经营一线实际操作经历使肖勇对房地产营销的认识更加深刻。肖勇曾经将在深圳商报和深圳特区报的经历整合成书。在书中，他写道，10 年中，我先后供职于深圳两大报，和同事们一道打了几百仗，在战斗里成长——媒体在成长、团队在成长、个人在成长，市场也在成长。我们歃血结盟，合纵连横，从内线打到外线，从深圳打到全国。打仗的结果，是没有输家。岂止是媒体，地产商、中介代理商以及产业链上中下游，以至于广大置业者，大家都是赢家。打仗，也打出了媒体的价值。

主动转型，拥抱新媒体

随着互联网时代的到来，报战硝烟渐渐散去，纸媒的光环开始褪去。从 2005 年初开始衰退。2008 年休刊潮开启，近两年更是愈演愈烈，2015—2017 年期间，每年都有 8 到 10 家报刊迎来末路。

2005 年，肖勇察觉到了传播方式正在发生变化，同时应莫天全先生之邀，他离开深圳，来到北京加入搜房网，任职搜房网运营副总裁、资讯集团总经理，主管全国营销。这是他首次“触网”，在搜房，他主导实施了“百城计划”，拉动搜房网高速发展。

2007 年，他创办了房龙百城科技（北京）有限公司，担任房龙网总裁兼 CEO，全面主持房龙网工作，开拓性地创造了中国房地产口碑网、团购网及中国最大会员制购房俱乐部，并成功地实现了房龙网业绩的稳步增长，同时有序地推进了房龙网百城战略纵深发展。值得一提的是，房龙网在中国首创房地产“网络媒体 + 电子商务”的新模式，大大丰富了房地产网络营销的内容，这是肖勇长远眼光的体现。房龙点评（问答）最近与国瑞集团、中国房地产报、中国房地产网整合，创建房地产大数据营销平台——房云，以及土地大数据交易平台——地云，未来发展值得期待。

2012 年，肖勇作为运营副总加盟搜狐焦点，负责搜狐焦点外地站业务，推进搜狐焦点直营站建立以及加盟站拓展，主管搜狐电商平台拓展业务，引导搜狐 E 购房业务模式迅速抢占市场份额，管理搜狐焦点大客户部以及旅游地产等部门工作。

从纸媒到新媒体，他始终是中国房地产媒体营销领跑者。

中房报的“三菜一汤”

“重新选择中房报这一传统媒体，是因为我们正在做中房报的互联网改造，目前有了一定的发展，已经收到很好的效果。”肖勇介绍道，如今的媒体，作用依然很强大，媒体的角色在转变，传播效果也在分化，中房报正在筹备制作色香味俱全的“三菜一汤”，公众号、网站、报纸及中房智库，打造中国领先的房地产全媒体平台和专业智库平台。

1993年创刊以来，中房报一直以地产公共意见领袖的身份，影响着中国房地产业官方、行业、开发商三股力量，是我国报道住房保障、人居建设、城乡统筹的最大新闻平台。值得一提的是，中房报的微信公众号粉丝近百万，来源多是中房报经营多年积累下来的忠实读者，没有做过任何推广，在房地产媒体中它的账号影响力首屈一指。

如今，中房报与国家级智库、专家合作，在公司、土地、人物、金融、商业地产、写字楼、城市综合体、文旅康养地产、产业地产、特色小镇、海外地产、城市运营、城市更新、物业管理、市场营销、公益慈善、精准扶贫等领域深耕，成立十多个研究中心，每年发布数十个研究报告及榜单，举行全国性区域性会议论坛上百场，成为房地产行业最大的“会议公司”。

传播方式的变化，促使媒体不断变化，时至今日，在肖勇的推动下，中国房地产报全媒体矩阵已经悄然布局完成。借助移动互联的力量，这些平台发挥了超乎想象的能量。下一个热门的传播方式是什么仍然不得而知，但是作为传统媒体，敢于放下身段迎接变化，总会在市场和人心中占据一席之地。

结语

闲暇之余，肖勇喜欢慢跑，快走，看足球比赛。但其实他的放松时间并不算多，每天将近有十二个小时在工作，为了有充沛的精力，国外的球赛由于时差的原因他不再追。对于这个工作量，肖勇笑称不多，比不上周鸿祎和雷军，他们要工作十六个小时。

采访最后，肖勇表示，过去的不管是行业的精彩，还是个人的精彩瞬间，都已经过去了。如果按照退休年龄算，我还有十年的时间。所以我要抓紧时间，创造更多的精彩。

谢文杰

中经联盟常务理事、万达商业管理集团招商副总经理

将极致进行到底

作者：中经联盟特约记者　赵建萍

在口碑爆棚的影片《无双》中有句台词，“无论做什么事，做到极致就是艺术家。”

这句话用来描述万达商业管理集团有限公司华南中心招商部副总经理谢文杰再贴切不过，无论是生活、事业，亦或理想。

而在谢文杰的极致中，可鉴初心，可证成功。

2005年，时任北京龙德广场商业营销策划负责人的谢文杰，敏锐察觉到业态定位、规划和招商在未来商业地产发展中将发挥更加关键性的作用。于是，决定转型招商和商业管理领域。

不仅如此，他还清楚地知道自己想要做什么，并于2008年加入万达集团后将其推向了极致。

此后10年间，谢文杰始终恪守与集团商业管理体系共同发力、积极战略布局的初衷：从主导购物中心的主力店和次主力店招商，到全面管控广东、广西、福建、云南、海南等多个区域餐饮业态招商，先后主导并跟进了数个集团重点项目如武汉中央文化区汉街项目、昆明第100家万达广场、云南西双版纳文旅项目等的商业定位、业态规划、招商管控，直到如期精彩开业。

成功和极致的背后只有一种原因——坚持。

“过程中的压力、瓶颈乃至诱惑在所难免，坚持至关重要。”谢文杰坦言。

坚持的动力则来自他对于万达商业核心竞争力的认可。

例如，在万达的几大核心竞争力如模块化、标准化、信息化、执行力和规模化中，模块化排在首位。以万达广场项目为例，从筹备、摘牌、取地、设计、招标、工程，到招商、交付、验收、开业等，过程中所有阶段可划分为数百项具体的工作任务，每项任务有相应的执行部门、标准化的时间节点和完成周期。

而工作内容的模块化和管理架构的体系化，意味着地产项目的运作也可以如汽车工业标准化体制一般，各个节点一目了然、快速响应并高效组装。

谢文杰认为，万达集团一年内能够在全国区域开业几十家万达广场，工期平均保持在18至22个月，且不容易为同行业所复制，正是得益于精密设计、良好运行的模块化管理体系。

倘若脱离这一体系，各功能模块和部门之间的衔接配合往往不尽如人意。

“打个比方，就像足球巨星梅西在巴萨队的赛场上光芒四射，然而如果换到缺乏体系配合的国家队，则往往疲于奔跑且无济于事。”骨子里渴望休闲运动、周游世界，现实中却过着空中飞人生活的谢文杰风趣比喻道。

当然，在万达工作久了，往往也会形成明显的体系化管理风格，思维和讲话言简意赅。对于项目情况、时间节点和解决方案的考虑，周到且兼具前瞻性。

谢文杰亦如是，管理思路清晰，做事干脆利落，但言谈间不失平和豁达。

特别是体现在近年来，由他负责整体招商管控的重要项目中。如武汉汉街、昆明 CBD 万达广场，以及西双版纳国际度假区、广州万达茂等，无不倾注了大量的心血、精力和时间。

从项目的前期商业定位、业态规划，到后期招商乃至开业，需要就项目全过程实施进度管控。平均下来，每个项目需要谢文杰在当地密切跟进半年左右，直到圆满开业。

挑战和压力如影随形，但成就同样有目共睹。

引进商家，并对商家进行精确的管控，是招商过程中需要应对的主要挑战。

“作为合作方，部分商家伴随万达成长至今，熟悉并且能够适应万达的节奏；另一部分外资商业品牌同样具备标准化体系，能够与万达管理体系相匹配。只要提前就商铺开设标准和时间节点达成一致，就可以在目标节点内，同步完成家具订制、设备预订以及人员培训等多项工作。”谢文杰指出。

对于另外一些非标准化的品牌商家，谢文杰则须带领团队提前与之沟通。

而他的“沟通”内容和招商风格也独树一帜。

包括如今对于团队的培养，谢文杰更看重两个方向：首先，要为商家客观分析项目的现状以及未来发展预期，充分了解万达的招商体系和流程能够让他们从哪些方面受益并规避风险；同时，无论最终是否与万达合作，都可根据商家所处的不同阶段和发展需求，为他们如何培养品牌、树立商业模式，提供可行的建议和远期规划。谢文杰坦陈，这是双方建立信任、长期合作的必要基础，也是他与商家成为朋友的原因所在。

事实的确如此。万达集团这种节点化、订单化的地产模式，不但能为商家节省成本、提升效率，同时意味着消防、装修等必需条件的统一前置，进而保障招商、开业过程的高效推进。对于所有入驻商家，这些无疑都是极大的利好。

武汉汉街项目的招商历程，就让国内商业地产领域见证了如何从“空中楼阁”实现 8 个月后满铺开业的奇迹。

该项目既是区域性标杆工程，也是万达首次开发大体量商业街项目。商管团队要在 8 个月内完成 10 万平方米的招商以及开业，实非易事。

包括餐饮业态的招商，就从香港成功引入稻香、翠华餐厅等知名餐饮品牌，并引入文化业态代表文华书城等。谢文杰深知，在武汉这样一座文化、科技与商业重镇，特色文创业态及产品无疑能够显著提升整个项目的消费品质。

而书城引入之初，项目恰好处于地基开工阶段。“许多合作方与我们一起，在 8 个月内共同见证了商业街如何拔地而起，并且在当年‘十一’长假期间满铺开业。”谢文杰言谈中不无自豪，气度中一派笃定。

谈及文旅项目代表作西双版纳国际度假区商业项目，则破解了远郊大盘项目招商难的“魔咒”。

如何在原本偏僻的非主城区，开发一座文旅小镇，带动整个区域文旅产业的发展和旅游品质的提升，考验着每个商业地产人的项目管控能力、经验和资源。

而该项目在半年间完成了由启动到如期开业的全过程。从商业定位、业态规划到资源植入，项目成功导入了丰富的文化旅游、主题乐园、酒店和餐饮品牌。

而今，笃信“爱好就是工作，美食中自有乐趣”的“老北京”谢文杰几乎每月都要往返华南区域 2-3 次，每次“驻扎”一周以上。

甚至，他还受广东省餐饮协会会长特邀以个人名义加入协会任副会长。一方面，他们在协会平台成立名厨委员会，同时对接餐饮培训学校，致力于为餐饮企业提供不同的资源；另一方面，通过平台可以实现供应链的分享和合作，切实为商家降低成本。此外，谢文杰还致力于引入投资基金，扶植具有发展前景的中小型餐饮企业，为行业构建完整的产业链，并与万达商业管理平台形成对接。

或许，在外界看来，过往每一个从无到有的项目，堪称连续发生的商业奇迹。但是对谢文杰而言，这些只是每一个砥砺前行的日常。而日常汇聚成极致，恰似江河汇聚成川，山丘崛起为峰。

徐　欣

中经联盟常务理事、润丰地产人力资源总经理

从地产职业经理人到幼教掌门人的跨界创业路

作者：中经联盟特约记者　秦龙

与地产界创业大佬毛大庆一样，徐欣亦是走出房地产圈的一个创业者，而且她这个界还跨得更大。这位在地产界摸爬滚打十来年的职业经理人，在2015年底一步跨进了幼儿教育行业，创立了一家实力雄厚的综合教育服务集团—北京智慧优才教育科技发展有限公司。

从地产公司走出来

在创立智慧优才之前，徐欣以润丰投资集团人力资源总经理行走在职场。如今除了兼顾老东家人力中心总经理的同时她也成了目前经营着六七家幼儿园而且在不断拓展中智慧优才的创始人，现在的她更忙。

记得采访那天下午，到了约定采访时间后，徐欣才匆匆忙忙地赶到采访间。进入采访间，她向记者投以会心的笑容“抱歉，久等了。”一身女性职业装束，脚蹬高跟鞋，再加上脸上精致的妆容与笑容，让人感觉到了干练与温和。

她坐下来先与记者娓娓道来自己的职业经历。聊到他的东家润丰投资集团时，她充满着感激之情。她从中国人民大学人力资源管理专业一毕业就跨入了房地产行业，经历过两家地产公司后，她从2010年进入润丰投资集团，这也为她八年后的创业积累了丰富的管理经验。“我从润丰地产的人事总监到润丰投资集团的人力资源中心总经理，在这个过程中，自己经历了润丰投资集团的一个整体改制，从单独的一家地产开发公司到成立润丰投资集团的一个过程。这也给我带来了很多的管理经验与收获。”

2015年底的一天，徐欣的创业梦想不再只是心里的念想，她开始行动了。“我是2015年底开始创业的，做我现有的这个教育集团智慧优才教育，目前智慧优才教育主要是做学前教育，以幼儿园为主，自创自己的品牌，乔瑞国际幼儿园系列和京瑞教育培训，反响还不错的。”

跨界创业

徐欣的创业项目可谓完全打的跨界。“我当时也考虑了几个行业，比如生物医药、绿色农

业、家装行业。最终，把自己的创业目标锁定在了幼儿教育。”她说。

对于自己跨界的幼儿教育行业，徐欣充满了信心。谈及从事学前教育的原因，她这样向记者分析，“学前教育是整个教育产业里面的皇冠。第一，目前国家对学前教育逐步更加重视，二胎政策为学前教育提供了大量需求；第二，中国社会在不断地往前发展，尤其 80、90 后家长，学前教育的意识逐步增强；第三，中国未来的发展，学期教育是祖国的根基。”

徐欣是清醒的，她知道自己在做什么，为什么要做这行。这背后是她在商场奋斗多年来沉淀下的一套理论。“我觉得任何一家企业在选择行业的时候都要有前瞻性。任何一家企业在战略选择上都应该要有三层的产业链（行业）。因为任何一个行业发展周期都是从初创期到发展期、成熟期再到衰退期。”

“具体来讲，当一家企业第一层产业链已经做得成熟了，同时行业也从发展期到了成熟期，在成熟期的行业里，企业的管理只有做到行业平均水平之上，才能获得这个行业的平均利润。成熟期的行业里大多数企业是拿着行业平均利润之下的利润！这就要求企业提前培育自己的第二层产业链了，当第一层产业链走到衰退期的时候，第二层产业链恰好处在发展期这样一个行业状态。然后是培育或寻找第三层产业链，企业应该在所有的市场范围内去选择，可能第三层产业链还是处于初创期或萌芽期。这样随着行业的往前发展，企业才能始终拿到行业平均利润之上的利润。

“我为什么选择做教育”她自问自答道，因为我认为学前教育还是一个初创期到发展期的行业，有很大的前景。相比房地产行业，现在我是觉得它可能是房地产开发状态的十年前或十五年前的状态。

学前教育在我国是朝阳行业，徐欣认为企业要跟着国家大的方向走，这样企业发展才能比较顺。

老板没有退路

从 2015 底开始创业后，徐欣已不单单是一个职业经理人，她多了一个身份——老板。谈及自身工作身份的转变，徐欣心里感受颇多。“其实作为职业经理人和作为创业的一个老板中间的差距非常大。两者的责任是不一样，职业经理人有退路，如果真的有一天不想干了可以辞职。但是老板没有辞职一说，无论前边有多难，无论困难有多大，既然选择了你就要心无旁骛努力往前跑。”

当了老板以后的徐欣意识到了情绪管理的重要性。“你的喜怒哀乐影响整个团队，无论发生多大事情，永远都要淡定地告诉团队成员，没关系这个困难肯定会过去。”然后，老板也要不骄不躁地对待每一个团队成员。老板一言一行、喜怒哀乐会影响团队中的每一个人。”

最后，徐欣提到了一个词——包容心。“老板要有思想与好的心态，要能容得下职业经理人。所以老板，第一要不妒才，第二要永远能包容到职业经理人身上的缺点，让他的优点发挥极致，让他们的战略眼光和思路能够落地。”

创业路上，伴随着公司的发展壮大，作为创业者也必须随着公司成长。尽管工作很忙，徐欣也不忘对自己“充电”。每天早上化妆洗脸洗漱的时候、上班在路上的时候、晚上睡觉前的时候，徐欣都会利用这些碎片的时间听书。“看书的效率低，没有时间，听书哪怕一句话两句话对你的工作、生活有帮助都可以。这些时间只要把它积累下来，就有收获。”

对于未来，她这样总结：

希望成为地产行业里成功的创业者

希望成为地产开发商优质的合作伙伴

希望做学前教育行业优秀的运营商

希望做先进幼教理念的潜心研发者

希望润丰投资集团未来会更好

希望中国的幼教行业未来更加规范化，给孩子们阳光、快乐、睿智的童年

创业之路是一场孤独的马拉松，创业人就像电影《冈仁波齐》的一个个朝圣者，朝圣之路漫长而又艰苦，需要信仰与情怀支撑。

这也正如徐欣所说：“没有信仰如何能坚持着一直在路上，奋力前行，没有初恋般的热情和宗教般的信仰，不要选择创业！做教育更要有信仰和情怀才能支撑着我们努力前行。”她一直走在路上。

许茗劼

中经联盟规划与建筑设计专委会副主席、绿地集团京津冀事业部总经理助理、运营中心总经理兼技术总监

平衡的智慧

作者:中经联盟特约记者　李叶

九月,一个周末的早晨,天明气朗。北京通用国际大厦23楼窗户朝东的一间采访室内,阳光透过玻璃给室内的物品镀上一层微黄的暖意,今天的采访对象绿地京津事业部总经理助理、技术总监、运营总监许茗劼在这时走了进来。

“博学之,审问之,慎思之,明辨之,笃行之。”在被问及座右铭时,许茗劼脱口而出。这句劝学名句,也是他所尊崇的行事逻辑,他解释道,“首先要有渊博的知识,才能有自己的思考,再去辨别是非,最后采取行动。”

与人们刻板印象中的“理工男”有着很大的区别,他热爱传统文化、深谙事物间的平衡,言语之中颇有些“道法自然”的意味。

从设计院到房企,从技术层面到团队管理,工作方式和心态上的转变过程在他看来属于“自然而然”的。

理性与传统

多年从事建筑设计和团队管理的经历,让他身上严谨客观和谦逊随和两种本来迥然不同的性格相互融合。

清华大学建筑学院硕士毕业的许茗劼分别在中国建筑东北设计研究院以及北京市建筑设计研究从事了10年设计工作。

2005年,他进入北京兆泰置地有限公司,开始从事房地产开发。并相继完成丰融国际大厦、悠唐国际等项目的设计管理。

2008年,他正式加入那时刚进入京津地区的上海绿地集团,又实现了从设计管理者到团队管理者的转变。

因为学设计出身,较强的逻辑思维是他性格中理性的一面,但是在对团队的管理过程中,他渐渐发现更多地需要情商,而在中国的传统文化中,他挖掘出了许多有助于人提升个人修为和利于对事物作出判断的东西。“现在的社会发展下,客观的问题是很容易解决的,互联网能帮助人

了解一切已知的事物。但是人的行为逻辑和精神层面的东西等需要自己去领悟，传统国学类的经典中能让你找到方法。”

他的座右铭“博学之，审问之，慎思之，明辨之，笃行之。”就来自传统文化的经典代表《礼记·中庸》。

理性、专业的特点和在传统文化中领悟的平衡之道，让他在职业生涯中游刃有余、始终保持前进。在绿地京津事业部工作过程中，他先后完成了天津蓟县盘龙谷文化城、香河食品城、北京西斯莱公馆、绿地缤纷城、绿地石景山环球金融城、绿地海淀绿地大兴启航国际、绿地顺义启航国际、绿地望京绿地中心（超高层）、绿地三元桥绿地中心、绿地大兴海珀豪宅、通州绿地中心等40余个项目的设计管理工作。期间同时兼任北京京津第二区域公司总经理分管北京海淀、顺义、密云三个区所有项目。

困难与成就

“中国传统的八卦图案呈一黑一白，讲的是事物的两面。”他认为，绝对的事情是极少的。对于职业生涯中遭遇的挫折也是如此，困难与成就总是相辅相成。

最大的困难是2008年刚进入绿地时，天津蓟县的盘龙谷文化城项目。年底正好赶上那一波房地产低潮，加上新组建的团队正处于磨合期，各方面因素导致开不了盘。到了12月份，天气寒冷，技术部门盯了一个通宵，结果开盘当天起来一看绿化都给冻上了，随后他们“临时把鲜花全换掉。”而开盘后前来购买的人也寥寥无几。这对当时刚成立的事业部来讲，无疑是重大的打击。“实际上，我们在2008年整个公司的只完成了集团当年给我们定的指标的一个零头。接着，因为绩效没完成，第二年开始扣工资。”他说。

不过转机很快也来了，2009年7月份，他们团队真正踏进了北京的行政区域，拿到了当年的在北京的总价地王。2010年3月份，西斯莱项目开盘，一下子就销售十几亿元。

如今，他完成了许多项目，拿了许多奖项，在接受采访时却表示，令他最有成就感、感触最深的三个项目之一便有困难时期开工的天津蓟县盘龙谷文化城，“即使现在那里的入住率仍不算很高，但是当年那里是一片荒山，现在去看已经是满眼繁荣，并且对当地经济的拉动和发展是巨大的。”

另外两个项目则是北京现在知名的地标——西斯莱公馆和望京绿地中心。

“佛系”生活法则

目前，他与母亲、妻子、7岁的女儿一起生活在北京。工作之外的生活中，他自嘲是个“佛系”的人。

这一点，尤其体现在对旅行的态度上，“全家出国旅游时，我属于拎包和出钱的，其他的听夫人安排，跟着走就行了。”说到此处，他脸上是隐藏不住的笑意。

他认为，有一个健康愉快的生活状态，才能够有一个快乐的工作状态，最后出现一个好的工作结果。

美满的家庭往往是一个人的生活动力，许茗劼深谙其中道理。“工作是为了生活，生活的核心往往离不开家庭，不论是大家还是小家。这是工作和生活之间的关系，反过来心态上可能会出现许多问题。”

在对孩子的教育上，他也采取了道家“无为”的方式，“上的是普通公立小学，平时想学什么就学什么，现在正在学习冰球和画画。”

“可能有一定的遗传因素，女儿很擅长画画。日记不会写，但可以画出来，每天都画。”女儿在绘画方面展现出的天赋，又让他有些小小的骄傲。

采访结束时，太阳已升至一天中的最高点。他站起来舒展了一下筋骨，准备走出采访室时说，接下来要拍摄职业经理人的写真，下午要去培训班接女儿放学。在这个普通的周末，他也依然在做着工作与生活的平衡。

杨晓立

中经联盟人力资源专委会主席、华夏幸福环京事业部人力资源中心总经理

谋长局者杨晓立

作者:中经联盟特约记者　苗雪艳

谋长局,看长远,寻未来,杨晓立当如是。

杨晓立地产从业17年,一直致力于房地产管理体系的探索和实践。先前缔造了北京市属大型国有企业金隅集团“地产、商业和养老”板块科学、高效的管理体系,并主导和推动了四次历史性改革,支撑了金隅房地产由一个地方性公司,快速发展成为项目布局全国10多个主要城市的多元化集团。历任金隅房地产人力资源负责人、金隅集团组织部副部长等职务。

一年前,杨晓立洞察到房地产行业的大趋势,同时为了寻求自我突破,便加入到代表房地产未来转型方向之一的产业新城业务领域。目前为华夏幸福环京事业部人力行政总经理。

采访杨晓立的当天,站在改革开放40年的时间维度,他讲述了很多个房地产的故事。由于深扎行业多年,且对房地产有着深深的个人情怀,从每一个小故事背后都能窥见他的行业前瞻意识、改革意识,因此,每次拐点到来前他都能主动先变革企业自身,使公司始终处于一个高效能机制状态。

作为管理者,在杨晓立看来,管理就是把复杂的问题简单化,混乱的事情规范化,每一步都要紧跟上变化才能不掉队。而杨晓立在管理方面的才能就始于其毕业后服务的第一家公司——如今在圈内很有名气的金隅地产。

杨晓立回忆,刚进入金隅地产时,公司正处于初步发展期,操盘的项目并不多,仅有两三个,但金隅地产扩张很快,3～5年间便在北京东西南北开花,同时操盘的项目达到了十几个。而就在公司扩规模的关键阶段,通过5年的学习和积累,杨晓立便负责起人力资源管理的工作。

那个时候,杨晓立的思维惯性发挥了极其重要的作用,他开始寻求匹配公司发展的新管理模式。那时,在反复研究和探索下,他提出建立起矩阵式管理模式,即北京十几个项目的相关职能收回总部,整合资源、节约成本,使得公司利益最大化。因此,杨晓立主导的公司内部第一次变革便定格在2006年,轰轰烈烈启动了。

整合资源后的金隅地产像插上了一双翅膀一样,迅速高飞,启动了全国布局,这对于公司来说,是可喜可贺的大好事。此后,公司的规模也越做越大。

三年过后,也就是2009年,时刻保持清醒头脑的杨晓立,面对公司如火如荼的现状,却开始

了新的思考。

他认为，以现在速度发展，矩阵式管控模式已不适用于公司的跨区域发展状态，如果想要保持稳定的全国扩张，必须有一套专业化、标准化、可复制化跨区域管理模式。于是，那一年，杨晓立再一次对金隅地产进行“管理模式大变身”，制定标准化管控流程，推动公司更健康、良性发展。事实证明，杨晓立的思考是对的。有了标准化、有了模板，金隅地产“身轻如燕”，踏遍大江南北，以每年新建 1 ～ 2 个城市公司的速度在发展，金隅地产也由一个地方性公司快速发展为一个全国化的公司，实现了全国布局。

不知不觉，时间来到了 2013 年。那一年，“房”字首次当选年度国内汉字，可想楼市当年的热闹劲儿。热闹背后往往暗藏着某种拐点的热流涌动，只是看有没有“众人皆醉我独醒”的那个清醒之人看到这股“暗流”。

敏锐的杨晓立彼时给出了新的判断，楼市拐点来到了。他的依据其实就在记载当年楼市的资料中，如今网上依然搜得到那时漫天的疯狂的信息。

2013 年，全国楼市调控依旧，但一线城市“地王”频出，甚至各地楼市出现“断供”现象，年底未至，北上广深房价同比上涨就已超过 20%。

杨晓立意识到，存量时代的拐点出现了，单一住宅地产开发的模式也基本到头了，这种不可持续的发展模式必须变革。在此背景下，杨晓立参与并主导的金隅地产多元化经营模式开闸。在原来住宅地产的基础上，金隅地产 2013 年开始做商业地产、2014 年涉足养老地产。

但改革也并非顺风顺水，因为新的业务和地产业务虽然有关联，但逻辑完全不同，不能照搬照抄，只能自己探路前行。所以，金隅地产也走了很多尝试之路。

不过，在今天看来，当时尝试的路径轨迹大方向无疑是正确的，比如，做商业，把前置的招商和后期的运营都放到了同等重要的位置，再比如，养老地产，在做了大规模调研后，最终在低端和高端养老地产之间的空白地段进行突围。金隅现有商业和养老的成功运营也足以证明当时的前瞻性。

如今，再回头看这次变革前的思量，杨晓立说，什么时候都不能抱有侥幸心理，“2013—2014 年，房地产已进入存量时代，大规模开发不可持续，那时就应该开始转型，但行业内还是有很多人存侥幸心理，即便 2016 年国家提出来房住不炒，很多人还没完全醒过来，认为政策还有可能会放松，然而从 2017 年到现在，不但没有放松，反而越来越紧。”

在进行了多元化发展的第三次改革后，紧接着，2015—2016 年，金隅地产就进行了管理体系的第四次变革。这一次，关注点是“人”，即如何激发人的内心动力成为关键。“那两年公司发展特别快，总部对于城市公司的管控有点力不从心，总部链条太长，不能充分了解当地市场变化，手里有几个项目的城市公司因为活得也不错，也没有再拿地的欲望和动力。因此，需要寻求新的动力。”

对此，杨晓立想得很透彻，从人性角度出发，他给出的提议是，管理充分授权，从管流程到管指标，将人的内心欲望激发出来，只有这样，公司才会满血复活。结果是可想而知的。其实，这项改革非常超前，这不是今天各大房企都在做的事情么！

对于由之前的粗放管理过渡到精细化管理，杨晓立在2015年的某个峰会上也道出了核心：这个阶段，要开始讲人本管理。现在HR面临很多困惑，HR今后的方向还是回归到人性化管理，以人为本，根据市场的变化，结合企业的需求，专业地去做好HR相关的工作。

对在金隅地产这段首次接触房地产行业的工作经历，杨晓立说，从这里开始，他爱上和关注上了这个行业，他也愿意做一些能真正推动行业发展的事情，让这个行业更广阔、更健康。“我对这个行业还是很有情怀的，真的，房地产是一个能让人产生情感、情怀的领域。”

基于此，对行业前景作出基本判断后，也为了寻求自我突破，一年前，杨晓立加入到了代表房地产未来转型方向之一的产业新城业务领域。

杨晓立认为，从内容上来讲，房地产已今非昔比，要解决焦虑问题，必须研究市场新的需求，必须打造新的产品，“地产已进入到了一个‘细分市场’时代，这个行业终归要回归到研究人的需求层面上来，要准确把握不同阶段不同人群的不同需求，要靠做内容、做品质、做服务才能长足发展。这也就是为什么TOP10的房企都在转型，开始从野蛮生长趋于理性成长。”

在接受采访的前一晚，杨晓立还回顾了自己的整个房地产经历和感受。“房地产从来没有被如此过度关注过。2008年前，我身边投资房产的人很少，地产行业里的人买房的也很少，后来几乎所有人不惜撬动杠杆买房。这两年很多人都在讲泡面和榨菜消费降级的事，那是因为都拿钱去买房了。很多超出承受能力范围的人问我还买不买房，我让他们赶紧去杠杆，否则很危险，日子很难过。”

杨晓立的态度很明确，发展至今，房地产自身的问题已暴露无遗，但这是好事，这说明房地产到了不得不调整、不得不进行自我优化的阶段了。

不过，在杨晓立看来，房地产还是一个很年轻的行业，从1998年房改到现在，这个行业也才发展了20年，城镇化才刚刚进行了一半，房地产至少还需要发展30年，未来大有可为。

对自己下一个10年的规划，杨晓立的回答也很务实：“身体力行，不断探索和实践房地产管理模式和管理体系，以满足不同阶段不同的市场需求，推动房地产行业健康、可持续发展。”

喻中权

中经联盟(武汉)监事会主席、武汉东湖高新集团原董事长

喻中权的三个梦想

作者:中经联盟特约记者　徐帅

“风樯动,龟蛇静,起宏图。”是毛泽东1956年巡视南方,在武汉三次畅游长江时写下的词。一“动”一“静”,相映成趣,既写出了长江两岸的风景壮美,也体现了当时的中国人民建设祖国,改变山河的豪迈气概。

武汉这片土地在中国近代历史上写下了浓墨重彩的华丽篇章。而如今,伴随着长江中游城市群的确立,这座写满光荣的城市正迎来发展新机遇。在武汉,喻中权度过了他人生中难忘的十年,而他也是武汉崛起的重要推动者和参与者。在联盟10周年之际,喻中权先生接受了中经联盟的书面采访。

喻中权的职业经历十分丰富,他曾担任湖北省联合发展投资集团有限公司总经济师,武汉东湖高新集团股份有限公司董事长、党委书记,湖北省路桥集团有限公司董事长,武汉软件新城有限公司董事长,武汉联投置业有限公司执行总经理,武汉联投地产有限公司总经理,武汉生态城碧桂园投资有限公司董事长,武汉联投万科房地产有限公司董事长,湖北联合交通投资开发有限公司常务副总经理,武汉绕城高速公路党委书记,湖北省恩施自治州交通局局长、党组书记。现任上海三盛宏业投资集团副总裁 。

入行多年,业内对他的评价非常高。喻中权具有明显的新城开发、一二级产城融合开发联动管理经验。在资本市场,也展现了深远的眼光和果断的决策、执行能力。

在之前的发言中,他曾多次向大家介绍他的三个梦想,一是国富民强的中国梦,二是培育世界级超级公司的企业梦,三是帮助其他企业家成为下一个首富的个人梦。

中国梦

“中国梦”关乎着中国未来的发展方向,凝聚了中国人民对中华民族伟大复兴的憧憬和期待;它是整个中华民族不断追求的梦想,是亿万人民世代相传的夙愿,每个行业都是中国梦的实现载体和参与者,喻中权身处的房地产行业也不例外。

过去二十年,房地产及其相关产业为中国的经济发展作出了不可磨灭的贡献,如今“中国

袁 春

鸿坤地产执行董事兼总裁

千亿目标不是紧箍咒

作者：中经联盟特约记者　高拯坤

孔雀型人格的袁春很喜欢笑，仰着头眯着眼的那种笑，但言语中却不缺少职业经理人的那种严谨与睿智。他的记忆能力也很好，从接过采访提纲浏览到开始回答的时间几乎可以忽略不计。这恰恰也印证了他所说的擅长选择性记忆，"公司的财务数据、销售情况看一遍我就能记住所有数字，而且比财务记得更准确"。

采访时，他几乎不用思考就能脱口而出自己想要表达的事情，语速快到你根本没有时间往本子上记录重点。期间，他还会十指交叉在一起，盯着你的眼睛，不断地点头示意。

对于袁春来说，从龙湖离开加入鸿坤并担任总裁，虽然主业相同都是住宅，但管理重心的改变依旧是一个新挑战和新机会，也是一个再次充电提升的契机，只不过这之中却多了几分大隐隐于市的洒脱。因为袁春从未把鸿坤冲刺千亿当作压力，反而是不断地回过头思考行业症结所在，用更加包容更加客观的心去感受市场的变化，用时间去积累，顺势而行才是他手中最大的底牌。

千亿目标不是紧箍咒

懂得取舍或许是袁春最大的特性，回顾他近20年的职业生涯不难发现，每一次离职都是在他事业最顶峰时，无论是在中海的笑傲群雄，还是在一度被外界认为是未来CEO的龙湖。

"2009年离开中海是我当时所在的青岛公司最好的时候。那一年青岛公司一个项目卖了22亿，单项目第一，全公司销售额也是第一。"袁春是一个懂得居安思危的人，愿意在意气风发时静下心来反思自己，然后去换位思考今后的路在哪儿。对他来说，事业到了一定时候，职业经理人换一换环境不仅有利于个人成长，也有利于企业的创新发展。人一旦进入舒适区，危机就已经来临了。因为业务熟悉了，对任何事都会变得无忧无虑，懒惰就变成为一种惯性。

"来到鸿坤是因为和大家管理经验相契合，实际上我没有带任何思路到鸿坤，也不存在谁改变谁。现在更多的是和大家一起探讨问题，交换经验，不断地磨合，不断地互相适应，因为我要适应这个企业，企业同样也要适应我，只有这样才会不断地碰撞出新思路，才能更好地探索新业务。"袁春认为，有的人觉得职业经理人去到一个新地方，就会大刀阔斧改革，不断地调整企业内部架构，搅得天翻地覆，其实并不是这样。鸿坤成立16年，自身已经形成了一个有序的发展套路，并不需要做大的调整。

实际上，从规模上来说，鸿坤是房企快速成长的典型，正在不断加快走出去的步伐。不过袁春却笑言自己从2017年年底加入鸿坤到现在没有什么惊世骇俗的动作，更多的时间是思考怎么应对未来的市场和客户。

他认为企业如果想要扩张，就一定要先熟悉和适应不同地域的差异，开发出最适合这个区域的产品才是成功的第一步。想要形成一个成熟的团队不光是简单的管理问题，而是能力强弱的问题，能力的强弱则体现在团队对当地的理解上，这需要很长的时间去积累，急不得。

谈起最近在忙什么，袁春坦言忙的还是业绩。去年鸿坤业绩达到260多亿元，但是想要实现2014年提出的2023年达到千亿的目标，袁春至少要保证鸿坤以每年30%以上的复合增长率向前奔跑。

意料之外的是，肩头顶着千斤重担的袁春比想象中的更乐观，更理性。他说，现在鸿坤在产业和地产方面结合的还不错，但这么短的时间也谈不上有什么奇效，只能说是大家正在把这种商业逻辑梳理清楚，强化未来的运营能力。千亿目标绝不是套在鸿坤头上的紧箍咒，因为这个数字并不重要，冲千亿根本就不是内部指标，它只是鸿坤想把房地产作为主业发展的一个愿望。至于最后能够达成多少，还是要看市场，市场好的时候就去超越它，市场调整时就先缓一缓，现在的目标就是现金为王，保持住稳定的态势，而且目前鸿坤也没有上市的计划，因为上市实际上是一种销售行为，现在市场下行绝不是一个好时机。

市场调整是好事

袁春是一个很“现实”的人，不会特意去强调一个数字或是一件事，相反的，谈到他很在意的话题时，他会略微地放慢语速，拉高语调。

事实上，对于房企扩张，袁春也有自己独到而深刻的理解。他认为，现在来看大规模扩张实际上是一把双刃剑，因为房地产实际上就是金融资本的游戏，企业如果提出今年1000亿元、明年2000亿元、后年3000亿元的目标，就必须要依靠杠杆。现在融资渠道收紧，国家层面也在去杠杆，这是大势所趋，加杆杠肯定是不妥的。对企业来说，最重要的是要有一颗想发展的心，强化自身的运营能力，走得快一点，再快一点，机会来了能抓得住。不一定非得实现既定的目标，因为房地产变数很大，使用了非常规方法的弯道超车很大概率会翻车。

“现在房企为了‘活下去’，收缩谈不上，但至少要去重新审视过往的一些战略和做法。市场环境不一样了，现在谈规模是没有用的，最重要的还是要把市场背后的逻辑搞清楚，把客户需求、政策走向和资金基本面想明白。一旦目标没有上限，边际效益变大，风险就会更加难控，也就是说样本量越大，偏离指数就越大。”袁春如此说道。

袁春分析说，2014年到现在，房地产市场的轮动效应是非常明显的，我们不能仅凭一个区域市场的好坏来判断整体市场的好坏。因为地方经济的成熟度和存销比分化很严重，经济越发达地区市场受到政策干扰的幅度就越小，经济能力弱的地方，过去是靠着一剂强心针起来的，后续跟不上。落脚点其实还是在供需关系上，这也是住建部现在因城施策搞棚改货币化的原因。

他认为现在房地产市场调整是好事，因为这个行业太浮躁了，无论是购房者、开发商还是政府都是时候冷静冷静了。房企去地产化，说白了是因为过去这些年一直在吃中国发展的红利，是资源让房企赚了钱。但是踩到这个红利后，分化也很严重，做得好的留下了，做得不好的可能就直接退场了。这次调整只要房企资金撑得住就不是坏事，否则一路高歌猛进，决策者通常会失衡，很多新进的投资者也将疯狂举债，最终的后果不言而喻。

不过袁春依旧不看好明年的房地产市场，杠杆居高不下是一个原因，另一个原因是像北京这种政策监管严格的地方，一旦市区和周边的限购放开，反弹一定很严重。他判断未来限购政策也不可能放开，就算未来房价平稳回落也不会再去刺激，除非政策有大的调整，但实际上“7·31 新政”已经把方向指得很明确了。

张 滨

中经联盟文旅与养老专委会副主席、永椿滋恩养老产业发展有限公司 CEO

张滨的养老鸿图志

作者：中经联盟特约记者　陈永慧

2013 年，国务院对中国养老服务体系进行顶层设计，发布《关于加快发展养老服务业的若干意见》（国发〔2013〕35 号），将养老服务体系建设纳入国家战略。这一年也被称为中国养老产业的元年。

全国老龄办发布的数据显示，截至 2017 年底，我国 60 岁及以上老年人口有 2.41 亿人，占总人口 17.3%。根据民政部门预计，2020 年 60 岁及以上老年人口将达 2.55 亿人左右。到 2050 年，中国老年人口将增至 4.8 亿人，占全球老年人口的四分之一，也就是说全球每 4 个老年人中就有一个是中国人。

一系列的信号显示，养老产业正成为新时代的风口。然而把时间回溯到 16 年前，如果在那个时候去做养老，就绝不是现在的赶时髦、抢占风口。

现中经联盟养老与旅游专业委员会副主席、任职某香港上市公司养老投资总经理的张滨就是在行业的萌芽初期进入到养老行业的。

深耕十余载，缔造三大标杆项目

2002 年，张滨成为中国第一个养老地产项目北京太阳城的核心团队成员。"那时，全社会对养老都没什么意识，连我们自己团队也没有太多认知。"回忆起当年的情景，张滨说道。

那么这个养老项目该如何起步呢？最好的办法就是模仿学习，张滨和团队成员前往美国著名的养老社区太阳城中心进行了参观学习，"大家的想法是在中国做一个缩小版的太阳城，北京太阳城也是中国第一个 CCRC 社区。"

美国太阳城是全美最大的老年社区之一，是世界上著名的专供退休老人居住和疗养的社区。由 Del Webb 公司于 1961 年开始建设，占地 10 平方千米，太阳城中心历经 40 年的开发建设，目前有来自全美及世界各地的住户约 17000 名，而且一直处于持续增长的态势。

北京太阳城因其创新模式获评中国十大养老项目。从业至今，张滨先后为行业贡献了中国十大养老项目中的三个：北京太阳城、卓达太阳城和燕达金色年华养护中心。他做过卓达集团负责养老的副总裁，当过燕达养老的总经理。

最值得一提的是燕达养老项目。燕达金色年华养护中心位于北京东燕郊经济开发区，这个养老社区规划床位量10000张、建筑面积56万平方米、总投资近40亿元的全国最大的“航母级”养老服务项目，以“医养结合”为最大特色，打造了国内首家超大规模的“医养结合”型全程化持续照护养老社区。

如今的燕达养老作为京津冀养老示范项目被央视报道，成为行业内学习的标杆。

不过在张滨接受燕达养老的时候，那完全是另一番形象。2010年建成的燕达养老社区，到2013年，经营了三四年，入住老人只有90位，然而养老社区管理人员却多达370多名，收入低，支出大，是张滨面临的首要问题。

作为燕达养老社区的负责人，张滨上任之后烧起了三把火。第一是团队建设，原来团队成员懂养老的很少，引进养老人才是关键。第二是强化宣传，打出项目口碑，为此张滨组织了多场行业论坛和峰会，提升燕达养老在行业内的知名度。第三是提升服务质量，特别抓标准化、系统化服务建设，提升入住老人满意度，强化管理。

这三把火立竿见影。两年时间，入住老人从90多人增长到800多人。张滨救火队长的名声也在行业内声名鹊起。

做出业绩的张滨得到了海航集团的盛情邀请。这次他的邀请人是中国工程院院士、原同仁医院院长韩德民。海航看准大健康行业，组建大健康事业部，负责人为韩德民。韩德民将有着行业丰富实践经验的张滨招入麾下。

“海航对养老产业还是倾注很大心血和精力的，集团把很多酒店物业都划拨到健康事业部。但后来因为管理风格的原因，新团队在进入后，不久就离开了。”张滨说。

恰逢海航的多事之秋，张滨入职海航的时候，这家企业在世界500强中排名140多位，正雄心勃勃冲刺世界100强。在他离开两年后，世界500强已经寻不到海航的身影。

匆匆十余载，张滨的从业经历，浓缩着一个中国养老人对养老事业孜孜不倦的探索。

利好不断，行业前景光明

2018年7月，国务院常务会议决定取消养老机构设立许可。

在过去，要经营一家养老机构，除了本身的营业执照以外，还要有经营许可证，有了这个经营许可证以后，经营养老院才算完全合法。养老是一个特殊的行业，就像医疗行业一样，并不是什么人都可以做，必须具备专业资格。而这看似简单的几点，把很多想进入养老的投资者或企业，拒之门外。最让从业者头疼的就是消防，因为消防是一票否决制，消防说不行，一切都免谈，而养老机构对消防的要求又特别的高。再加上养老是一个回报并不很快，回报也不多的行业，很多人就不会选择这个行业了。

“现在是前置审批，你只要拿到营业执照，就可以干。不用去民政局审批，当然后期还是要规范的。取消设立许可，鼓励社会资本进入这个行业，对养老行业是件好事情。”谈及该项政策，张滨表示。

初心不变，砥砺未来

当下，越来越多的企业开始进军养老行业，对于这些新进入者，张滨的经验和经历可以提供哪些帮助？

第一是要对行业有发自内心的热爱，用善良面对老人。“养老和商业地产、文化旅游不太一样，从本质上来讲，养老是个现代服务行业，它也不是一个时髦行业。要从事养老，必须发自内心热爱这个行业，需要用善良去面对老年人。”张滨建议道。

第二，仅有热爱和善良还是不够的，必须还有具备全面的知识结构，才能做好养老。“比如不能说我是个护士，就只会护理，还要懂选址、测算投资回报周期、价格、品牌运营推广等，行业需要全才。”张滨举例说。

谈及未来，张滨说他会继续坚守在养老行业，“行业的前景非常光明，再过三十年，60 岁以上的老人能占到总人口比重的 40%。作为企业要充分挖掘市场的潜力，挖掘老年人身上的潜在价值。”

在人们的传统印象里，老人退休了就需要帮助，需要照顾。但随着科学技术和医疗条件的进步，如今 60 岁，到了退休年龄的人大多数依然精明强干，他们拥有着丰富的工作经验、行业积累。“如果一下子让他们退下来，反而是对人力资源的极大浪费。”张滨表示。

在欧美、日本这些发达国家，很多老年人能工作到 70 岁。可以说，发展中国养老产业要走出“把老人养起来”的思维误区，要把老年人的养老问题和老年人的需求问题结合起来。从 60 岁到 75 岁，很多老人还有 15 年的能力释放期。如果把这些老年人的能力释放出来，那么养老的成本就会降低很多。”

对于下一个职业生涯的十年，张滨说：“自己的初心从未发生变化，未来 10 年，会继续从事养老行业，希望用自己的经验帮助行业成长，成就感是金钱带不来的。”

张大东

中经联盟常务理事、奥伦达部落助理总裁

豪宅一哥的“叛逆”之路

作者：中经联盟特约记者　高上

张大东，有着25年地产从业经验，是京城地产圈内赫赫有名的豪宅一哥，纵使在圈内已经名望颇高，张大东也从未居高自傲，他始终以谦敬好学之心对待每一个人，这也是他在圈内口碑高、人缘好的重要原因。

从豪宅项目到养老项目，这是一个非常难的跨越，但张大东未曾想过服输。“有想法就要去努力，绝对不做让自己后悔的事情。”当被问及有什么人生座右铭的时候，张大东给出了这句答案，霸气十足又令人敬佩。

豪宅一哥，名不虚传

罗马花园是张大东亲历的第一个项目，也是北京第一批豪宅、第一个外销楼盘、第一个带样板间和售楼处的项目。在国内福利分房尚未取消的当时，罗马花园的购房人中，华侨和外资企业人士占了很大一部分比重，在张大东当时的客户名单中，三星、大宇、韩亚航空等外资巨头都一一在列。

另一个跑于国内前列的是，当时的罗马花园，就已经运用了售后返租的营销模式——当时该项目的租金回报率最高达到了20%，金马针对一些非自住业主，制定了“售后三年返租，15%租金收益率”的投资选项，激活了房地产的投资概念。

在罗马花园之后，他任职过汉能控股（原华睿）、中赫置地、泰禾集团、天润同泰，操盘销售过阳光广场、太阳国际公馆、钓鱼台7号院、万柳书院、中国院子、天润玖锡等一批京城顶尖豪宅，成为京城豪宅圈响当当的人物，“豪宅一哥”之名便由此而来。

突破自己，永不言败

张大东一向是一个喜欢突破自己、永不言败的人，从小张大东便品学兼优，考试一直都是名列前茅，中学时代被评为北京市级三好学生；在1993年的时代，很少有大学生做房地产销售，大学生去卖房子让大家都觉得不可思议，毕业于首都经济贸易大学经济法专业的他，没有受世俗眼光的影响，加入了当时金马集团旗下中国地产（香港）有限公司，成为北京第一批营销人；在亚运村区域普通住宅还卖4000元/平方米的时候，张大东敢去销售均价2000美金/平方米的罗马花园；在见证了北京25年豪宅变迁后，张大东打破自身天花板，决定不再做豪宅的复制与扩张，跨界转型，做唯一。

2018年，张大东正式加入奥伦达部落，操盘比弗利山颂项目。“最开始这个团队只有我一人，后来在领导的大力支持下，团队迅速搭建，到现在我们这个团队已经有五十多个成员来一起做这件事情了。”

“曾经我是开发商，现在我更愿意让大家称呼我为运营商。”张大东表示原乡不但关注房子本身，而且还把重心放在幸福运营上。张大东定义幸福的4个标准：健康是基础、财富是保证、理想是指引、情感是实质，奥伦达部落原乡便是致力于为社群成员打造幸福生活。

在社群文化上，奥伦达已经默默运营15年，奥伦达部落被誉为“社群之父”。

今年9月，奥伦达部落获得了2018中国康养文旅品牌第一名。

为何能获得如此殊荣？

在大家眼中，对奥伦达部落印象最深的评价便是“四大神盘之首”了，然而，张大东提出比弗利山颂不是神盘，是唯一，是中国唯一康养豪宅！

奥伦达部落原乡比弗利山颂，位踞天皇山脚下，奥伦达部落原乡山丘之上，面朝官厅湖，天赐山水滋养的山水宝地。依山势而建、百栋山体别墅，顺山势高差，享受丰沛光照。

百亩覆土式运动中心，涵盖了羽毛球、篮球、网球、乒乓球等球类运动，健身房、游泳馆等运动空间以及环湖慢跑道、中央停机坪等高端运动健康配套。 7.2平方千米的天皇山与大峡谷，是小镇的私家专属风景区，在基础医疗层面，原乡选择与中国台湾彰基医疗集团进行合作，携手打造高端家庭医生体系，提供定制医疗服务，打造24小时健康管家医疗中心。在预防康复治疗层面，项目独有的心身健康（医学）博物馆融合和展示了东西方尖端医学、主动训练、关系疗法、能量医学、自然疗法、营养食疗、中国传统文化等多重健康生活方式和各类心身健康疗法，应用“新自然饮食+MTT医学训练疗法+PNI医学”三大核心版块优质资源以家庭医生为抓手，打破传统健康管理思维禁锢，形成一整套完整的心身医学理论与服务体系，在这里不仅能提供病理治疗，还能提供精准康复以及心灵上的呵护。

除了配套的医疗服务外，奥伦达部落另一个最大的亮点便是“圈子生态”。奥伦达部落现有着上百个梦想聚落，大家可以简单地理解为是社团或者俱乐部。建立了话剧社、油画苑、足球俱乐部等等，除了商业生活之外涉及所有个人梦想部分，在这儿你几乎都可以找得到对口的梦想聚落。 他们有着共同的话语，共同的爱好，更重要的是志趣相投，只有志同道合的人聚到一起，才能成为人生财富最好的积累，而这种黏性无与伦比。从而导致了在奥伦达“最值钱”的是生活方式，而房子却成了赠送品。

未来，继续努力前行

在比弗利山颂项目待过的人，都不想离开，连操盘者张大东也是。

“工作忙，离家较远，项目上生活好、空气好、一切都好，已经很久没有回家了。”如果没到原乡待过，我可能会单纯地认为张大东是一个工作狂魔，连家都顾不上回，而身处原乡宝地，听到他说这句话的时候，我理解他，一个热爱工作的豪宅一哥遇到制造幸福的奥伦达部落原乡，将来定会有更多人受益其中！

48 岁的张大东每天都要为工作考虑很多事情，他想到的永远是如何才能把工作做好，从没考虑过退休之后的生活是什么样儿。“如果我想过退休，就不会一次又一次地突破自己，做更难的事儿。”不安于现状，不畏于将来，这便是张大东，一个勇于突破自己的北京爷们儿。

联盟情谊永不变

加入中经联盟已有 6 年之久的张大东是中经联盟的“老人儿”了，在中经联盟 10 周年之际，他表示，今后还将会继续支持中经联盟，继续陪伴联盟走下去。

张冬泉

中经联盟摄影俱乐部副主席、中轻国融建设发展有限公司执行董事/总经理

房地产，下一个十年的想象力

作者：中经联盟特约记者　陈永慧

位于北京东直门内的Naga上院拥有东二环内完好保留的四合院遗址，同时也是康有为故居。当时被称为“皇家豪宅”的Naga上院只有99户，分为300、600和1200平方米三种平层户型，如今单价在10万元/平方米以上，很多行业的业界天骄均是Naga上院的业主。

现任中轻国融建设发展有限公司（简称“中轻建发”）总经理的张冬泉，回忆起当年操盘项目的经历时说：“因为做过顶尖的豪宅，自己内心也膨胀过。但最想分享的两句话是：第一，做事要一步一个脚印，常怀感恩心；第二，要受得了委屈，耐得住寂寞。”

翻看张冬泉的从业经历，他可谓遍历房地产行业诸多岗位：做过营销，做过前期，负责过整体开发，还有海外从业经历。从2000年进入房地产行业，他的经历贯穿着中国房地产行业高速发展的时代。

绿水青山就是金山银山

习近平总书记曾指出，绿水青山就是金山银山，这为建设生态文明、建设美丽中国提供了根本遵循。当下，张冬泉供职的中轻建发就是在做这样的一件大事。

中轻建发是中国轻工投资发展协会（原中国轻工部）直属的国有企业，以探索节能环保产业化、绿色建筑新技术成果产业化、临建标准化及产业化为战略方向。

依托于中国轻工投资发展协会，以及中国轻工联合会的下属若干协会资源，中轻建发形成新旧产能转化、贯穿上下兼顾左右的新型产业集群发展形态，在产业中联合政府针对产业特性，打造产城项目服务于产业、产业服务于社会的中轻实业集群。

2018年，中轻建发筹备成立，作为央企二级公司，它的出生就带着不凡的使命。“绿水青山的发展理念，现在很多企业都在做，但举全力去贯彻的不多。而中轻建发就是带着这样的使命，全力去实践这个责任。”张冬泉说。

据介绍，在母公司的主导下，整个生态产业闭环是这样形成的：生态公司负责山体修复，做农村一体化经济林种植，这样就有了青山；水务公司负责治理水污染问题，完成绿水使命；有了青

山绿水，就具备了景观价值，文旅公司可以对接后续运营；整个基础开发、配套建设由中轻建发来完成。

产融一体，发力体验经济

中轻建发的口号是“城融产•产兴城”，就是要做产融一体，以产业为主，配套为辅。传统的产业园会推出标准化的厂房，然后做招商，做规划。而中轻建发走的是另一条路径。因为自身禀赋，中轻建发天生自带两大优势IP：一是中国轻工业企业单位资源，这些企业资源可以针对项目地域属性及企业核心产品直接导入园区；二是中德资源，德国工业4.0对接中国制造2025，中轻建发已与德意志联邦中德高新科技产业发展促进联合会等国际组织及德国企业形成产业战略合作。

中轻建发的产城项目大多在外地，目前山东、湖北、浙江都已经开始推进。还有小产城项目，针对四个直辖市和广州市设立。小产城模式相对简单，主要做老厂房改造，体量不大。原来很多企业经营不理想，十几年都在亏损，通过新旧动能转换，为区域、为企业重新赋能，焕发新生机。

比如现在传统的纺织厂和服装厂效益不好，但是在大城市服装定制反而流行下来。中轻建发计划通过嫁接、跨界、联合众多轻工行业单位及其他行业资源，以体验经济为理念，为城市塑造一个崭新的商业空间。

创新、整合与新秩序

当下，行业的一个共识是，房地产的黄金时代已经过去，那么行业的未来机遇与机会在哪里？张冬泉有自己独到的见解。他说未来的十年房地产依旧会高速发展，但增长点发生了变化，增量的战场已经从单一的住宅开发转移到商业地产、工业地产、文旅地产以及其他创新业态上，形成百花齐放的格局。

放眼如今的房地产排行榜，碧恒万融占据鳌头，保绿中龙紧随其后。这样一个市场格局未来还未继续保持吗？“十年后的房地产实力排行榜，前二十名，甚至前十名，一定会进入很多非主业做地产的开发商。”张冬泉说。

行业的大裁员也是一个瞩目的问题，传出裁员名单的企业包括了绿地、长实、万科、富力、雅居乐等多家大型上市房企。地产职业经理人何去何从？行业的发展方向在哪里？

张冬泉表示，地产未来可做的事情依然很多，如果大家还是一窝蜂地去盖住宅，行业会有问题，但通过做深化、差异化、完善细节可以进行弥补。他特别提到了最近大火的被动式房屋。

被动式房屋，是指适应气候特征和自然条件，通过保温隔热性能和气密性能更高的围护结构，采用高效新风热回收技术，最大程度地降低建筑供暖供冷需求，并充分利用可再生能源，以更少的能源消耗提供舒适室内环境并能满足绿色建筑基本要求的建筑。

据悉，2020年欧盟27个国家将全部采用被动房标准建设，美国、日本、韩国等地的被动房也日益增多。目前被动房在各个气候区都有发展，从寒带地区的加拿大，到热带地区的墨西哥，都可以见到被动房。在布鲁塞尔、纽约等大城市，也不断有新的被动房进入规划或投入运营。

“我跟德国专家沟通完之后，他们说其实你们不用跟我们学被动房。他说全世界最好的被动房在中国的北京，就是故宫。我们需要做的是传承，将断层修补回来。”张冬泉说。

创新、整合、秩序变化，这三大关键词，是张冬泉对未来行业发展趋势的概括。

眼下不少企业的跨界行为就属于主动创新，而整合则更重要。他说未来十年是大整合期，合作伙伴带来的价值远远大于自身企业创造的价值，选择合作伙伴很重要。此外，是行业秩序的变化，甲方乙方，上下游的界限越来越模糊，专业和信任在新的秩序将占据核心地位。

放在中国房地产历史维度上，张冬泉属于承上启下的一代，曾经有一帮行业前辈带领他们入门。在过去二十年，中国房地产已经从最初的粗放、野蛮生长状态，发展出一系列标准化流程。这些流程大大缩减了新进入者的学习时间，以往十年的探索，如今一年半载便可以熟练掌握，“新的路径在于跨界创新，非房地产、建筑设计、土木工程等专业出身的人才会更大量地涌入房地产行业，他们会给行业带来更多想象力和发展的可能性。”

对于新职业经理人，张冬泉的寄语是：“要有更清晰的发展方向，在专业发展和垂直发展之外，还要有方向引导，要更加多元化，想干、敢干、勇于创新！”

张　慧

中经联盟营销专委会主席、珠江·中国阙&珠江·紫宸山项目副总、营销总监

始于颜值，陷于才华，终于坚持

作者：中经联盟特约记者　赵欣宇

“她是如此惊艳，以至于不该如此真实；她是如此真实，以至于不该如此惊艳。她有如此的美貌，根本不必有如此的能力；她有如此的能力，根本不必有如此的美貌……”第十二届奥斯卡评委给予《乱世佳人》主演费雯丽的评语套用在今天的张慧身上，也毫不违和。这位曾经活跃在华娱卫视和湖南经视的电视台主持人，现今是北京两大豪宅项目珠江·中国阙和珠江·紫宸山的副总经理。她的职业生涯里曾经充斥着鲜花和掌声，但她最终选择了一条更加辛苦更加默默无闻的道路。是性格，心态，还是命运使然？在张慧自己看来，这只是冥冥中自己要走的一条平凡之路。

“别人家的孩子”

任何人初识张慧，应该都会被她惊人的美貌所震撼，而交流过后，她由内而外散发出来的清雅气质更令人倾倒。张慧生于一个高级知识分子家庭，家学积淀给了这个美貌的女孩优雅的气质谈吐；自己敏而好学练就的一口流利英文更给她的魅力加分。

时至今日，执掌珠江两大豪宅项目麾下百余位置业顾问，仍然只有张慧可以用英语接待外国购房者。不夸张地说，从小到大，张慧都是“别人家的孩子”。

2003 年，张慧考入了重庆大学，并一直担任院校的学生会主席。四年的学习里，除了本专业课程外，她还一直兼修工商管理及市场营销类的课程，校内外的各种大小活动上也活跃着她的身影，还被选送到香港大学、中山大学、复旦大学和北京大学做交换生；未及毕业便已在华娱卫视和湖南经视担任主持人。光鲜亮丽的主持人生涯应该是每个女孩儿的梦想，权衡之下张慧放弃了保研，投身五彩斑斓的电视职场。

缘系房地产

然而，聚光灯下繁忙的工作之余，张慧并没有放弃思考，“青春饭”能吃多久，流水一样人来

人往的舞台何处能安放一份安全感，从事哪种行业才是真正可持续发展的一份职业？年轻的她随后做出一个惊人的决定——来到首都北京，到一流的企业中去继续锤炼自己。

2007年，张慧来到北京，最开始在LG中国担任了一段总部策略部市场策划。冥冥中自有天意，命运无形的手最终把张慧送入了房地产这个行业。离开LG后，张慧先后在ELITE REALTY、英国莱坊地产、东润地产等机构任职。从最开始的参与商业地产公司境外股权转让，再到为房地产基金、跨国企业提供各类资产收购、出售和融资的咨询服务，张慧凭借自己出色的沟通能力和总想再试一次的执着，让众多知名开发商和优秀企业经常指名要她负责项目。

借用一句网络名言：世界上最可怕的事就是比你优秀的人，比你还努力。2012年，"因为向往大海，所以汇入长江"，张慧考入了长江商学院金融MBA2012北京班，并因为入学成绩优异获得了10万元奖学金，同时她因为出众的组织能力成为了班上的副班长，毕业后又被推选为金融MBA北京校友会副会长。在长江商学院，张慧学会了用金融的思维去运营地产，在哥伦比亚、普林斯顿和西点军校的游学经历，更开阔了她的视野。自此，她对自己的职业有了更清晰的规划，那就是根植于中国房地产事业，去运营最高级最顶端的豪宅项目。

内容才是豪宅未来

2015年，张慧来到珠江地产。开阔的眼界，务实的性格让这个曾经在聚光灯下流光溢彩的女孩显示出非一般的沉稳；金融方面的扎实学习让她对中国经济、投资趋势有了更深的理解，房地产本身就是大宗消费品，更不要提动辄上亿元的豪宅物业。所以促成决策时，张慧的思考和建议往往能一针见血，她的客户都非常信赖她的投资建议。很短时间里，张慧在珠江脱颖而出，先后成为珠江•紫宸山和珠江•中国阙项目的副总经理。

"内容才是中国豪宅的未来。"张慧谈起北京豪宅市场时有很多话要说，当土地日益稀缺，供应量急剧下滑，消费者也从之前的盲目变得更加理性更加挑剔。房子作为生活凸显品质的载体，理应顺应大势，构造消费升级后的生活体验。

张慧认为，如果豪宅不能做到对稀缺资源的过度占有，就无法称之为豪宅。但在各种调控政策的大背景下，这几年北京的很多豪宅项目其实在区域价值和地段价值上无法做到完全尽如人意。地产操盘者的聚焦点慢慢逐渐从物质转向心智，更加注重提升楼盘的产品价值、品质体验，现在的人工智能、大数据等堪称第四次工业革命的新兴技术也在越来越多的应用在高端物业领域，如人脸识别、访客远程预约一键抬杆、恒温恒湿恒氧的温控调节等，"如果现在还不去研究这些人工智能深度学习等领域，就很难让客户方便"。

见微知著，从豪宅看房地产行业，过去十年也是从飞速发展阶段向白银时代转型。张慧坦言，虽然她在珠江仅四年，但这几年正是房地产市场进入存量大、增量小的转折时代，黄金时代的粗放式增长模式成为过去。张慧介绍说，目前珠江和多家房企一样，都在根据自家所长与特点，向城市运营商转型，寻求互联网、健康、教育、文旅、养老等多领域的跨界经营。房企只有真正成为高品质的服务商，深度介入城市生活，提供高品质的服务，才能成为真正的赢家。

何以解忧，唯有工作

地产营销人、地产操盘手工作压力之大已经无须赘言，高强度的工作显然极度压缩了私人的时间，张慧坦言现在自己几乎没有了个人时间。回想当年还是职场小白的时候，张慧声音变得特别遥远："那时候我喜欢冬天滑雪、夏天打高尔夫球。一个是白色鸦片，一个是绿色鸦片。尤其是高尔夫球，18洞当时可以打到100杆以内。"而现在，"唯有工作使我解压"。张慧笑称，只有完成了手头上的大部分工作后，她才能感到压力稍微小了一点。目前的她没有周六没有周日，经常工作到凌晨2点才回家，唯一休息时间就是春节。

说这番话时，已经临近中午一点，张慧的桌子上静静地摆放着她从家里带来的便当，还有父母亲手洗好的水果。张慧坦言自己几乎没有任何应酬，上班工作，回家睡觉，每天两点一线，生活简单得如同一个学生。平时工作中的各个甲方乙方合作机构，张慧只谈工作绝少往来应酬。然而唯一有例外的是，作为中经联盟营销专委会副主席，张慧一直积极参加联盟的各项活动。

她认为，多年来，中经联盟不断吸引行业领袖和资深专家加入，发展到现在有这么多的俱乐部和专委会，已经成为中国房地产业行业最具影响力的主流团体之一，为业界精英提供广阔发展平台，推动着行业发展和进步。在未来的十年，她希望联盟继续阔步前行，凝聚行业力量，协同共赢，开启下一个辉煌。

后记

临近中午，张慧即将启程赶赴自己负责的另一个项目，因为采访耽搁了很多时间，她急匆匆地走了，恐怕她的爱心盒饭要拿到车上去吃。望着她的背影，一段流行的网络语录浮现出来：明明可以靠长相吃饭，却偏偏要靠才华；明明可以一帆风顺，却偏偏要几度华丽转身；明明可以享受生活，却偏偏选择坚守梦想砥砺前行……抛去个中戏谑的意味，不得不说，"明明"就是张慧，如此的贴切。

张世红

中经联盟人力资源专委会副主席、当代置业(中国)有限公司副总裁

“坚守者”张世红

作者：中经联盟特约记者　段文平

初见张世红，黑色西服，白色衬衫，短寸，典型的职业经理人与理工男形象，担心他会慎言甚至冷峻，会一直板着脸。但交谈后发现，他十分健谈、平易近人，冷静的外表下有一颗富有想象力创造力的灵魂，用他的话说，典型的水瓶座人。也正是这样对新事物充满好奇心的他，却在当代置业一待就是15年。选择于他，忠于自己的内心，人生于他，坚持就是方向。

听从内心　无问西东

如果按照张世红所学的大学专业来推演，现在的他可能是某个地铁或者是高铁段的设计师、工程师，是推动中国交通事业高速发展的一员。

20世纪70年代出生于河北的张世红，本科毕业于北京交通大学，谈起所学的专业，他表示是当时较为热门的车辆专业，现在叫机械专业，很高深，也很高大上。张世红所处的大学时代，恰好是我国的交通快速发展的阶段。时代的影响，家人的引导，让懵懂的他，开启了人生的第一个阶段。

大学四年开化，却让张世红发掘了自己内心真正所爱——企业管理，一个与车辆专业处于两个维度、毫无关联的行业。大学本科毕业，他考取了南开大学商学院的企业管理专业。“我对于企业内在的运行架构和逻辑比较感兴趣，觉得应该做一些自己更感兴趣的事情。”

出生于2月初的张世红，身上透露着水瓶座的典型特质，客观、冷静，善于思考又天马行空，讲求科学、逻辑和概念。“我挺爱思考的，这一点很水瓶座，天马行空的想法又多，而机械专业则按部就班。”正是这样的性格，让他果断转向自己喜欢的专业，“很幸运，一下子就考上了。”

而这个选择也直接改变了张世红的人生轨迹，走上了风云激荡的房地产之路。南开大学毕业后，他入职咨询公司，沉淀了战略管理、企业管理的理论基础，形成了结构化思维的习惯。2003年，他入职当代置业，历经职位有战略经理，人力资源经理、总监，项目总经理，地区公司总经理，副总裁，直到今天。

创造创新运营体系

彼时的当代置业，刚成立三年，在北京已打造“当代城市家园、万国城 MOMA、当代万国城 MOMA”等项目，惊艳市场。更为值得关注的是，2000 年初，房地产在经过十多年的草莽发展和野蛮生长后，开始走上商品房的黄金时代，不少企业试图走出地方，开启全国化布局。而当代置业却是在成立之初，就确定了自己的差异化发展道路——绿色科技的核心竞争力。2003 年，当代置业提出恒温恒湿的科技地产概念，2004 年，正式发布《科技主题地产发展战略》。

对于加入当代置业的契机，张世红回忆道，“当时是创始人张雷面试我的，他问了几个问题，第一，愿不愿意坚持？第二，认为什么样的公司是好公司？第三，对公司的战略思考是什么？他的激情，当代置业简单专注的文化，以及公司的十年战略规划，都感染了我。”张世红毅然决然成为当代置业团队中最重要的一员。

如上所述，彼时的中国房地产，虽然走上商品房发展的黄金阶段，但仍处于发展的初级阶段。张世红表示，那个时候，大家都认为做房地产就是做项目，是由一个项目一个项目组成的。“项目与项目之间没有打通，每个项目是一个团队，上面没有统一的管理体系，产品没有标准化。”

当代置业的目标是，要成为一个全国性的房企和百年企业，“就要建立自己的一套流程与运营体系，只有加强内部管理，才能成为一个优秀的企业。房地产流程与运营体系代表着企业发展模式和发展方向，每个优秀的房地产企业都有自己的指标体系和流程节点要求，对于项目达到什么样的目标标准，例如回款、利润、周转速度标准，节点控制也有区别。”

从 2003 年开始，在张世红的带领下，当代置业的流程与运营体系建设走上探索与研究的初步阶段，经过四年的筹谋，2007 年，正式开始搭建内部流程与运营体系，年底投入使用。目前，这套体系已经运行了 11 年。

当代置业首先搭建的是流程与运营体系。在张世红看来，流程与运营管理是企业发展的基石，要变成一个规模性的企业，或者跨区域企业，流程与运营是必不可少的。彼时，在经验很少的情况下，张世红和他的团队是如何搭建流程与运营体系的呢。

据他介绍，主要基于三个维度的思考，专业职能、业务职责和客户满意的维度。“特别是客户维度，客户导向是一家企业的根本，现在越来越明确，客户的满意度对流程的结果将产生很大影响。”流程与运营体系由流程体系、目标体系、授权体系、会议体系、评估机制和督导纠偏机制组成。

至暗时刻即光明将到

作为当代置业副总裁，除了负责企业运营、人力资源之外，在张世红的履历上，他还曾是业务一线的一把手，在公司曾操盘了第一个绿色三星建筑的项目，曾任职项目总经理、地区公司总经理。

从理论派到实战派，对于张世红来说，这种转折是水到渠成、自然而然的。“当时公司甄选项目总，要求是对公司文化认可、对流程与运营体系清晰、有管理能力、愿意学习，这几点我都符合，且也有一些操盘经验。”张世红透露。

但一个是纸上谈兵，一个是实战，仍有很多不一样的地方，张世红感受最深刻的是，“实际操盘跟了解流程不太一样，第一是要不断学习，成本、招采、工程、设计、营销等方面的知识，并与流程与运营体系结合起来；第二是沟通，管好团队、用好团队，让专业的人做专业的事。”

喜欢并敢于接受挑战，这也是张世红的性格使然，“每次遇到的困难，其实是职业生涯的一次机会。”“人顺风顺水的时候，能力的提升不容易看到，反而遇到各种困难，想办法解决，这个时候是能力提升最快的时候。”。面对压力与问题，他表示从不惧怕，“我主要的精力是想着怎么把问题解决好”。

另外，让张世红职业发展中体会最深刻是坚持，很多困难看着是不可逾越的高山，坚持一下，持续深入努力，高山也会翻过。“你感觉怎么也解决不了、吃不下饭、睡不着觉的时候，你会发现，再坚持一下，会柳暗花明又一村，至暗时刻也是光明即将到来的时刻。”

张世红用三个关键词总结了自己的职业生涯：突破，赋能，成长。“每一次身份的转变，都是突破自己的过程。人生每一个阶段都有天花板，想要打破，必须改变。”“不仅给自己赋能，还要给团队赋能。”“行业每天都在变，捕捉变化不断成长，才能保证自己与企业、行业同步。”

张世红说，人的职业生涯是不断改变自己的过程。

张树军

中经联盟工程管理专委会主席、珠江御景湾项目常务副总经理

用好产品赢得尊重

作者：中经联盟特约记者　王秀娟

古语说，雁过留痕，人过留声。对于一位地产建设管理者来说，一个好的产品项目，是证明自己实力的最直接表现。

北京东三环外寸土寸金之地，北京 CBD 东区繁华金角，合生汇的名头响震内外。这个建筑面积超过 40 万平方米的商业地产项目，目前的日均客流量超过 10 万人次，周末的客流量更是超过 15 万人，成为北京市内新晋商业地产标杆。这个"商业地产传奇"项目的建设者，就是中经联盟工程专委会主席、合生华北工程中心总监张树军。

合生汇的建设者

英国作家约翰•罗斯金在其代表在《痕迹》里说，"把每一个黎明看作你生命的开始，把每一个黄昏看作你生命的小结，让每一个这样短短的生命都能为自己留下一点儿可爱的事业的脚印，和你心灵得到实质的痕迹。"

张树军留下的痕迹就是他亲手建设管理的建筑合群：北京立水桥地区的北方明珠商业综合体、明天第一城大型住宅项目，邢台的天一广场，朝阳区东三环外的合生汇，等等。

其中，最让张树军引以为豪的是朝阳合生汇项目。

"朝阳合生汇是我至今为止做的最为自豪的一个产品，倾注了我的心血，可以称为代表作。该项目在建设过程中有三个指标是优于同行业的：一是工期短。合生汇项目从动工到完成，我和我的团队一共用了 21 个月的时间。在业内，同等体量的项目的标准工期是 24 个月；二是在工期缩短的基础上，项目的建筑成本同时降低了 20%。这主要依赖于项目团队在管理上的用心和精细度；三是公司与各个承包商签署的 120 份承包合同，在项目开业后 1 个月内全部结算完成，成为当时'结算最快'的项目，这足以证明管理团队对项目的过程管理水平。这样的快结算，同时也受到政府的认可，受到承包商的赞誉。"张树军表示，"可以说，合生汇是团队管理人员之间相互配合的集大成之作。"

建筑工程的完美促进了项目的商业运营，两者相辅相成，密不可分。

经过21个月的紧张建设，2017年10月1日，合生汇正式开业。一时间，吸引了全北京十几万人的光顾，瞬间成为北京市区商业地产的一颗新星，也成为业内人士参观学习的又一个热点项目。

“以前，其他城市做商业地产的同行们来北京参观学习，首选必定是侨福芳草地、颐堤港、朝阳大悦城等这些标杆项目，而现在，他们又多了一个选项，就是合生汇。”张树军不无自豪地说。

作为在房地产默默耕耘20余载的张树军，在描述他所管理过的商业地产项目时，依然如数家珍，脸上洋溢着骄傲，就像一位摄影家翻看他经历万难拍摄的照片、一位作家将自己的书递到读者手上一样，喜悦与自豪不由言说。

仓颉的造字那是他留下的痕迹，苹果砸在牛顿头上那是他的痕迹，爱迪生的灯泡那是他的痕迹，孔子的论语那是他的痕迹……

张树军留下的痕迹，就是那一座座屹立在城市里的巍峨建筑。“作为一名房地产管理人员，我感到很骄傲。”

用好产品赢得尊重

合生汇成就了张树军，也让他为之付出得甘之如饴。工作虽然紧张疲累，但他也收获了更多的管理经验和自我价值。

从明天第一城开始，张树军就从工程管理逐步转型到项目管理。“通过对近几个项目的工程管理和项目整体的管理，我的确有了很多收获。”他说，“通过管理整体项目才发现，作为一个项目的负责人，不能只片面的抓工程建设、成本或者设计，只有尽可能的掌握项目的每一个环节，获得别的部门对与工程建设的配合，才能将整个项目管理好。其次，在对人员的管理上，以前只是在尽力挖掘好员工，行动力强的员工，现在发现，好的领导才是一个团队的核心。一个具有更强领导力的人，比具有更强执行力的人更重要。”

另外，他还认为，一个好的项目，好的企业，必定有好的企业文化和标准化的企业制度。一个企业只有在标准化的、可复制的企业制度框架下运行，才能不依赖于某个核心领导人，不至于在重要人物离场时整个盘子都需要大改动。另外，好的企业文化是可以让员工有归属感的。只有有了归属感的员工，才会站在更高的层面去审视，才能“用心”做事，以经营的角度、公司的利益为出发点。

对于张树军而言，合生汇成就了他，从工程设计到开发管理，他得以站在更高的层面审视一个标杆产品的项目管理。同时，他也铸就了合生汇，用他更丰富的管理经验反哺于产品项目。

合生汇可以说是张树军职业生涯的一座丰碑，而他现在要做的事情是挑战自己，向另外一座更高的山峰攀登。

目前，由他掌舵操盘的通州合生汇正在紧锣密鼓的建设中。这是一个建筑面积60万平方米的大型综合体，由豪宅、五星级酒店、甲级写字楼和10万平方米的商业组成。该项目将在今年开工建设，2021年年底交付。

“北京通州合生汇位于北京最具发展潜力的通州区，地处副中心核心区，大运河相邻，随着北京市政府的迁入，地段升值前景巨大，项目将覆盖10千米范围内的30多个社区，服务人口数量近110万人，来往办公及流动客群近80万人。”张树军介绍说，“同时，该项目也是我接下来倾注所有心血的，我会将我这20余载的工作经验都拿来为该项目做服务，将它做到完美和极致！”

这样的人与产品的有益促进，是张树军所引以为豪的。

他说，作为一个房地产建设者，最大的梦想就是努力做好每件事，用产品打动别人，赢得大家的尊重。“这是我工作的最大动力。”

张树军在工作中兢兢业业一丝不苟，但私下里的他却有着广泛的兴趣爱好。连续好几年时间里，他都是中经联盟的摄影俱乐部主席，带着一帮人出去摄影、为了一个镜头的跋山涉水的日子让他有些怀念。“最近几年工作太忙了，也没太多精力去玩这些，希望忙完这些时间还能捡起相机，把自己交给大自然。”他动情地说，“目前我最大的心愿是再攀高峰，拿出更高水平的产品项目。”

张学彬

中经联盟公益基金专委会主席、泰达资产运营管理(北京)公司总经理

“第3选择”式工作

作者:中经联盟特约记者　陈红艳

读书,让这位房地产从业者在深夜里有了更多思考。对他而言,一个不思考的人生,生活就不会那么丰富多彩。

他喜欢读书,《原则》《心流》《盗火》《人生脚本》《三生有幸》此类书成为他经常翻阅、学习的对象。他就是泰达总经理张学彬,一个游离在资本与书籍之间的一个好学者。

张学彬于2000年进入泰达体系。在北京期间还参与了公司在海南、苏州、郑州、石家庄、成都、西安等项目的前期工作。与中信、华润,中铁、华融等金融机构开展了多方面合作。

一直以来,张学彬总是默默地耕耘,默默地做着自己的工作。务实着,低调着。

他不需要别人的敬佩,不需要光环。他也不羡慕别人,就只是把自己的事做好。

这样务实的一个人,2006年,他受集团委派率队接管了北京泰达时代中心(原中国第一商城)。这也是泰达在2006年进军北京市场的首个项目。它原是北京市政府1994年赴美国招商项目,为北京市首批对外招商的房地产项目,当时设想将美国成熟社区文化概念“Shopping mall”引入北京,建成以居住为主,集商务、购物、餐饮、交际、休闲、娱乐、运动、教育及酒店服务为一体的“城中之城”。该项目于1997年正式启动建设,后因资金等原因,转手至泰达。

经过“撸起袖子加油干”的几年时间打磨,张学彬和他的团队逐步解决了项目面临的定位模糊、金融机构违约、施工单位停工、业主纠纷、股东协调、招商困难、新老员工磨合等问题。目前已成为CBD的重要组成部分,并已全面进入正常运营状态。

“实际上,当时接管这个项目时,对项目团队也是一个比较大的挑战,而且当时国内做的这类案例还比较少,所以项目团队花了大力气做了很多研究。”谈到这段工作经历,他眼里有一束光,是兴奋和竞争胜利的快意。仿佛星星点灯照亮了漆黑的夜晚。很难得在这个低调、稳重的国企人眼中看到他的一丝情绪。

张学彬和他的团队将闻名于京城的问题楼盘重塑入市,赋予其勃勃生机,他们为此而感到非常骄傲。

在泰达这个国企中,张学彬迅速成长起来。而在他的骨子里仿佛深深镌刻着他们的企业精神,“诚信、专业、唯实、人本、创新。”要真正做到让企业加快发展,唯有通过不懈的努力不断接近

理想和目标。

泰达资产运营管理公司，隶属天津泰达投资控股有限公司的国有资本投资管理及运营平台。泰达控股成立于1984年12月，主要经营领域为区域开发，公用事业，金融和现代化服务业。在区域开发领域，承担了天津开发区、中新天津生态城、临港经济区、滨海新区核心区等区域、梅江会展中心、中塘示范镇等重大项目的建设。

在这样的一个大型国有企业中，张学彬时刻保持清醒，冷静，不能让自己在工作上出现任何偏颇。他是一个自律又时刻会内省的人，懂得摈弃外界干扰，设定明确目标，一心一意向前。他认定的事情不太会受到别人的影响，要向内看，始终保留有自我察觉和自我成长的意识。

这样的他，希望自己做一个出色的职业经理人，杰出的管理者。对张学彬有借鉴意义的《第3选择》一书给予他很多启发：要解决最棘手的问题，我们必须彻底改变思路，第3选择不是“听你的”或者“听我的”，而是寻找“我们共同的方法”。

我们的面前总是充满难解、看似无解的问题。于是我们失望、决定放弃，或勉强接受一些最终还是会让自己觉得很糟的妥协。面对任何问题，大家惯用的第1选择就是按照“我”的方式，第2选择就是按照“你”的方式来进行。冲突点往往就在于，到底是你的选项比较好，还是我的。因此，不论选择哪一方，都会有人觉得受伤或牺牲。这时不妨考虑第3选择：超越你的或我的方式，设法找到更高明、更好的方法，让双方都能从冲突中找到一条出路。

书中自有黄金屋。他说自己也经历过很多焦虑的时刻，很多难做的选择，但是要学会“第3选择”，给自己找到平衡点、找到出口。这是在工作亦是生活中都要学会的智慧。

要有改变的力量和勇气，时常纠正自己，才会不断进步。在张学彬看来，房地产行业也是如此。

中国房地产市场经过近十多年的快速发展，提高了中国的城市化率，促进了城市的建设和发展，使人们的居住条件得到了较大的改善，房地产行业集中度也得到进一步提高。但在房地产白银时代，楼市一路飘红的日子已一去不复返。目前的房地产市场不管是开发商还是购房者，都很难回到过去那种盲目购房投资的年代。地产行业竞争格局已经发生了很大变化。在政策调控和消费升级的双重变革下，昔日的地产霸主正面临新型挑战。房地产行业的升级、合作、共赢，已成下一轮地产商们能否决胜的前提。

随着中央提出满足人民对美好生活的向往的工作目标，以及人均GDP的逐步提高，房地产开发量将逐步减少，房地产行业也将由追求规模的粗放模式开发，逐步向精细化方向转变。目前城市更新、共享办公、长租公寓就是很好的体现。张学彬指出，“围绕人们消费升级，对美好生活的追求将是未来企业关注的重点。市场的专业化、精细化、品牌化、服务化、经营化需求，也将是企业未来转型主要方向。”

当下的市场环境，已与之前的十年不可同日而语，当前不少房企都在主业之外展开探索，寻找新的利润增长点，并试图与主业协同。所以，传统的模式将面临激烈竞争，未来的机遇将主要依靠持有运营核心资产获得长期回报，发展新格局成为当前房企转型升级的新模式。

在现在这样的房地产白银时代里，这个势头在逼迫房地产行业必须变被动为主动，不断学习、不断适应、不断调整。要转型才能更好地活下去，不是为当下活下去，而是为未来活下去，是为了活得更长久、更健康。

而接下来，张学彬会在城市更新、产业投资、特色小镇等方面进行积极探索。世界上唯一不变的是变，对于他来说，这些还是全新的课题，还需努力。说到未来，他说自己会紧跟时代脉搏，顺势而为。

此生有涯，岁月有期。或许，于他，更期待“默默耕耘，静待花开。”

张学冬

中经联盟媒体俱乐部主席、新京报执行总裁

务实耕耘

作者：中经联盟特约记者　刘莹

采访同样记者出身的新京报传媒执行总裁张学冬，让我略有一些兴奋，一方面，作为地产圈的知名媒体人，有机会与他进行业务交流，顺便听听他对职场新人的批评指正，机会难得；另一方面，作为职业背景相似的前辈，了解他的发展路径，并同时为自己的职业规划提供借鉴，这也是我的一点私心。

务实，是我对张学冬的初印象。

“梦想是件好事情”

2003年加盟《新京报》的张学冬拥有媒体人最典型的发展路径：从一名地产记者做起，之后一路走来，历任《新京报》房产新闻部副主编、房地产事业部主任、新京报传媒副总裁等传统岗位，直至后来担任新京报传媒执行总裁，开始背负经营的压力，同时负责报社行业周刊的内容产出。入职《新京报》以来，就一直在这份媒体坚持做现在，张学冬的职业生涯走得“单一”而“专一”。

张学冬坦诚，这其中他也不间断地接到过各种工作邀约，但是一直不舍得离开《新京报》：一方面，记者的工作让他更熟悉，做起来也得心应手；另一方面，这家国内顶尖的优秀媒体，聚合了来自全国各地的拥有强烈新闻理想的年轻人们，和他们在一起，你会持续不断地体会到做新闻和梦想实践的乐趣。从这个角度讲，《新京报》将不仅是一份工作，还是一个可以实践梦想的地方。

梦想感是件顶重要的事，而中年人的梦想感和青年人的梦想感又略有不同，青年人的梦想里，激情更多一些，对未来的畅想更多一些，空谈也是时而有之，而中年人的梦想里，“踏实做事”基本就成了最重要的词，并贯穿始终。

于是，“务实”的张学冬在自己加入《新京报》的第15个年头里，报社开始了新媒体化的改革，与他而言，他希望抓住由新技术带来的媒体风口，也希望基于传统纸媒多年来扎实做新闻的深厚积淀，在新媒体领域里形成更大的影响力。于自己的内容团队，他也提出了更高的要求：“我的记者要不仅能够写得了稿，做得了策划，还要能够拍得了短视频”，他希望自己的记者都成为全能型人才，也希望基于优秀团队的合力，共同推动变革的实现。

“做事者”张学冬把这次新媒体的改革称为“二次创业”。他说，此前加盟《新京报》的时候，资历和能力尚浅，虽然是较早入职《新京报》的员工，但当时只需按照报社的安排做好记者工作即可。而今，能有机会在这个自己无比热爱的平台上，亲自参与并牵头做一些事情，来对它作出改变，这很有价值也很让人兴奋。

张学冬对这次《新京报》的新媒体改革充满激情和期望，“如果有一天能够做到上市，那就是极好的了”，张学冬说。

“旁观者”与“参与者”

行业属性的限制，更多时候，媒体人都是以“旁观者”的身份参与到行业的进程中来，他们或针砭时弊对行业事件给出建议，或只是客观报道事实真相，似乎从未真切地参与到这些正在发生的事实中去，相比企业一线的从业人员，这种“冷眼旁观者”的角色是否会显得地位略轻？

就此，张学冬给出了他的意见，通常会有四股力量同时作用影响一个行业的进程和发展：一种，自然是扎扎实实工作在行业一线的企业从业者，他们用实际业务推动着行业的发展；另一种，则该是规章制度的制定者以及市场行为的规范者，他们让整个市场的参与者都得以在合理的框架下运行，这一角色通常由政府和相关决策机构扮演；第三种，应该是坚守客观报道、监督企业和行业发展进程的媒体人，在他们的笔尖下，我们才能够共享行业内有价值的信息，也让不合规的东西见诸光下；第四种，是孜孜不倦提供数据支撑的学术机构和研究机构，它们为行业的发展提供智力上的借鉴，这四种力量应该是彼此并行，不分伯仲。

作为第三股力量中不可忽视的一部分，多年来，《新京报》也在以实际报道践行着行业最客观的“旁观者”的角色：第一时间通报行业动态、监督行业进程，批评性报道坚实有力、媒体时评针砭时弊，不哗众取宠，不跟风，也不以噱头事件来博人眼球，多年来，坚持用事实说话的《新京报》积累了良好的口碑和美誉度。

口碑为证，作为国内最有影响力的报纸之一，近年来，《新京报》行业周刊的一些报道恰到好处地拿捏了行业“参与者”和“旁观者”之间的尺度，是不折不扣的推动行业发展的坚实力量。

“多面体”

拥有吉林大学经济学硕士背景的张学冬思维理性，经济学固有的理性逻辑贯穿了他行为方式的始终。他也从不排斥这种理性，他很爱看书，闲下来的时间几乎都愿意交给书籍，经济学和历史类的书籍是他的最爱，甚至他会为了了解时下最新的东西，而把近期书单排行榜上颇有价值的书籍全部买下，读书能让人充实，得到需要付出更大的努力，这在他身上得到了最完美的体现。

张学冬做事习惯于提前规划，并按照既定的章程一步一步来，这像极了目的性很强的狮子座，然而他竟是直爽的白羊座。作为分管《新京报》行业周刊采编，同时也要负责经营的人，张学冬觉得自己有的时候是分裂的。他说自己有时候也有妥协，但他认为妥协的前提是企业不要作恶。

背负经营压力以来的生活与之前单纯做记者的日子完全不同，记者只需要对自己的选题和稿件负责，而作为经营者和管理者，却要对整体业绩负全责。每天一连串未完成的业绩数字扑面而来，时刻提醒你时间紧迫，脚步不能停下来，要加紧追赶，张学冬说他也会焦虑，但是这种情绪尚还在可控的范围之内，作为踏实做事的人，他更希望尽快找出解决的办法切实摆脱困境，而并非沉溺在其中无法自拔。实在不行就找几个好朋友喝顿酒，醒来就该干什么事情就接着干什么事情就好了。

作为繁忙的媒体人，张学冬 70% 以上的时间都交付给了工作，然而他又在尽力地做好“好爸爸”的角色，每逢周末或难得的休息日，他都会安排时间来陪正在读幼儿园的女儿。工作需要努力，生活也要充实，这样的人生才更圆满。

那么作为媒体行业的前辈，张学冬眼里的好的行业记者又该是怎样的标准？他总结了五点作为回答：首先专业性，这应该是好记者的第一标准，好的记者通常角度独特、视角犀利，可以充当行业内的专家；职业性，这该是好记者的第二条标准，好的报道不能受外力影响，也不能带有任何偏见和情绪；第三，则该是足够的吃苦耐劳精神，好的记者通常会有很多独家，而拿到独家则颇费一番功夫；第四，广泛的业源，值得信任的好记者才能够总是拿到第一手的资料；另外，足够的创新能力也是好记者不可或缺的技能，好的记者要不仅会做新闻、做深度、甚至还要会做特写，要敢于创新自己的写作方式，五个要素，缺一不可。

共勉！

张 杨

中经联盟媒体俱乐部副主席、北京电视台财经主持人

知己者，百战不殆

作者：中经联盟特约记者　解玉莲

“我刚主持完一场节目，晚上还有其他工作，咱们约在今天下午4点可以吗？”这是之前约采访时间时，张杨的一句礼貌且略显忙碌的回复。初次见张杨，是在北京电视台附近的一家咖啡厅，与想象中略显倦意、风尘仆仆的形象不同，面前的北京电视台财经主持人张杨颇显稳健从容，言语动作中透着一股说不出来的坚定劲儿。

坚定与坚持

“很多人可能一直搞不清自己真正喜欢什么，但是我不一样，我从高中就坚定了自己做主持人的梦想。”那时崔永元主持的一档谈话节目《实话实说》正风靡全国，激发了张杨对主持的热爱，同时他发现，思维逻辑更清楚、专业知识更深厚且在主持界更有影响力的，是崔永元、白岩松、张斌等一些新闻专业出身的“非科班人士”。因此，在那时张杨就坚定了自己学习新闻的目标，在高考填报志愿时将第一专业一口气全都写上了“新闻学”，并且后续“半路出家”，成功转型为一位北京电视台的房地产、体育产业、艺术品收藏“三栖”的知名财经主持人。

罗马并非一日建成，梦想也不是一蹴而就的。早在大学时期，张杨就已经在校内崭露头角。除了快速应对校内外重要新闻事件、稳扎稳打、在诸多知名报刊上发表了200多篇文章外，张杨深入采访一线、在央广中国之声《新闻和报纸摘要》栏目有过三次实习经历，播发音频报道100余条。毕业后，凭借着专业知识积累以及一股对新闻的热爱，张杨一路过关斩将，最终如愿成为北京电视台红极一时的经济新闻脱口秀节目——《首都经济报道》的出镜记者。

真正做过新闻的人能懂得，做记者并非如常人想象的那样光鲜、生活充满阳光，相反这是一项对专业知识、逻辑思维、抗压能力甚至身体素质要求都非常高的职业。而这一职业，张杨一做就是6年。6年中他曾参与了2008年北京奥运会、2010年北京车展、亚洲博鳌论坛等国内外大型活动的直播报道，并且先后作为地产、体育经济等领域的专项记者进行深入报道，其身影遍布京城内外的各大新闻事件现场。

深入与跨界

张杨地产行业媒体人的身份，应该要从初出茅庐时对业内大咖的采访说起。似乎是注定的缘分，在 2008 年的一次重要选题中，张杨采访的人正是如今的中经联盟秘书长陈云峰。

这一年北京楼市可以说是发生了一次历史性的转折。由于 2007 年房价不断攀升，社会舆论沸腾等原因，国家下发《关于加强商业地产信贷管理的通知》，以提高购房人首付和利率、严格控制房企开发贷款等多种调控方式扭转了房价持续上涨的局面，房价应声下降，楼市开始明显降温。为了促进销售，房企和中介等机构的不规范操作频频出现。正是在这样的大背景下，张杨开始了对陈云峰关于“楼市中的违规操作”的主题采访。作为经验丰富的地产人，当时陈云峰对于部分房企“捂盘惜售”等操作的犀利观点，以及对房地产现状和未来走势的专业分析，让张杨更加暗下决心要苦练内功，多向业内专家学习。

之所以说张杨与中经联盟的缘分是注定的，除了和陈云峰的“偶然”对话外，还因为张杨经历了中经联盟筹备、彩排以及正式成立的全过程，是为数不多的见证者之一。值此中经联盟成立 10 周年之际，张杨也表达了对中经联盟的感恩，并且希望联盟依然发挥学习交流、促进行业发展的作用，为地产经理人的成长进步提供最好的平台。

亲身经历了北京房地产市场多次调控后，张杨表示，自己见证过楼市繁荣的黄金时期，如今也迎来了所谓的“白银时代”，房子正在逐渐回归居住属性。在这种背景下，开发商从去年到今年也在进行转型。一方面是从以往单纯的开发转变为开发与运营同时进行，另一方面则是产品的转型，即使是单纯做开发的房企，也在不断地优化、调整产品。张杨指出，在目前的市场上，房价已经不会产生太大的波动，同一区域项目之间的比拼，最终往往是品质的比拼。房企在冲击“千亿”、甚至“万亿”目标的过程中不断扩张，将自身产品的高标准带入新城市，对当地的房企造成强烈冲击的同时，也标志性地推动了整个市场建筑和服务标准的提升。可以说，对于中国的房地产市场，无论是严控还是放松，都无疑会促进它在各个方向更好地发展。

在中国经济和房地产业进入新时代的同时，张杨也实现了房地产、体育产业、艺术品收藏“三栖”发展，不仅完成了从记者转型为主持人的梦想，更是在这几个领域的完美跨界，其主持的《理财》《财富家战略》等多档优秀节目在 2013-2017 年先后多次获得中国广播电视协会电视社教类十佳栏目一等奖、中国广播电视协会三等创优专题奖，而其个人也因为扎实的功底和 hold 住全场的独特主持风格，在 2018 年荣获北京电视台播音主持专家奖的殊荣。

初心未改 不负华年

从大学毕业至今已经过去了 12 个年头，如今 30 过半的张杨也从当年的青涩大男孩转变为在财经地产圈虏获众多粉丝的资深媒体人。与以前一致的是，张杨仍然保持着高度投入的工作状态。谈及最忙碌的时候，张杨表示，自己前段时间为了录制一台节目来了一个“连轴转”，“深夜议稿 4 小时 + 凌晨睡觉 5 小时 + 上午到下午录制 4 小时，相当酸爽！”连续高强度的工作状态，丝毫不亚于他二十八九岁时早晨去采访国足主帅 + 中午去家居展会现场采访 + 晚上又直接参与新闻直播录制、全天 18 小时工作时间的拼劲儿。

12 年的时间，张杨的身影始终在各个现场穿梭。在忙碌工作的同时，张杨偶尔也会选择稍许放松。观看足球赛和欣赏传统器物是张杨最为人熟知的业余兴趣，当年也正是因为对足球等体育运动的喜爱，张杨才有机会成为报道体育产业的记者，足球场上的持续拼搏，挥洒汗水、团队协作以及为胜利而欢呼的节奏令他振奋；而究其对于传统器物喜爱的原因，一方面离不开之前做收藏品节目的推动，另一方面则是中国传统文化底蕴能带给人平静，沉稳，厚重，祥和……

本想着与中经联盟 10 周年映衬，问一下张杨接下来的 10 年有哪些规划和人生的小目标，张杨却表示“10 年太长远、变化太多，不敢说未来 10 年的规划，如果说未来，可能 2 ～ 3 年更合适”。在一贯逻辑严谨的风格下，张杨表示，未来可见的时间内还会在财经圈发展，会更加深入地学习地产、汽车、收藏、投融资、大消费等多方面的财经知识，更好地支撑未来前进的路……

12 年始终在一家单位，12 年坚持在财经圈发展，12 年来不断地学习进步，张杨评价自己是一个兴趣驱动的人，“只有喜欢的事才会持续坚持，激发出更多创造力，不感兴趣的事则不会浪费时间。”做主持是他喜欢的事，他最懂自己！如今他已经走出了自己的一条路，未来他在这条路上行走的步伐将更加稳健坚定……

张志成

北京云华农汇网总裁

IT 地产人的“诗和远方”

作者：中经联盟特约记者　赵建萍

2014 年之后，拥有近 20 年 IT 与互联网从业经历、长期扎根城市的 IT 精英张志成一反常规，决定信步下乡村，投身新战场。

作为北京云华农汇网董事长兼 CEO、前金蝶软件某行业事业部总经理的张志成，明明可以凭借深厚的技术优势享受创业带来的成功，却偏偏选择放下从容、优渥的生活，跨界新农业，投身三农建设和乡村文旅开发，为其提供专业的咨询顾问服务与技术服务。

事实证明，人的能力往往和他的理想志向成正比，精英张志成的创业之路果然风生水起。

2012 年，在清华大学 EMBA 班同学的启发下，他第一次将目光投向三农领域。但在 2016 年以前，他的事业重心仍然侧重于最擅长的 IT 系统服务与农业的结合，重点围绕农业经营主体，在农业生产领域展开服务。

直到 2017 年初，诸多因素触发张志成改变思路，将事业重心正式转向乡村建设和文旅开发，提供基于互联网的技术服务。

一方面，由于此前专攻企业管理，他对于地产行业的动向颇有心得。发现近几年来，诸多地产标杆企业纷纷成立了与农业相关的事业部：或打造共享农庄，或在康养、旅居项目周边挖掘文旅资源，或希望通过农产品开发为其大量客户提供品质更优的生活配套服务。

另一方面，他敏锐地察觉到，地产开发的模式已悄然发生转变，以租代售作为一种长效机制，在地产业务中的比例正在逐步提升并占有一席之地。而盘活集体建设用地，开发乡村闲置资源，既是对国家乡村振兴计划的响应和支持，也为地产开发企业提供了另外一种产业方向和运营思路。

然而，理想很美好，现实很骨感。从城市向乡村的转型之路并非想象中的一片坦途。

“从 2014—2015 年投身三农建设以来，我也度过了一段迷茫的时期。从最初依托 IT 技术介入农产品及物联网开发，到发现存在诸多理念上的错位，中间暴露出许多问题，我甚至一度想到放弃。”谈及转型中经历的困扰，语速流畅、反应敏捷的张志成出现了片刻沉思。

所幸，轻言放弃并非他的风格。

基于多年的专业技术背景、出众的眼界和思维，他发现在此前的合作和服务中，其平台积累的大数据备受各地政府、金融机构和企业的关注。冷静、全面地分析后，他为企业的业务转型制定了更加明确的方向。

首先是将企业定位于专业的平台顾问机构，为地方政府、开发企业以及乡村提供最佳适配的数据和信息服务。为此，他引入专业的乡村文旅设计团队，共同为乡村文旅产业、特色小镇提供规划与咨询服务。

“乡村文旅资源往往呈点式分布，需要第三方企业进行梳理及整合，在此基础上对用地指标、资源分布等进行专业评估，制定整套产业规划和设计方案，才能实施有效的开发。”张志成强调。

其次，在过去，金融机构主要针对开发企业和个人制定评估标准、提供信用服务，对于农民合作社等农村经营组织尚未搭建标准化的信用服务架构，而资金又将影响各地农庄的建设发展。为此，张志成带领团队利用大数据平台，不仅为其开发了专业的信用评估体系，而且先后与北京农经办、荆州农经局、北京农商银行、邮储银行等开展合作。

与此同时，为乡村文旅开发和运营机构提供金融配套服务，也成为他下一阶段的目标服务内容。

“一方面，农村商业银行等金融机构可提供面向美丽乡村建设的涉农贷款，支持以较低的资金成本振兴乡村建设；另一方面，各地政府也在设立相关产业基金予以补贴，成立了乡村建设投资基金。”张志成补充道。

此外，张志成将服务目标锁定乡村三产融合以及体验农业、观光农业的开发，并不涉足农业生产本身。“农业生产和农产品开发仍旧交由传统的农业开发机构，由我们为其提供专业的技术服务，同时对接政府产业基金和金融机构，帮助他们更加优质、高效地推进业务。”张志成说道。

其后，恰如古罗马哲学家塞涅卡所言，如果一个人知道他要驶向哪个码头，那么任何风都会是顺风。

拨云见日的张志成，似顺风启航，能量满格。

在与内蒙古乌兰察布旅游委的合作中，他建议立足于当地资源进行定位规划，把握 2022 年北京冬奥会经济的延伸效应，并由政府出面，支持企业对闲置农房进行多用途开发和盘活利用。例如植入文创产业，打造画家村、艺术村等，发展民俗、餐饮等业态，而不是贸然复制莫干山地区的成功案例。

而对于地产企业“下乡”，张志成肯定其强大的市场开发和资本运作能力在乡村建设和文旅产业开发中具有不可替代的优势。特别是考虑到未来文旅项目的运营，其庞大的地产客户资源意味着在消费端他具有天然优势。

“不过，地产企业‘下乡’面临着共同的问题，即如何介入乡村、整合资源以及展开合作。”张志成指出。

为此，在华东、华北、华中、华南等地的乡村文旅项目中，他带领团队为地产机构提供专业的数据服务，为其构建商业模式，对可开发区域及用地资源进行统一规划，由政府引领企业进行体系化、规模化的开发。

显然，无论是基于近年来在三农领域的建树，还是过去在金蝶与众多地产企业合作过程中积累的运营数据和管理经验，根据用地资源和现状，为地产企业“下乡”提供量身定制的咨询顾问和规划设计方案，张志成是最佳人选之一。

正所谓“授之以鱼不如授之以渔”，他认为，提供专业服务，旨在助力乡村文旅产业的开发，为当地经济、交通、就业等带来新的增长，甚至推动其成为未来地产开发门类之一。

理想的追逐永无止境。

2016年以来，打通金融咨询、企业顾问以及文旅产业规划等全流程的张志成，并未止步于此。他身兼清华EMBA09校友会秘书长、中关村大数据产业联盟农业专委会委员、中关村云计算联盟农业云实验室负责人等多项社会任职。他充分发挥技术优势，于2017年成功推出第一家互联网端的全国乡村闲置农房整合平台，为企业投资乡村建设，与村集体合作进行共享农房的长租运营提供数据服务。

不同于简单的乡村物质空间建设和环境整治，文旅、乡创产业的开发正在成为新的风口，吸引各路资本和机构入场，推动体验型、观光型甚至旅居型乡村旅游成为旅游消费升级的重要组成部分。

置身其中，张志成说自己现在是由IT跨界而来的地产人。“出差是工作日常，喜欢的足球现在一年大约只能踢一两场。”他无奈地笑道。但是，作为专业的数据平台和咨询服务提供者，不仅可以帮助那些向往“诗和远方”的人将情怀在乡村落地，同时为美丽乡村构建持续交互的生态系统，实现理想和事业的共生进化。这样的每一天，让他充满自豪与期待。

张子健

思为科技副总裁

给地产插上互联网之翼

作者:中经联盟特约记者　陈红艳

骑哈雷摩托游历中国大江南北,穿越滇藏线,翻过唐古拉山口,走过可可西里无人区,看过大漠孤烟直,看过黄河之水天上来,看遍春花秋月何时了……生活不止眼前的苟且,还有远方。张子健喜欢玩刺激,喜欢出发,是一个很“man”的北京人。于他,好好活在当下,生活就要丰富多彩,要嗨起来。

从扛小旗的导游到售楼员、房企高管再到现在的思为科技副总裁,张子健一个人单打独斗,从基层一步步做起来。他在房地产开发领域任职13年,其中地产开发企业高管任职8年,先后在北京、南京、青岛、淄博、烟台、成都、长春、唐山等地,操盘过多个地产项目与购物中心项目。

他说:“无论是之前做地产还是现在做高科技,都觉得很有成就感,成就感在于帮助人们置业,用点点滴滴推动行业的发展。也正因为有前面的工作铺垫、工作经验积累,对现在互联网化房地产才有更深入的认知及判断。”

2003年,张子健开始了售楼生涯,也迈出了他进军房地产业的第一步。

“我当时经历了房地产的黄金七年,真挖个坑,有一个沙盘,就可以卖房了。”他笑言,做房地产比当导游容易很多。

做了两年售楼员之后,张子健进入了国美第一城,这是他从住宅地产到商业地产的转型。

这时候张子健与现任中国房地产经理人联盟秘书长陈云峰相识,他说,“陈总是我的领路人,跟着陈总学到很多,包括对人生的认知,以及地产全产业链的开发,也奠定了我在房地产业扎根的信念。”

在他看来,住宅地产在过去流光溢彩的十年里,创造了各类神话。但对商业地产人而言就没有轻而易举。商业地产在过去十年里独自上路,摸着石头过河。我们相信地段的价值,相信品牌的力量,相信通过合理的业态规划,可以打造城市中地标性质的商业项目,其价值增长空间不仅是商业项目本身所带来的收益,更是通过对商业项目的打造为大众带来了全新的生活方式。

在国美第一城的三年,张子健先后完成了两个10万平方米的商业街项目落地,由此他迅速成长起来。

2008年他入职北京昂展集团,在操盘购物中心这几年,他不仅有甲方工作经验,对营销领域也有深刻体悟。

他经历了房地产从鼎盛到白银时期的过程，对地产营销、商业地产、文旅地产有深入的研究和丰富的实操经验与资源。

2015 年加入思为科技是他人生历程的重要转折点。对他而言，他找到了自己的方向。

思为科技是一家移动互联网公司，利用线上化的裸眼 3D 技术为房地产赋能，开创 3D 场景展示 + 移动互联网线上传播 +AI 大数据追溯于一体的全新产品形态。产品从内场销售、外场拓展、渠道推介到移动互联网线上的全场景应用，并借助移动传播、用户回溯和后台大数据串联整个营销环节，实现可迭代升级的销售线闭环。

张子健介绍，从 2015 年至今，短短 3 年时间，思为科技从只有几个人的团队发展到 200 多人的队伍。从一个不足 100 平方米的工作室，发展到现在全资子公司及办事处遍布全国 16 个城市的规模。截至目前，已成功为 1500 个以上的房地产项目提供了服务，战略合作开发商多达 150 家，排名前 100 的开发商的渗透率超过 80%。从 2011 年创办至今，思为科技已经成长为房地产互联网营销方案提供商的领导品牌。

他很欣慰，思为科技最初坚持的理想逐渐有了形状。

“只要一部手机或 iPad，一秒就可以看到你所要看的楼盘，一秒到达异国他乡，浸入在 1:1 还原实景的裸眼 3D 场景中体验项目本身和周边配套设施。躺在自己家沙发上，你通过互联网将原有的固态样板间及园林引入线上，成为流态的虚拟显示化场景，随时随地都可通过手机看房。”张子健拿着手机介绍着、展示着思为科技的研发产品，任何地产项目都可以完美地展示在虚拟案场中，突破营销展示的空间局限，成为一个“移动售楼部、线上样板间”。用户可以不受任何空间限制，透过屏幕感受到项目传达的、悠隐于都市的奢华享受，俯瞰灯火城的邻家体验。

近十年来，房地产行业的营销模式十分传统，如何提升客户黏性，是思为科技构建地产项目线上线下“双线”竞争解决的主要问题。对于房产商来说，有了房源和营销渠道依然不够，他们还需要将现有的地产项目做成线上可传播的生动场景。张子健指出，相比于需要去售楼处看房，消费者们在自家的沙发上就可以浏览沙盘、区位、样板间、园林等产品卖点。对于消费者来说，整体地看房和初步决策过程更加简单、高效。

思为科技所做的是，通过移动互联网技术改变房地产营销模式，帮助开发商把售楼变得更简单轻松。“内容即流量”这是思为科技自己总结出了一套地产营销的变革理论——流态营销。

在房地产白银时代，大家对于项目营销到底该怎么做都会感到焦虑。现在房产渠道的转化率越来越低，流量投放的有效性无从考证，靠着图纸、楼书、实体沙盘卖房的地产商已经被固有思维模式禁锢了。在红利耗尽的时代里，与传统地产营销公司不同，思为科技探索的是互联网场景化的营销新方向。

在张子健看来，开发微信端售楼系统后台 AI 大数据分析系统，为地产发展提供专业的全案数字营销解决方案，对案场数据提供专业管控实现精准营销，可以帮开发商大幅度节约成本、提高效率，推动行业发展。

在 PC 互联网逐渐向移动互联网过渡的时代，思为科技在 2016 年发布行业首个移动端看房产品——“微沙盘”传播系统，真正实现了掌上看房。

2017年，思为科技发布行业首个房地产售楼分析系统——知屋SAAS系统，利用AI技术，帮助开发商筛选出意向客源。即使购房者从线下售楼处离开，开发商仍然可以进行精准营销。

思为科技在2018年发布业内首个可以实现最高8K分辨率的投屏产品，且设计出更适合置业顾问销讲的交互方式，做到将购房者普遍关注的项目地段信息精确梳理，正确传达项目价值，使在售楼处的购房者真正地对项目地段一目了然。

事实上，优秀产品的背后，离不开他对房地产营销行业的正确理解和思考。

2016年产品第一次系统性对外推出，并应用于碧桂园森林城市项目。而2018年“思为三间”小程序的推出，彻底实现了地产营销互联网化以及通盘通客。张子健解释说，腾讯小程序的入口，几乎是为思为定制的，购房属于是“大宗、低频率”消费，而小程序正好是一个低频率阶段性使用的流量入口，使用过一次，就会驻留在微信顶端，每次需要浏览楼盘时，很轻松地就可以回到地产项目的小程序中。

从地产公司到互联网公司的转变中，唯一不变的是张子健一直在做地产营销。在他看来："任何科技都是要降低成本、提高效率，而我们现在做的就是帮助房地产行业插上互联网翅膀，使其降低成本、提高效率，让最终的实惠反馈给消费者。"

他说："这几年我们多次融资，基本都投到产品研发上，不断迭代自己的产品、干预自我革命，让中国每一个售楼处都用上思为的产品是我们的愿景。"

被市场高度认可的背后，思为科技一直在突破自己。张子健坚信思为科技的未来更美好。房地产互联网化未来已来，执以为真、执以为念、执以为行，继续上路，方可抵达彼岸。正如，他喜欢骑着摩托车，穿越过一个个山丘，穿越未知，唯有继续上路，方可穿越未来。

都市历程

赵秀池

中经联盟学术委员会主席、首都经贸大学土地管理系主任

一生学者

作者:中经联盟特约记者　刘莹

1965年出生的赵秀池,散发着稳重气和书卷气。

书卷气大概源于其多年的执教生涯。黑框眼镜加上一身中式服装,如果手里再多几本书,那么赵秀池就和我们印象中传统的老师形象毫无差别。而事实上,赵秀池的真实身份就是一名教师,1986年,她通过考试留校任教,至今已经有32年的时间,而自1992年首都经济贸易大学开始设立房地产系,她在其中讲授房地产经济学和金融学的相关课程,至今也已经有了近26年的时间。26载风雨路,26年的时间成就了赵秀池,如今,作为原土地资源与房地产管理系系主任,现任北京市房地产法学会副会长兼秘书长,博士、教授和硕士生导师,赵秀池脑子里的理论信手拈来,按知识积累的丰富程度来说,她该称得上是一位学者。

学者赵秀池成就颇丰。2010年,她主持了北京市社科联重点课题《加快推进优质公共资源均衡配置,促进城市中心区人口和功能疏解》,该项研究成果还得到了时任市长郭金龙的亲笔批示。2013年,她受邀到中南海中办做房地产政策与形势方面的报告,为是否取消限购出谋划策。2014—2015年,其专著《北京中心城人口疏解与新城发展机制研究》先后获北京市第十三届哲学社会科学优秀成果一等奖和第七届教育部高等学校科学研究优秀成果(人文社会科学)二等奖。

然而她又不仅是一位学者。2010年,赵秀池加入中经联盟,并逐渐成长为联盟常务理事、学术委员会主席,如今,在联盟的学术研讨会上都能常见她的身影,她说,在和中经联盟一起成长的过程中,她接触了更多在业内一线的朋友,这也让自己原本的理论知识更加充盈和富有落地感。比较有意思的是,在一次中经联盟的年会上,她偶然地注册了微博账号,这激起了她与网友交流自己观点的强烈欲望并一发不可收拾,如今她的微博粉丝已经达到了60多万,并且,通过微博热议,成功地将地铁10号线樊家村站更名为首经贸站,影响力可见一斑。

平和人生

学者赵秀池的眼里满是平和,现代人的功利之心在她的身上没有任何表现。我猜想,这种平和大概源于其少有波澜的人生。1982年,她结束中学生涯顺利考入首都经济贸易大学,并在

此扎实积累了四年；1986 年，恰值毕业的赵秀池又再次通过考试与当时的男朋友一起留了校，开始了自己的教师生涯。再之后的日子，她结婚、生子、读博、又职级晋升，一切都来得那么顺理成章又毫无意外。于是平和，似乎就成了自然而然的事。

婚后的赵秀池，将工作和生活处理得很好，尽管她大部分的时间依然都是扑在工作上，但是这并不影响其在女儿心中的“好妈妈”、丈夫心中的“好妻子”、母亲心中的“好女儿”以及公公心中的“好儿媳”形象。如今在她的世界里，女儿学业有成留学海外，母亲身体硬朗家庭和睦，正踏踏实实地过着众人眼里万人称羡的传统幸福生活。采访的当天，恰值赵秀池母亲的八十大寿，中午刚刚给老人做了长寿面，如今的她心里正盘算着，结束采访归家后这个生日的重头戏应该怎么过。

幸福都是平凡而真实的，这在赵秀池的身上体现得极为明显。由于媒体人的通病，我总是试图在赵秀池的身上找到一些更加劲爆的点以吸引眼球，但久也不可得。是的，每个人的人生又应该有多少跌宕起伏呢？平平淡淡、心态平和地做事情，不才应该是最真实的人生吗？

但是这种心态的平和却又不等同于对现状的满足和对知识累积的不渴求。谈及专业，赵秀池依然一脸兴奋：她可以很严肃地分析时下最热的“长租公寓”，也可以很客观地分析当下的经济形势以及她眼中的中国房地产的现状和未来。而当需要一些特别的经济数据作为对理论的支撑时，她又能够迅速地给出精确到小数点以后两位数的数字，这个记忆力是惊人的，也足见内功之扎实。

对于企业口一线从业人员的面对面采访，总会听到他们自然或不自然地对自己所在企业和行业带有观点式地营销，然而赵秀池的评价却总是会不偏不倚，这大概就是做学者的态度。由于观点独特犀利，表达流畅顺利，个人形象也极佳，赵秀池开始备受媒体青睐，并越来越多地成为各大报社、电台节目的座上宾，为购房者和政府出谋划策。她也很勤奋，为保证发言的精确客观，她总是会提前很长时间查证相关议题，并给出最合理的分析。她的知识储备大得惊人，并会用最平缓的语速慢慢地带你进入聊天的语境里，还会时不时地抛给你一个新奇的观念，让你连在枯燥的理论中走神都觉得不舍。于是你便开始好奇，究竟是怎样一个通透的人又付出了怎样的努力，才能够把生硬的理论拆解得如此鲜活。知识就是力量和魅力，这在她的身上得到了最切实的呈现。

“做事者”

赵秀池说，自己从来就是一个不会对未来进行刻意规划的人，一切都是顺其自然。在顺其自然的年纪里读书写字，在顺其自然的年纪里结婚生子，又在顺其自然的时间里踏实工作、教书育人，然后在顺其自然的积累之后成为学者，奉献社会，一切都那么自然而然。

古人常说“做事者”和“想事者”，赵秀池俨然是踏踏实实做事情的人，“想”和“做”是两码事情，落到笔尖的才叫文字，呈现出来的才是文章，深刻研究才能得出结论，赵秀池显然做得非常好。“做事者”才该是生活的主流，而“想事者”其实大多只是空想。

赵秀池身上充满了古典美，于是我想，配上一件复古的旗袍，盘起头发，加之她本身散发的书卷气，她的美应该会让人惊艳了吧。赵秀池重新对“女人的美丽”进行了定义，并将极富“睿智”的美丽发挥到了极致，如此你才发现，原来美女的美也不只有青春靓丽，还更该是智慧从容，而这种美恰好还让人尊敬。

“那么未来，您还预备继续顺其自然吗？”我好奇地问。

“顺其自然大概是一种性格，但我开始对自己眼前的事情有了一些具体的规划，作为一名教师，尽好教师的本分，这自然是职责之一；另外，在学术层面，继续研究好时下的形势与政策，为住房和百姓出谋划策，做好政府的智囊团，这又是学者的本分；一生学习，致力研究吧。”赵秀池答。

写作成瘾的赵秀池近些年爱上了写打油诗，采访的尾声她将这首诗拿给我看，说虽然有不足，但自己以后还会继续尝试并争取让语言更加凝练。然后笑言，这基本就算得上是她对自己未来最切实际的规划了，于是我决定用这首诗来作为本文的结尾：

教学科研相长，成果屡获嘉奖；
教书育人发力，师生奋发向上；
名师高徒获赞，辈出国家栋梁；
服务社会担当，释疑解惑擅长；
媒体电台采访，建言献策奔忙；
未来继往开来，努力再创辉煌；
争取再接再厉，当好师德榜样！

与诸君共勉！

赵　毅

中经联盟常务理事、泳利集团有限公司总裁

理想的现实主义者

作者：中经联盟特约记者　林振兴

不同于在公开场合中西装革履的装扮，身着休闲 POLO 衫的赵毅更显得亲切和善。专访前他绕着公园快走一万步之后，匆匆回家取了两套重达 34 斤的绿皮书。

这是他历时九个月更新的第五个版本，书里攒了他半辈子金戈铁马的悲喜故事。于他而言，地产商仅是一个身份，他更想传播正能量。

（一）南下闯荡

湖南大学毕业后，赵毅选择在西安机械电子部第十一设计研究院工作，做一名结构设计师。在众人眼中那是一份不错的稳定工作，但他并不满足于此，性格里乐于冒险的部分逐渐显露了出来。

1992 年，邓小平的南巡讲话响彻华夏大地，触发了他开阔思路的勇气，赵毅辞掉工作，南下深圳。

深圳第一次创业的高潮刚过去，但大亚湾开发区的建设却正热火朝天。一则深圳特区报的广告吸引到了他，大亚湾开发区唯一国企——惠州市大亚湾房地产开发总公司，正在招聘技术人员。在这样的潮流中，他进入了房地产行业。

各种机缘巧合，赵毅进入了沿海集团。曾经的沿海是跟万科并驾齐驱的一个公司，带有学习型企业的特质，高管在劳动节、国庆节和春节这三个节假日里不能休息，需要统一参加育根培训。

在中国房地产历史上首个严寒刺骨的年份，作为沿海集团江西公司总经理，他在 20 天时间内解决了近 1600 宗渗漏客户投诉，引入台湾营销团队，变“坐销”为“营销”，一举扭转销售不畅的形势，江西公司整体业绩逐步趋于佳境。赵毅也因此扬名。

沿海九年半的历练让赵毅受益良多，积攒了爆发的潜质。他坦言，“这段经历是我在万达迅速发力、短时间内成为明星经理人的基础。”

2010 年，赵毅正式加入万达集团，这也成为他职业生涯中最引以为傲的经历。他曾顾虑万达的军人文化和高压状态，但还是选择操盘万达在厦门约52万平方米的综合体项目。九次开盘，每次都是24小时清盘，连地下车位都被卖成爆品，创造了业内的奇迹。

24个月的销售周期，仅8个月就提前完成。在厦门的第13个月，赵毅终于被批准可以休假，他刚跟团队开会部署好接下来的工作，却接到一个“神秘”电话。因为业绩出色，他被王健林“盯”上了，集团要给他调岗。

赵毅的这次调岗安排很特别，只被告知升级、加薪，到省会城市负责大项目，但并未透露详细信息。直到次日乘飞机赶到万达在北京的总部，才得知接手的是万达在武汉最棘手的项目——楚河•汉街。王健林“临阵换将”之举，让赵毅和前任总经理擦身而过，没进行任何交接工作，他就上岗了。

（二）“武汉大会战”

六月的武汉，高温难耐，连续三场暴雨，闷热感更甚。面对三分之二还未动土的工地，赵毅站在小土堆上默默点了根烟，接连叹气。焦虑的不仅仅只有他，距离辛亥革命百周年越来越近，王健林也不无揪心。

半年会后，王健林把赵毅单独叫到下榻的酒店，指着桌上台历反复询问：“9月30日，楚河汉街能不能保证按时开业？”却得到赵毅一个否定的答案，他脸色刷地变了，周围陷入一片死寂。

赵毅心知肚明王老板的瞬间变脸意味着他在万达职业生涯的结束。他斟酌片刻说道：“如果换一个方式，是可以开业的，希望得到您的支持，请您相信，我这个年龄的人肯定不会随意乱说话。”彼时，47岁的他，是超龄进入万达核心管理层。

赵毅是军人家庭出生，对于抗战时期武汉曾遭受日军飞机的大轰炸，他颇有耳闻。他也曾听过万达内部一个著名故事——西安会战，它是万达历史上一个工期极度紧张的项目，却因一场人海战术，最后按期开业。

面对王老板期待的眼光，他冷静地道出了自己的打算：希望王老板能够把万达集团范围内最牛的设计、招商和工程类的三个著名干将派到武汉，专心致志负责楚河汉街项目，同时必须听从他的统一指挥与调遣。除此之外，万达各个分公司的人员，哪怕人事、财务、司机和保洁，只要能够派到武汉，他也全部照单接收，赵毅要借鉴西安会战的经验，通过组织一场真正的“武汉大会战”确保完成任务。

当天凌晨，赵毅把王健林送到机场。次日早间天还未大亮，一大批浩浩荡荡的万达人涌现在武汉天河国际机场，当然，也包括了他点名的三个人。壮观之余，赵毅很明白肩上的重任。

赵毅善于运用心理学，让手下人卯足干劲做事。他改善后勤条件，把项目公司20元左右的餐食标准提高到45元，跟集团总部看齐；他善于凝聚人心，在工地旁边找了一家快捷酒店，包下了整一层楼用于员工加班和休息；他让行政专门挑选市面上面料最好的服装材料，制作一批米黄色的工服要求全员统一着装。当员工彼此看到烫印在T恤衫前胸和后背的“武汉会战、使命必达”八个鲜红大字的同时，一种使命感油然而生，作为总经理的赵毅也就实现了通过心理暗示激发团队激情的目的。21万平方米的“楚河·汉街”,从破土到装修、招商、铺货、开业仅耗时十个月,他要面对一项“不可能完成的使命”。最终,万达历史上影响力最大、工期最短、投入资源最广泛的大型文旅项目——“楚河·汉街”按期开航、开街。

“楚河·汉街”的极致成功,成为他职场的巅峰纪录,也直接促成万达在短期内以此项目成功要素为范本组合而成的万达茂在全国落地十个项目,拉开了万达文旅集团大幅扩张的大幕。

(三)最勤奋的专家型总裁

王健林曾在内部董事长办公会上评价过赵毅:“我认为他是万达干部中很难得的有企业家精神的干部,我想不明白他为什么在退休以后要做职业培训师。”

对于职业培训师这个理想,赵毅不是冲动地脱口而出。25年的职场历练,让他越来越体会到如何打造好适合企业特质的可落地商业模式对企业经营的巨大作用。

从2008年担任总经理开始,他深知需要有一个传播正能量的阵地和社会、团队和合作伙伴进行交流。从那天起,他开通了“理想万岁的搜房博客”,目前流量接近1200万,他的QQ空间(1963611)也是传播正能量的阵地,同时他还是公众号《箴言真语》的唯一运营者。

赵毅是第一个用数据分析的成果将十九大和房地产调控挂钩,并预测本轮调控周期的专业人士,江湖雅号“中国最勤奋的专家型总裁”。

去年,他筹划多年的成果《不靠公关靠专业—房地产开发阳光操作宝典》,作为解决房地产开发至关重要的报批报建环节的实战工具书,得以公开出版发行,受到业内的广泛好评,重复购买率很高。

目前在河北泳利集团任总裁的赵毅,试图破解三农问题,希望在房地产转型方面做些有益的尝试,探索出一条适合消费升级时代商业内在规则的全新道路。他透露,“该农业产业园项目已被列为永清县的头号工程,首期工程正在深化图纸,希望明年9月份能够重装亮相。”

赵毅自称为“理想的现实主义者”,下一个十年,他希望自己在乡村振兴的实验能够成功,在农业产业地产的方向上开花结果,为自己最后的职场岁月抹上一笔鲜亮的油彩。

中经联盟十周岁之际,他坦言:“中国房地产职业经理人有了联盟的存在,大家活得更精彩。”而关于房地产的谏言,他仅留下四个字“学会自律”。

周　鹏

中经联盟总裁俱乐部副主席、大悦城地产总经理

以终为始，地产界的反叛者

作者：中经联盟特约记者　李红梅

10 月 18 日，一个阳光明媚的上午，大悦城总经理周鹏手握星巴克原宿创意款金属水杯，匆匆地从一场会议脱身，接受"迟到的访谈"。

当被问及最近在忙什么的时候，周鹏言简意赅地说道："只有两件事，闭门读书与搞产业。"

整个采访过程，周鹏谈笑自若，时而诙谐幽默，时而笃定自信，时而仰面思考，与其温文儒雅的外表相得益彰。

在中粮广场宽敞明亮的采访间，有"商业地产少帅"之称的周鹏笑言自己是房地产行业的反叛者，也是一个伤感型追求完美的理想主义者。在这个浮躁的时代，坚守初心不易，作为一个企业管理者，更要在面对现实时做多方的权衡。他希望能做到"知行合一"。

地产"质"变，放慢脚步寻找突破口

2005 年加入中粮集团的周鹏，从 2007 年至 2011 年期间一路从大悦城项目部门总监跃升为项目总经理，之后分别兼任大悦城副总经理及中粮（北京）农业生态谷发展有限公司总经理，再到 2017 年接任大悦城总经理以来，他的忙碌指数也随即一路攀升。

" 现在已经不是调整阶段，而是在发生'质'的变革。"周鹏判断。他认为当下是事倍功半的时刻，应该谋定而后动，放慢脚步，驻足思考如何寻找突破口。"识时务者为俊杰嘛！不利于行动的时候就要思考战略了，制定新的行动计划"。

"我觉得我是地产界里一个反叛的人，有些时候，我必须得做一些很不情愿的事情。"周鹏说现在的房地产经理人压力大，也十分委屈。在不稳定、不可预期的政策及限房价的前提下，企业只能压缩成本，压缩工期，牺牲品质。除此之外，便没有留下任何的创造空间。所以在参与举牌竞地的过程中，他会多找同行沟通，很不赞同大家非理性地哄抬地价。"房地产开发是在全要素地扭曲，最后留给经理人的施展空间非常有限。"

面对现实，周鹏有一些无奈。

"我非常喜欢当前的市场调整，这让行业可以回到正轨，大家更注意品质和服务。"周鹏对一

些企业毫无顾忌地加速圈地盖房的做法很不以为然，“房子耗的是不可再生资源，品质是重中之重，粗制滥造是不敬畏自然、不敬畏客户、不敬畏市场、不敬畏可持续发展。”

在周鹏看来，如果一个企业除了追求经济效益，没有更高的的使命感，那么这个企业很难长久。他大胆作出预测，未来十年，房地产排名前二十的房企会有一个大的颠覆，其中有一半的要么消亡，要么转型。

脚步放慢是周鹏不想在忙碌中迷失初心。他一直笃定房地产最基本的使命是提供品质生活空间和生活服务，并且要能够深度影响空间里的人群。

“大悦城是企业产权的开放空间，他的使命是要承载更多的社会服务功能，进行消费者教育，消费者审美和价值观教育。”周鹏说空间可以对人产生自律，正如环境可以影响人。总之，做任何事情都要是为人服务，以人为本。

在磨砺中成长，经营产品不如经营客群

“最刻骨铭心的是在西单大悦城的经历，让我学会在逆境中成长。”在中粮待了13年，周鹏更多的时间是在做商业地产，现在同时在潜心探索重度运营的产业地产，他要做行业的引领者。

西单大悦城是大悦城家族的开山之作，周鹏的职业经理人之路也正是从这里起航。回忆往事，周鹏略显激动，陷入了短暂的沉思之中。“虽然当时我只是一个参与者，但西单大悦城经受质疑而最终被市场认可的那段经历让我刻骨铭心，它培养了我观察全局和商业运营的思维方式，对商业的理解和领悟能力得到了极大地提高。”也是从那时起，确定了周鹏笃定前行的意志和初心。

对于周鹏来说，大悦城春秋十三载，不变的是初心，变化的是职务。“经理人要服从企业的战略，去做一些我不太愿意做的事。早几年只要做好大悦城的运营就可以了，但是现在却要参与到整个链条，甚至包括住宅开发的环节中。”周鹏说这就是现实的无奈，但作为管理者，他认为一定要带领团队走正确的路。

在央企背书和逐年攀升的业绩双层保险加持下，大悦城从来不缺少资本的青睐。“大悦城不会为了满足资本方追求快回报的要求，而违背商业发展规律。”周鹏说，与其不断迎合资本永不满足的胃口，不如经营客户，从客户需求出发。

在周鹏看来，只要把客户经营好了，对资本的兑现自然水到渠成。“商业战略思考的顺序应该与开发过程是相反的，你得清楚最终要什么，追求什么，以终为始，就是一种初心。”

周鹏的思考哲学是：世界上之所以需要鞋匠，是因为有人需要鞋，不是因为鞋匠需要钱。同理，社会的发展同人性的升华是同一个过程上的两种不同的表现方式，企业要长久地被需要，一定要为社会、为所服务的客群带来价值，而这，也正是周鹏不断推陈出新的出发点。

脑袋离钱越远，口袋离钱越近

周鹏说，对行业里产品做得好的企业都很尊重，比如懋源、绿城、龙湖、万科等。对于行业里

最敬佩的人，他脱口而出“宁高宁”。

问及原因，周鹏简短解释：最核心的是人文情怀和战略眼光，能够做到知行合一。而这也是他追求的境界。

“我们这几年回流的团队比流失的还多。”周鹏评价自己的团队用了八个字：开放，学习，创新，勤勉。据其介绍，目前团队核心商业经理人有200～300人。“创新是留住团队的最好手段，核心是平台的自豪感，是在行业的引领性优势。”

谈及商业地产，周鹏口若悬河。

“电商没有那么可怕，有危机感的都是在经营商品，而我们经营的是客群。”电商大潮来势汹涌，一时间，人人都言必电商；似乎实体商业已成明日黄花。周鹏却平静以对，“线上不是电商的专利，他更应该是为传统商业赋能，让我们的服务更便捷得到达”是他的判断。

对于互联网对实体店的冲击，周鹏倒是很乐观。

“大部分商业地产都是联营招租模式，风格、产品、价格、服务都差不多。激烈的同质化竞争、过时的服务方式，没有给客户带来真正的价值。”周鹏一针见血，实体商业不景气，不能完全怪电商凶猛。打铁还需自身硬，实体商业需要创新转型，跟上消费成长的需求。

对于实体商业，可以借助移动互联、智能终端、AI技术，更便捷高效地洞察消费者的需求。通过洞察来寻找消费者的情感诉求，并延伸到功能诉求以及业态布局，紧盯消费者需求背后的需求。大多数电商平台仍处在满足基本物质需求的阶段；但如今人们对于健康、文化、社交和精神满足方面的需求越来越高，周鹏开玩笑地说；“即使宅男也得有地方宅，大悦城着力打造生活方式中心，满足不同消费者需求，所以要不断深入挖掘线下消费场景的发展潜力。”

这也正是大悦城崇尚经营客群重度运营的资产运营模式，内部持续挖潜，打造主题街区的内在逻辑：每个大悦城拥有相同基因“年轻、时尚、潮流、品位”的同时，也需要有自己的性格。大悦城中悦界、骑鹅公社、魔坊166等主题街区的打造是对不同需求的重新包装和创新。

“大悦城的发展速度受制于管理能力，我们扩张的有多快取决于管理团队发展的有多快，这种扩张一定是内生的有机成长式的扩张。”周鹏肯定大悦城不会为既定目标盲目扩张。

对于变革时期房地产行业的焦虑和危机感，周鹏并不否认，但他认为应该从舒适区走出来。“有山就有路，山高人为峰。”周鹏信奉“脑袋离钱袋越远，口袋离钱越近”。

朱彩霞

中经联盟招采专委会副主席、久生集团成本总经理

在温暖的底色中处处精彩

作者:中经联盟特约记者　赵建萍

朱彩霞与著名演员江珊颇有些神似,而她自己浑然未觉。

“我日常生活中非常随和,但沉思的时候,不熟悉的人会觉得整个人很严肃。”职业生涯前20年的央企和国企从业经历,让久生集团成本管理部总经理朱彩霞自认为略比同龄人沉闷。

“拍照需要摆POSE,我几乎不会。”她笑说,这与她平日里低调、认真的个性或多或少有些关系。

然而,熟悉朱彩霞的人知道,她除了在工作中严谨、专业、负责,是一位自律的管理者和无私分享的“老师”,生活中更加坚韧独立,善良而有所担当。

听她娓娓道来一路的过往,恰如在秋日的暖阳下远眺晴美的远空。

2000年以前,朱彩霞一直在铁道部第三工程局建筑安装工程处,负责全处各项目工程的施工管理、预、结算审核和投标工作。直到2000年随军迁至北京,开启了她人生中重要的转折点。

由于大学毕业于工业与民用建筑专业,有多年项目管理和运营经验,并且持有全国注册造价工程师、全国注册监理师等执业资格,朱彩霞毅然决定放弃接受工作安排,凭借深厚的专业背景敲开地产行业这扇门。

而上一次自作主张决定自己的人生方向,还是由于当时青梅竹马的未婚夫与她两地工作,引来家长极力反对,而她则从家里“偷”出了户口本去结婚。“成果”之一是骨子里自主好强、吃苦耐劳的个性被激发出来,独立将儿子照顾到七岁;“成果”之二是拥有了幸福和美的家庭,她与先生始终相亲相爱,儿子懂事且有担当。

此次,她为自己的事业方向再一次作出了选择。先后在总后勤部建筑设计研究院、外资企业威宁谢中国有限公司,以及东润投资集团、天润置地集团、伊泰置业、首都机场地产集团等专业地产开发企业任职,从事与造价估算、成本招采及公司运营管理相关的工作领域。

辛苦和压力自是难以避免。在威宁谢中国公司不到两年,朱彩霞主导并负责了北京银泰中心、姚家园小区、北京雪莲大厦以及当代万国城等多个项目的造价估算等工作,身体一度趋于亚健康状态。但她感恩的却是学习到大量国外先进的管理理念和经验,令她日后在造价估算方面更加精进,获得了显著的提升。

或许就如《你所付出的一切，岁月都会还给你》一书中所说，这世上没有立竿见影的努力，但岁月从不会辜负每一份付出。朱彩霞也深信，“将来的自己，一定会感谢生命中付出的每份辛苦和努力。”

虽然骨子里依旧不甘于平凡，但此后的朱彩霞的确开始重视生活的平衡，选择调整工作节奏。“拥有自己的舞台，体现自我价值是我所愿。但是在需要时，为家庭付出同样让我感到满足。人生中每个角色的转换是一件非常自然的事，我们要做的就是调整心态，二者兼顾。”她坦陈。

此后七年间，朱彩霞一直专注于负责成本控制和管理。直到2011年，儿子高考顺利通过，她才再次迸发对事业的追求，决定完善自我价值，完成事业上的冲刺。

于是，她选择了加入伊泰置业集团，全面负责下属各区域公司及直属23个项目的运营管理，并分管成本及运营中心两个部门。

由于公司总部位于鄂尔多斯，朱彩霞如空中飞人般一年两地往返五十多次。但是在此期间，她的事业提升跨度惊人。

“因为业务范畴、个人管控范围与职责都非常大，需要在短时间内熟悉产业链上的各环节、各专业。因此，曾经在半年内带领团队加班熬夜，编制完成并出台了公司战略规划、组织管控等方面的成套制度体系。”令她深感自豪的是，这套制度体系一直沿用至今。

期间，令朱彩霞倍感收获的是结识了诸多优秀的职业经理人。一方面，团队中男性合作伙伴的逻辑思维能力之强大，影响了她其后对于工作的思考、推演和表达路径，进一步建立起自己的逻辑思维系统和高效的工作模式。

另一方面，来自中国房地产经理人联盟的专业交流和项目考察、案例探讨，也为她分享了更多先进的项目管控理念和决策经验。“个人的能量和资源毕竟有限，随着未来地产行业的专业化和多样化发展，产业链上的引领和交互将更加重要。”朱彩霞肯定道。

“反映到我的工作中，首先是时间效率和工作品质更加突出，其次是沟通表达更讲求系统性。同时，出于女性个性使然，对于工作的精细化和完美程度近乎苛求。于是，基于多种维度的数据支撑，我习惯于站在公司和合作方的角度诠释专业成果，进而说服不同领域和专业的人。”朱彩霞举例道。

为此，多年来她保持着静心思考的习惯。或午休时在瑜伽音乐中放松，或约朋友小坐，甚至每次出差时特意提前两小时到机场的咖啡厅，在脑中将工作重新复盘或梳理出完整、清晰的方向。

“无论多忙，都要留出一点时间给自己去思考，包括专业方面，也包括资源和关系方面。想清楚再做，工作也会事半功倍，同时更重要的是，带给团队更多的正能量。”从业三十多年，朱彩霞始终秉持这样辩证、理性的思维看待和梳理工作中遇到的状况。

特别是在国企和央企平台的从业经历，让朱彩霞非常认同其规范程度和制度体系，以及系统性的教育和培训架构对于团队专业素养的提升等。“可以谓之为挑战，用于考验自身工作事务处理中的情商和综合能力。但前提是专业能力过硬，心态淡定平和，从企业利益出发对工作进行妥善的处理。”她总结道。

这也是她多年来给予团队的谆谆教导：首先要考虑企业利益，其次要合法合规，最后要专业。三项条件都做到，难题自然会迎刃而解。

而这些年来，经她亲手培养的历届团队，如今已成为各标杆企业专业领域的优秀管理人才。“80后、90后是团队中的主力，很多人原本囿限于已有的成绩原地踏步。但是当我向他们传递我的思想和理念，亲自带领团队挑战更高难度的工作，他们愿意接受并纷纷在专业方面主动提升自我，最终取得了长足的进步。”朱彩霞说道。

至今，他们依然保持着亲近的联系。很多人感谢她当年的付出，将她视作辛苦育人、引领其职业生涯的导师。谈及此，感动之余，她的言语中不无自豪。

更令她深感欣慰的是，在她的言传身教下，儿子视父母为人生榜样，同样拥有好学、独立、坚强的个性。而今，每每与身在国外攻读博士的儿子视频对话，虽然时有牵挂，但家中另一成员“柯基”狗的出现，总会令气氛一派轻松。

“小狗是儿子当初养的，出国留学自然不能带走，更不能放弃。那么，我决定来帮他照顾。”朱彩霞相信，爱和责任心是她予以他最重要的教育之一。

而她也令很多人相信，事业成功与女性魅力之间是一种交互关系。在事业中闲庭信步的女性，人生更加充满厚重和光芒。作为其中最平和而温暖的一束，朱彩霞将绚烂和精彩隐藏其中，悄然绽放。

朱思昊

中经联盟总裁俱乐部副主席、合生创展天津公司董事长

归来仍是少年

作者：中经联盟特约记者　陈红艳

看朱思昊的微信，给人的印象是积极自信、博学多才，看头像就是一个典型的社会精英。等见到了真人，竟是“恰同学少年，风华正茂”，一份青春朝气扑面而来，让人不由得联想到开创校园民谣的高晓松、老狼、沈庆、郁冬这些人，充满活力且独立善思。

与朱思昊的访谈，约在他的呆住•幽蘭酒店。

那天，天很蓝，流云似水。

听他的故事，从晴朗的秋日早上开始。

2003 年，朱思昊还是中国传媒大学文法学部的在读大学生。一个偶然机会，他做了秦兵、舒可心的助理，由此初次接触到房地产这个行业，心向往之。“帮舒老师助选过程中，认识了一位法官朋友，偶然通过他知道合生创展在校招，于是投了简历。”当时竞聘者众多，他并不占优势，但他以实践经验取胜，大学还没毕业就进入了公司工作。

他在合生创展的第一个岗位是客服部门的签约律师，负责帮助客户签订买卖合同。当时北京房产交易还没有实行网签，合同条款都需要人工填写，经常会出现一些错误。半个月后，他给领导提交了一份规范提升工作流程和业务衔接的建议方案。因为这件事，朱思昊被调去法律室做诉讼律师。

“第一天上班，带教师傅曹律师让我写份交通事故法律意见，那时候我没有受过这方面的专门训练，也没有任何经验，多亏曹哥耐心教我。他带着我一起，从证据整理到写代理词，让我的法学知识真正与实际应用接轨。”

第一次独立出庭也让他至今记忆犹新。“当时都快开庭了，领导临时有事离开，留下我自己出庭抗辩。因为紧张，结束后我的衬衫都湿透了。但自此后我成为了可以独立办案的公司律师。”

“做法律工作需要大量时间去取证，领导教我白天的时候去各个部门收集证据，下班写答辩状，看似下班晚了，其实工作效率高了。”

工作第一年，朱思昊处理了 46 个案件。圣诞节前一天，他被甄选进入董事局办公室工作，成为主席秘书。

不到一年完成三级跳，朱思昊觉得自己完全是幸运。其实谁的幸运背后没有默默的付出与艰辛的努力呢？

“刚做老板秘书的时候最有意思，开会我都是站着做记录，老板也一直喊我‘小王’。直到两周后各项工作都进入状态，老板才真正认识我是‘小朱’，会议桌边也有了我的座位。”他笑着回忆。

外界曾有传言，朱思昊是因为和朱孟依有亲戚关系才进的合生，在公司十三年来顺风顺水。事实上，朱思昊是湖南长沙人，父亲是“文革”前北医毕业的老大学生，一位药物化学专家，与远在梅州的朱老板并无关联，“此朱非彼朱”。对这些八卦他幽默地说道，“父亲对我是生养之恩，老板对我是再造之恩。”

做朱孟依秘书的三年，是迄今为止朱思昊人生中最宝贵的经历，是一辈子的财富。

“有一次，陪老板一起吃饭，老板的小孩跟他讲粤语。老板说，‘有其他人在场都要讲普通话’，这句话我一辈子都不会忘记，简单的一句话，教会我们时刻谨记尊重别人。”

还有一次，老板和新入公司的大学生开会。一个大学生对公司各种抱怨。老板说，你到窗户旁边去，看到了什么？他答，有保安、保洁。老板又问，他们在干什么？答，看门扫地啊。老板说，你错了，他们在创造价值。保安在创造安全价值，保洁在创造清洁价值。你在提问题，而他们在解决问题。

“有问题才能有机会，解决问题才能推动发展”，这句话在朱思昊的价值观里是很核心的一点，这也是朱孟依对他的影响。

做过三年董秘之后，朱思昊进入集团人力资源部做人事行政管理。他干过最具挑战的工作，是在一周之内把当时刚刚面世的霄云路 8 号项目营销团队招聘到岗。也是那年，他结识了陈云峰，担任了中经联盟人力资源专委会的首任主席。

2010 年，他被派往一线，主管北京地区的投资开发，并兼任珠江帝景项目总经理。那一年，他 28 岁。

他在一线完成的第一件事，就是带领项目和开发团队将合生汇从居住公寓定位调整为集中商业，还打造了北京第一个地下地铁和公交在地下实现衔接的商业项目。“当时没有人相信这个事能办成。”

2014 年，朱思昊被任命为北京公司总经理，正好遇到市场寒冬。2016 年，朱思昊又调任集团投资开发公司总经理兼天津地区公司董事长，在这个被业界视为“合生之痛”的地方再次直面挑战。那几年，每周末他都坐在售楼处里观察客户，观察销售谈判，经常开会到深夜，研究产品、卖场、政策、人员各方面的应对措施。

“困难是财富，挑战更是财富。”对此，他说得云淡风轻，“年轻人多经历才是幸运。时间是有长度、有密度、有质量的，我幸运是在有限的时间里密度和质量都比较高。”

经历了房地产的黄金 10 年，朱思昊也有很多思考，做房地产是建房子卖房子卖资产。但接下来的问题是，如何让这些空间更好的为人服务？从业十三年，他想，应该要把美妙的空间向美好的生活深处再延伸一点。

于是，他和金渭涛一起创办了“呆住”。“呆就是止，住就是定，呆是一种全新的状态，安住现在的状态。“安住现在”这个词在欧洲叫 Dasein，由德国哲学家海德格尔提出，指“缘此，动态中静止的本质。”朱思昊解释说。

他们最开始是做民宿酒店类的产品，随着公共空间的增加，他们发现，很多人喜欢在呆住聚会、聚餐、办活动，这些给了他们新的启发，摸索中他们找到了一个新的空间物种，“社群关系空间 -Dasein　Hall&Hotel”。

朱思昊说，“好的关系能带来好的生活体验。社群的活跃背后就是对自己与自己、自己与他人更好关系体验的追求，希望好的关系能够更深入、更长久、更广泛。这就需要适合的空间来承载美好关系的延展，面对面的互动是互联网无法替代的。”

呆住空间正是这样的关系体验空间。它以生活美学、人文情怀、善意关系、众生故事为文化底色，给各类社群提供一个能够放慢、放松，激发美好关系的所在。

朱思昊有清晰的理念，他和团队更有超强的执行力。呆住•幽蘭、呆住•清音……一年间，“呆住系”在北京、上海、浙江等地运作了 8 处空间。

在东四南大街的呆住•幽蘭，会让人不经意间想起木心的《从前慢》，从前的日色变得慢。车，马，邮件都慢。一生只够爱一个人。脑中会浮现“繁华似锦觅安宁，淡云流水度此生”这样的情景。

这样的空间，是可以穿透阶层，穿透阶段，穿越周期的。经济好或不好的时候大家都需要沉淀，也需要思考，需要交互分享。我们找到了激发的元素，底色是人们心中美好和善良这个最大公约数，这是朱思昊所思考的“大道”。

当被问及对创业的看法，他说，“出来创业，首先也是处理自己和自己的关系。我一直在思考，要做一个什么样的人？我认为创业该是以被人尊重的方式获取财富，然后被社会尊重。”

朱思昊的微信签名是他很喜欢的一句话：新故相推，日升不滞。我们在企业工作的十几年一直是深受责任感熏陶的。我们的思想、经验和阅历，都是过去赋予我们的。所以，我们创业一定要做些美好而又有意义的事情，才对得起这些支持、这些经历和这份责任。

这位曾经的职业经理人，他成熟坚定、精力旺盛，而与众不同的是，他身上有一份无法掩饰的少年感，这或许就是他如今出走创业的初心之源。愿这份初心能开出灿烂的花朵。愿你出走半生，归来仍是少年。

朱 贤

中经联盟总裁俱乐部副主席、中梁地产京津冀区域集团总裁

在奔跑中调整姿势

作者：中经联盟特约记者　徐倩

中梁京津冀区域集团总裁朱贤是一名南方人，出生于苏州，辗转于烟雨江南的朱贤不曾想到自己有一天会成为一名“北漂”。

自2008年加入中梁地产以来，一路见证中梁地产从温州的一家本土房企成长为年销售额近千亿的全国化房企。

出于全国化扩张的需要，朱贤领命开拓京津冀市场，于是，2017年年底，朱贤轻装上阵，一路向北来到北京。

对于熟悉南方市场的朱贤来说，来到北京打拼显然是挑战。朱贤说：“我是一个不像苏州人的苏州人，和大多数苏州人小富即安的思想不一样，我喜欢挑战。”

“我的人生信条是以梦为马，天道酬勤。”朱贤称。

十年磨一剑

中梁作为一家温州起家的房地产企业，布局重心仍然是长三角地区。为了加快全国化布局，中梁提出，围绕国内经济最活跃的三大经济圈：京津冀、长三角、珠三角的核心城市及周边布局，优先布局短期差、中长期好的城市，优先布局一线周边、二线郊区、三四线核心。

在此战略布局下，2017年，中梁成立了京津冀区域集团，其管辖范围包括但不限于北京、天津、河北、东北、山东等地区的20多个城市。

初来乍到的朱贤来到北京时，确有一种“拔剑四顾心茫然”的感受，经过近一年的熟悉，朱贤称：“由于北方市场打法和南方市场不一样，北方市场合作方式更多一些，我现在更善于交朋友了。”自2017年底到北京，朱贤先后多次与优秀同行、金融机构、协会组织等进行了专题交流。“北京，作为首都城市汇集了丰富的资源。中梁在合作方面也一直秉承开放的心态，愿意与实力房企探讨、开展深度合作，共赢发展。”

在来到北京之前，朱贤担任苏中区域公司董事长，曾经带领着苏中区域取得了硕果累累的战绩。如今，接掌京津冀区域集团，朱贤也非常有信心。“有挑战就有机遇，十年来，我在中梁感

悟最深的就是执行力。先行动，在过程中不断优化调整，最终达成目标。”朱贤称。

回顾刚到中梁时，朱贤称，那时候中梁还是一家销售规模不到百亿元的小企业，只是在温州当地布局。根据第三方机构的统计数据显示，2015 年中梁全年销售规模为 168 亿元，随后迎来了 2016 年的爆发，销售额为 336.8 亿元，而 2017 年销售额更是接近 800 亿元，实现了翻倍增长。

见证一家企业十年来的发展历程对于朱贤来讲是宝贵的经历和财富。在职业经理人频繁跳槽的当下，朱贤称，“中梁独特的文化魅力让你想留下来”。

多年来，中梁内部形成了独特的企业文化，真正做到了“公开、公平、简单、透明”，这是朱贤所看中的，也是支撑企业快速发展的文化基因。

“小”的哲学

“爱拼才会赢”朱贤深有感触。在他看来，中梁之所以能够取得飞跃发展，在于“小”的秘诀。

和其他品牌房企不一样的是，中梁施行的是“总部一线，布局三四线”的战略。在三四线的打法上，中梁采取的“小”的策略，小项目，小组织，短周期，快进快出，在我国三四线市场火热的情况下，中梁脱颖而出。

中梁的这种打法来源于稻盛和夫“阿米巴模式”。中梁在“阿米巴模式”的基础上，结合中国国情、房地产行业和自身企业特色，最终形成了“精总部，强一线，小组织”的阿米巴经营模式。

在阿米巴“小组织”的基础上，中梁同时给予的是“充分授权”和“高激励”。

“充分授权”体现在拿地、营销等各个层面，充分发挥小组织的主观能动性，使得每个区域组织自主经营，独立核算，自负盈亏。

而“高激励“也是中梁的特色，中梁提出“事业合伙”、“项目跟投”、“专项激励”和“费用包干”等多层级激励体系，全面激活各级组织活力、人才动力，实现共创事业，共享成就。

“激励机制也是我感受比较深的，我们每个项目实施跟投，如果项目卖得好，跟投的回报也会很可观。”朱贤说道。

“网红书单”

如今，在朱贤的办公桌上还放着《阿米巴经营》这本书，会时常拿来学习研究。

不仅如此，学习已经成为中梁地产的内部文化。除了《阿米巴经营》，朱贤也经常会学习《从优秀到卓越》《基业长青》等书籍。“一个不断发展和突破的企业，一定是在不断学习、进化的。”

朱贤称：“中梁特别善于学习，我们内部就有不定期更换的网红书单，每周一的高管学习会雷打不动，所有高管分享学习的心得体会，学习也是支撑中梁高速发展的动力”。

在朱贤看来，企业的成功秘诀也是人生的成功密码。一方面，要敢想敢拼，敢于挑战，勇于执行；另一方面，要认真专注，坚持做精做透。

提到对年轻人职业规划的建议，朱贤给出了三大关键词：兴趣、专注、坚持。他表示，年轻人要根据自身兴趣爱好来选择职业，并专注于其中勤思考、多学习，让经验成为职业发展道路上的源头活水。

展望未来，朱贤认为，我国房地产市场还有很大的发展空间，楼市会趋于平稳，同时也会蕴藏着机遇和挑战。

“而我们要做的就是从容地去面对。”朱贤说道。

邹吉福

中经联盟文旅与养老专委会主席、东桥资本有限公司董事长

地产金融“双面手”

作者：中经联盟特约记者　陈红艳

都说好看的皮囊千篇一律，有趣的灵魂万里挑一。邹吉福就是一个有趣的人，一个中年学霸。

和他讲金融，他能把复杂的股权构架讲得浅显易懂。

他是理科学生，能给文科生讲学问，方法论。

说起房地产，他滔滔不绝，操着一口“不普通”的普通话，眉飞色舞，声情并茂。

比如，问他怎么看待房企加速论这个问题，他能从房地产政策、行业大势、金融走向讲到楼市的“地老天荒”，最后会以点睛之笔收尾，“死掉的企业都忽略了现金流。”真可谓，“羽扇纶巾，谈笑间，樯橹灰飞烟灭。”地产一席谈，运筹帷幄，畅快淋漓。

他，就是东桥资本投资有限公司董事长。

有着光鲜的履历、数不胜数的头衔和出众的能力。

毕业于山东大学物理系，又获得清华大学、人民大学工商管理硕士，硕士毕业之后专门做金融投资。

职业生涯始于国营718厂，5年之后进入北京松下彩管有限公司，2005年开始涉足房地产。天润福熙大道、天津的金汇湾、三亚湾红树林、海棠湾红树林、青岛红树林，都有他的参入。2013年进入东方邦信置业有限公司任总经理，两年累计对外投资金额达350亿元，两年半共投资36个项目，且全部成功。主要投资的项目包括，石景山京汉东方名苑、大兴宝旺保障房项目、世茂武汉林屿岸等，给恒大、万科都投资过项目。2016年进入东桥资本投资有限公司，主要投资了珠海市国维中心广场，作为珠海的头号工程项目，总建筑面积65万投资总额平方米，总投资110亿元。

最近5年邹吉福开始做金融投资，投资的地产项目不计其数。

一个学物理的偏偏要搞金融，明明可以靠科研成果吃饭，却偏偏要跨界和资本打交道，仗剑走天涯。

“当初选择这个行业是因为地产需要金融的支持，在金融行业做得小有成就，是因为我懂地产。”讲到这些邹吉福一脸的谦逊和睦，“金融可以投资很多的行业，但我一定会投资熟悉的行

业，在熟悉的行业才会取得更好的业绩。我们还在探索投资互联网，投资教育，投资可以为房地产服务，还可以服务其他潜在项目。”

投资的人必须要会融资，但会融资未必会投资。“我是从投资公司出来的，会投资自然也会说服投资人。”邹吉福说起，珠海项目投融资，而我会这样告诉投资人，“买地 50 多亿元，楼面价每平方米 10800 元，现在旁边项目每平方米 26100 元，一下翻一番多，五个月价值就涨了很多，你投我不会亏还能赚很多。”说服别人投资，就要告知项目的市场潜力、盈利能力和风险可控点。

真正既懂金融，又懂地产的人不多。邹吉福从项目经理做到董事长，又经历了从地产到投资的全过程，对房地产及金融了如指掌。人称“双面手”。

“做房地产，金融理论基础一定要扎实，否则算不过账来，一些专业术语听不懂，怎么和别人沟通？”邹吉福一再强调，“在搞大量投资之前先要读懂金融学，做好盈利测算。要知道投资项目的好坏，项目不好怎么赚钱？项目好是投资的关键。”

在他看来，投资要做到五好：城市要好，项目区位要好，管理团队要好，房屋结构和园林设计要好，未来市场要好。这就是我们说的投资要选择什么。

投资要做专家。一直以来邹吉福非常欣赏东方资产总裁说过的一句：“投资电力要成为电力专家，投资网络要成为网络专家，投资石油就要成为石油专家。”这就是投资的特点。

投资是个复杂的东西，他却说得很简单，“投资要用杠杆融资、选项目、投资项目、监管项目，退出项目。”

不经意间，他还会蹦跶出更通俗易懂的金句：“投资就是赚钱，用一个亿投资一个亿不叫投资，用一个亿撬动几个亿才叫投资。”

还有别的金句：“杠杆放大了，没有风险才会赚得更多。”

“加杠杆会上瘾，不能随便加。现在国家限制杠杆，就是防止系统性风险。”

更有醒世恒言，“投资房地产看得见摸得着，金融让地产插上了翅膀。”

金融也让他插上了金色的翅膀，飞得更远。

除了投资住宅、商业、酒店项目，他还做起了旅居养老产业。

在邹吉福看来，旅居养老是养老的价值回归。当前，我国人口老龄化已经是新常态，老龄人中尤以“活力化银发族”，60 ～ 75 岁之间，不再满足基本的物质生活需求，追求更高层次的旅行、休闲、社交等活动，有钱、有闲，身体健康还可以出行，发展成为融合“旅游 + 度假 + 宜居 + 医养”的旅居养老模式，这种方式让老龄人满足身体与精神的双重养护。他研究发现，“目前，我国典型的旅居养老有候鸟型、乡村型、周游型等，发展趋势逐渐走向主题型或功能型旅居养老。未来，随着旅居养老供给的丰富和完善，发展旅居养老将成为新一轮投资红利。”

对于做特色小镇，他也有自己的理解。做特色小镇，要有产业、有特色的支撑。有产业了就可以稳住，有文化了客户就会来。特色小镇要有特色的产业。没有产业的小镇不会长久。另外，小镇还要有持续的盈利能力。

邹吉福举例说道，古水北镇有旅游做支撑，它有盈利点，所以它能够成功。做特色小镇不是找一块地，盖一片房子，这样不会持续下去，而是有产业、有特色。“你买了房子不能一个月或者一周就住一天，这是对资源的浪费，而这个小镇没有持续的盈利能力，你还在这待着干嘛？”

“现在一二线城市房地产投资受到了限制，拿地成本越来越高，所以地产需要转型。旅游、养老、文化、产业，这四个方面的地产都需要转型，且是转型的关键，而转型的关键一定要注重现金流。”邹吉福指出，产业是提升城市发展的关键，如果还死守做传统住宅，发展空间就会有限。

他经历了房地产的黄金10年，又通晓地产、金融，对房地产自有话语权。

而从不安分的他，投资过房地产，探索过教育、网络投资，还致力于旅居养老地产，未来还会加大房地产投资，金融与汽车的投资也是他考虑的方向。他从未停止过对资本成长的追逐。

金融投资于他驾驭轻松。对于创业，他也有自己独特见解。

邹吉福曾把创业心得告诉给远在美国的女儿好同学，他说，“美国基础科学领先中国很多，但是中国是一个14亿人口的大国，市场规模和潜力很大。所以在应用科学领域和规模经济效益方面，我国可以超越如何一个国家。”

学习美国，借鉴美国，发展自己的国家，是我们每个中国人的使命！

腾讯、阿里、百度、华为、小米的成功，是科技和中国大市场结合的产物。日本韩国英国不可能有腾讯，因为他没有九亿客户。大客户群是企业家的乐土。

投资和创业三要素：一是市场，二是团队，三是资本。

市场要看市场规模，客户爱好和品牌影响力等等。

团队要看高层管理者品行，股权结构，技术开发能力，市场开发能力，等等。

资本要看自有资金多少，筹措资本的方法和途径，等等。

他这样鼓励年轻创业者，“你有一颗回国创业的心，非常好！时机和切入点很重要。我工作也经常遇到困难，甚至迷茫。但是想想工农红军的艰难，我就有勇气去面对，去克服。”

面对晚辈的请教他亦师亦友，传道授业解惑，情真意切。

和邹吉福的访谈，如沐春风，时间在不知不觉中滑过，而你却永远不知疲倦。别以为学霸头顶上一定会戴着另一顶帽子“天然呆”，多年来，他欢快地跨界，愉快地把投资玩于股掌之间。